UTB **2747**

W0229104

Eine Arbeitsgemeinschaft der Verlage

Beltz Verlag Weinheim · Basel
Böhlau Verlag Köln · Weimar · Wien
Wilhelm Fink Verlag München
A. Francke Verlag Tübingen und Basel
Haupt Verlag Bern · Stuttgart · Wien
Lucius & Lucius Verlagsgesellschaft Stuttgart
Mohr Siebeck Tübingen
C. F. Müller Verlag Heidelberg
Ernst Reinhardt Verlag München und Basel
Ferdinand Schöningh Verlag Paderborn · München · Wien · Zürich
Eugen Ulmer Verlag Stuttgart
UVK Verlagsgesellschaft Konstanz
Vandenhoeck & Ruprecht Göttingen
Vdf Hochschulverlag AG an der ETH Zürich
Verlag Barbara Budrich Opladen · Farmington Hills
Verlag Recht und Wirtschaft Frankfurt am Main
WUV Facultas Wien

HARTMUT BLUM / REINHARD WOLTERS

Alte Geschichte studieren

UTB basics

UVK Verlagsgesellschaft

Die Autoren

Reinhard Wolters studierte von 1977 bis 1983 Alte Geschichte, Germanistik, Katholische Theologie und Publizistik an den Universitäten Bochum, Bonn, Münster und Wien. Nach der Promotion 1989 Assistent und Habilitation an der TU Braunschweig. Seit 2000 Leiter der Numismatischen Arbeitsstelle am Institut für Klassische Archäologie der Universität Tübingen.

Hartmut Blum studierte von 1987 bis 1993 Alte Geschichte, Philosophie und Politikwissenschaft an der Universität Tübingen. Nach der Promotion 1997 PostDoc-Stipendium, 2000 bis 2002 Assistent an der TU Braunschweig. Seit 2002 Akademischer Rat für Alte Geschichte an der Universität Tübingen.

Die Abbildung auf dem Einband zeigt eine Schulszene auf einem Grabstein des 2./3. Jhs. n. Chr., der in Neumagen gefunden wurde und sich heute im Rheinischen Landesmuseum Trier befindet.

Bibliographische Informationen der Deutschen Bibliothek
Die Deutsche Bibliothek verzeichnet diese Publikation
in der Deutschen Nationalbibliographie; detaillierte
bibliographische Daten sind im Internet über
http://dnb.ddb.de abrufbar

ISBN 13: 978-3-8252-2747-0
ISBN 10: 3-8252-2747-2

© UVK Verlagsgesellschaft mbH, Konstanz 2006

Lektorat/ Bildredaktion: form & inhalt verlagsservice
Martin H. Bredol, Seeheim-Jugenheim
Gestaltung: Atelier Reichert, Stuttgart
Prepress: schreiberVIS, Seeheim-Jugenheim
Druck: Ebner & Spiegel, Ulm.

UVK Verlagsgesellschaft mbH
Schützenstraße 24 · D-78462 Konstanz
Tel.: 07531-9053-0 · Fax 07531-9053-98
www.uvk.de

Inhalt

Inhalt

Das vorliegende Buch unterscheidet sich von den vielen anderen Studieneinführungen, wie sie in jüngerer Zeit den Büchermarkt überfluten. Es ist der Versuch, die eher üblichen Themenfelder, die eine Einführung abdecken muss, zu verknüpfen mit sehr konkreten und praxisorientierten Hinweisen zum Studium der Alten Geschichte. Wer dieses Buch liest, wird also nicht nur das Fach und seine Teildisziplinen vorgestellt bekommen, sondern auch eine Antwort darauf finden, wie man am besten ein Thema recherchiert, ein Referat anpackt oder eine Hausarbeit schreibt. All dies findet man möglichst verständlich und nahe an den Bedürfnissen der Studienanfänger und -anfängerinnen.

Der Grundstock für diesen studienpraktischen Teil ist in Braunschweig entstanden, wo die beiden Autoren nacheinander als Assistenten für Alte Geschichte am Historischen Seminar der Technischen Universität beschäftigt waren. Dort gehört es noch immer zum ‚Service‘ der Lehrenden, für jede Epoche ein so genanntes Materialienheftchen zu Arbeitstechniken und Hilfsmitteln bereitzustellen, aus der Praxis geboren und für die Praxis gedacht, und zwar nicht zuletzt deswegen, weil herkömmliche Studieneinführungen sich zumeist nicht mit den ‚Niederungen‘ des Studienalltags belasten. Umso willkommener war vor diesem Hintergrund die Möglichkeit, die Braunschweiger ‚Materialien‘ in eine vollwertige Einführung in das Studium der Alten Geschichte zu verwandeln.

Dass dies geglückt ist, dafür haben wir all denen zu danken, ohne die dieses Buch nicht zustandegekommen wäre: An allererster Stelle steht hier unser Lektor Martin H. Bredol, der die Publikation überhaupt erst angeregt hat und dann mit viel Verständnis und vor allem Geduld begleitete. Auch für die Bildbeschaffung und so manches andere Detail der ‚Buchwerdung‘ ist ihm unser Dank gewiss. Dass die doch erhebliche Modifizierung des ursprünglichen Zeitplans möglich war, ist daneben natürlich auch der UVK Verlagsgesellschaft Konstanz und hier besonders Frau Uta C. Preimesser hoch anzurechnen.

Unschätzbares beigesteuert haben ferner die Teilnehmerinnen und Teilnehmer zahlreicher althistorischer Lehrveranstaltungen an den Universitäten Braunschweig und Tübingen, durch ihre Fragen, Probleme, aber auch durch positive und konstruktive Rückmel-

dungen. Namentlich die Studierenden, die mit uns im Wintersemester 2004/2005 an der Universität Tübingen die interdisziplinä-
re Übung „Alte Geschichte und ihre Hilfswissenschaften" bestritten
haben, leisteten einen erheblichen Beitrag zum Gelingen des Pro-
jektes.

Keiner schreibt im luftleeren Raum, und selbst wenn die Autoren zu zweit sind, so sind sie sich doch nicht genug. Für Interesse,
Korrekturen, die bewährte Kritik und viel geopferte gemeinsame
Zeit danken wir daher Kathrin Johrden und Ingrid Molitor. Die Autoren hoffen, dass das Ergebnis dieses Opfer wert ist und das vorliegende Buch den Studienanfängerinnen und -anfängern der Alten
Geschichte eine gute und kompakte Orientierungshilfe sein möge!

Tübingen, im März 2006   Reinhard Wolters
                                                 Hartmut Blum

Alte Geschichte in Vergangenheit und Gegenwart

Nach Aristoteles definiert sich eine Wissenschaft über ihren Gegenstand, über die spezifischen Fragestellungen und über ihre Methoden. Thema dieses Kapitels ist die Alte Geschichte als Wissenschaft. So muss als Erstes gefragt werden, mit welchem Gegenstand sich die Alte Geschichte beschäftigt. Doch macht allein schon der Versuch einer Umschreibung ihres Zuständigkeitsbereichs in Zeit und Raum schnell deutlich, dass eine derartige Umgrenzung weder eindeutig vorgenommen werden kann, noch das Ergebnis von allen geteilt würde: Der Gegenstand der Alten Geschichte ist selbst ein Produkt historischer Entwicklungen, und er wird auch in Zukunft Wandlungen unterworfen sein. Warum ist das so? Abermals kann Aristoteles angeführt werden: Wer eine Sache verstehen will, muss ihren Anfang kennen. Was für viele der Ausgangspunkt für eine Beschäftigung mit der antiken Geschichte und Kultur ist, soll hier einleitend auf das Fach selbst angewandt werden: Ein selbstvergewissernder Rückblick auf die Anfänge des Fachs und seine Geschichte. Auch die Frage, warum man sich überhaupt mit der Alten Geschichte beschäftigen sollte, wurde im Laufe der Jahrhunderte unterschiedlich beantwortet.

Was ist ‚Geschichte'?

Begriffsbestimmung

In einem fachbezogenen Sinne kann der Begriff ‚Geschichte' im Deutschen zum ersten die Gesamtheit des vergangenen Geschehens, zum zweiten die Darstellung des Geschehenen, drittens aber die wissenschaftliche Beschäftigung mit dieser Vergangenheit bezeichnen. Das vergangene Geschehen ist allumfassend, unumkehrbar und stets zunehmend: Was kurz Gegenwart ist, zählt schon im nächsten Moment zur Vergangenheit. Angesichts der schier überwältigenden Menge von globalen, regionalen, lokalen und individuellen Ereignissen im selben Moment, von Handlungen und Bildern, von Sprache und Gedanken, kann sich die Darstellung des Vergangenen zwangsläufig immer nur auf einen sehr kleinen Ausschnitt beschränken. Die **Auswahl** wird so zum unterscheidenden Kriterium von der ersten zur zweiten Bedeutungsebene. Abhängig ist diese Auswahl vom Erkenntnisinteresse des sich der Geschichte zuwendenden Forschers, doch ebenso von den **Quellen**, die als Informationsträger über diese Vergangenheit zur Verfügung stehen. Das Unterscheidungsmerkmal zwischen der zweiten und der dritten Bedeutungsebene ist schließlich die **METHODE**. Es ist vor allem dies, was ein Studium des Fachs Geschichte an der Universität vermitteln soll: die überprüfbare, festgelegten Regeln und Standards folgende kritische Herangehensweise zur Wiedergewinnung bestimmter Aspekte des vergangenen Geschehens. (Was dieses für eine historische Untersuchung bedeutet, wird eingehender in Kap. 3.1 entwickelt.)

METHODE, von griech. *meta* = zwischen, inmitten und *hodos* = Weg; die systematische Herangehensweise

In Abgrenzung zur Naturgeschichte konzentriert sich das Fach Geschichte auf all das, was sich auf den Menschen bezieht. Die Entstehung des Weltalls oder der Erdformationen, die Evolution von Flora, Fauna und Tierwelt sind nicht ihr Thema. Wenn solche Umwelt- oder Klimaentwicklungen aber den Menschen betreffen oder von ihm reflektiert werden, so sind sie selbstverständlich Bestandteil des Fachs Geschichte.

1.1.2 | Periodisierungen

Die Alte Geschichte ist innerhalb des Fachs Geschichte ein Teilbereich, der sich mit einer definierten Epoche beschäftigt. Deren Abgrenzung innerhalb eines Kontinuums von Ereignissen ist ebenfalls ein Teil des historischen Geschehens. Sie lässt sich bis Francesco Petrarca (1304 – 1374) zurückverfolgen und hat ihre Grundlagen in der **RENAISSANCE** und ihrer nordeuropäischen Variante, dem **HUMANISMUS**. Damals verbreitete sich bei den europäischen Gelehrten eine intensive Zuwendung zur Antike, die man als dem eigenen Lebensgefühl und der eigenen Gegenwart sehr nahe stehend emp-

RENAISSANCE, franz.: Wiedergeburt.

HUMANISMUS, von latein. *humanus* = menschlich, dem Menschen angemessen.

fand. Zwischen Antike und eigener Gegenwart schien mit dem christlich geprägten Jahrtausend hingegen eine sehr fremde Zeit zu stehen, für die man bald die Bezeichnung *media aetas* oder *medium aevium* (= Mittelalter) nutzte. Die damit vorgenommene Periodisierung half, ein ‚düsteres‘ Mittelalter aus dem Geschehensablauf zu isolieren. Spätestens im 17. Jahrhundert hatte sich die Differenzierung von **Altertum – Mittelalter – Neuzeit** gefestigt.

Obwohl es sich also letztlich um eine Idee, nicht um eine Tatsache handelt, hat sich die Dreiteilung bis heute durchgesetzt. An den meisten Universitäten liegt sie den Studienplänen zugrunde. Innerhalb des Schemas entwickelten sich Binnendifferenzierungen wie Früh-, Hoch- und Spätmittelalter; die ‚Neuzeit‘ wurde mit fortlaufenden Unterteilungen in eine Frühe Neuzeit, in Neuere und Neueste Geschichte bzw. Zeitgeschichte ausdifferenziert und fortgeschrieben. In der Alten Geschichte sind die grundlegenden Unterteilungen die ‚Griechische‘, die ‚Hellenistische‘ und die ‚Römische Periode‘. Aus der Kunstgeschichte entlehnt sind für die Griechische Geschichte die weitere Unterteilung in eine **ARCHAISCHE** und eine **KLASSISCHE** Zeit. Die Binnenperiodisierung der Römischen Geschichte orientiert sich hingegen am Verfassungswandel und unterscheidet die Jahrhunderte der ‚Römischen Republik‘ von der ‚Kaiserzeit‘. Mit dem Begriff ‚Spätantike‘ wird dann die Zeit ab dem Ende des 3. Jahrhunderts noch einmal separat angesprochen. Die Epocheneinteilung hilft bei der gegenseitigen Verständigung und zieht sich als Orientierungsrahmen durch die gesamte Fachliteratur.

ARCHAIK, von griech. *arche* = Ursprung.

KLASSIK, von lat. *classis* = Gruppe, Klasse, mittellat. *classicus* = mustergültig, vorbildlich.

Außerhalb des Dreierschemas, als noch vor der Antike liegender Teil jener auf den Menschen Bezug nehmenden Geschichte, steht die **Prähistorie**: Da die Wiederentdeckung der Geschichte des Altertums vor allem durch das Medium der klassischen Texte erfolgte, wurde die Zeit ohne eigene schriftliche Überlieferung konsequent zur ‚Vorgeschichte‘ (→ Kap. 2.1.3).

Die Einteilung der Epochen legitimiert sich durch politisch-kulturelle Gemeinsamkeiten in ihnen, sie ist aber auch von den jeweils zur Verfügung stehenden Quellengruppen und je spezifischen Voraussetzungen und Methoden ihrer Auswertung bestimmt. Die Ausbildung von Spezialisten für die Erforschung der Alten, Mittelalterlichen und Neueren Geschichte ist grundlegend akzeptiert und in gewissem Rahmen von der Sache geboten. Die Kehrseite einer solchen Konzentration auf einen bestimmten Zeitabschnitt ist aller-

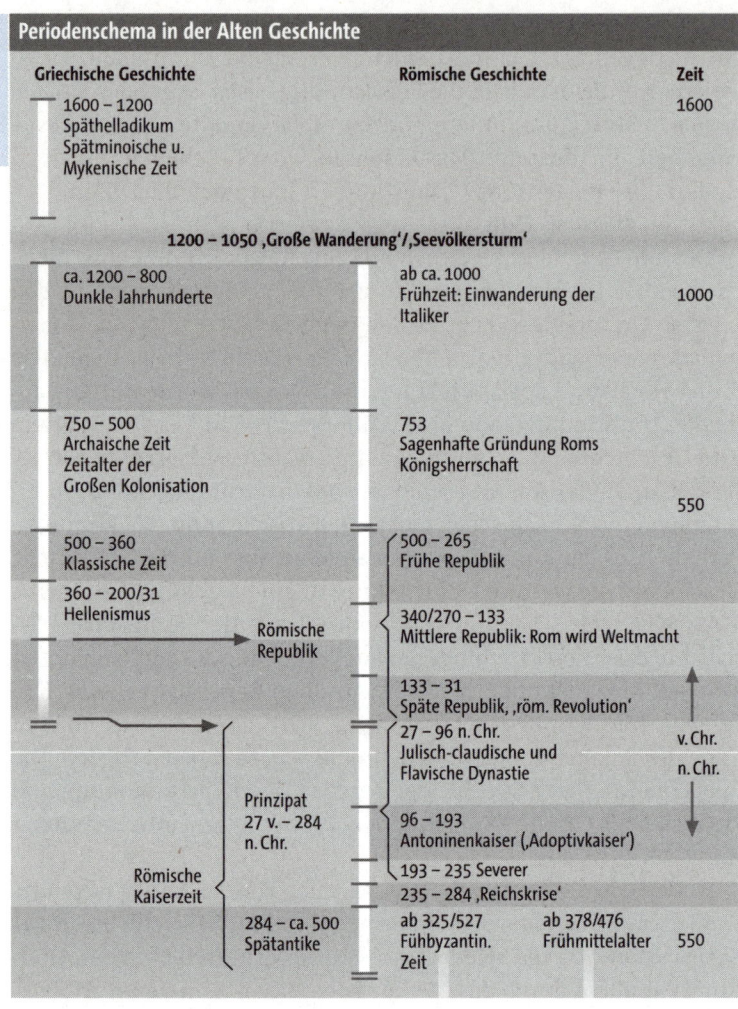

Periodenschema in der Alten Geschichte

Griechische Geschichte	Römische Geschichte	Zeit
1600 – 1200 Späthelladikum Spätminoische u. Mykenische Zeit		1600
1200 – 1050 ‚Große Wanderung'/‚Seevölkersturm'		
ca. 1200 – 800 Dunkle Jahrhunderte	ab ca. 1000 Frühzeit: Einwanderung der Italiker	1000
750 – 500 Archaische Zeit Zeitalter der Großen Kolonisation	753 Sagenhafte Gründung Roms Königsherrschaft	550
500 – 360 Klassische Zeit	500 – 265 Frühe Republik	
360 – 200/31 Hellenismus	340/270 – 133 Mittlere Republik: Rom wird Weltmacht	
Römische Republik	133 – 31 Späte Republik, ‚röm. Revolution'	
Prinzipat 27 v. – 284 n. Chr.	27 – 96 n. Chr. Julisch-claudische und Flavische Dynastie	v. Chr. n. Chr.
	96 – 193 Antoninenkaiser (‚Adoptivkaiser')	
Römische Kaiserzeit	193 – 235 Severer	
	235 – 284 ‚Reichskrise'	
284 – ca. 500 Spätantike	ab 325/527 ab 378/476 Fühbyzantin. Frühmittelalter Zeit	550

dings, dass epochenübergreifende Kontinuitäten weniger leicht in den Blick fallen. Gleiches gilt im Hinblick auf die bevorzugte Beschäftigung mit der Geschichte eines bestimmten Raumes, etwa des **OKZIDENTS** oder des **ORIENTS**, eines hauptsächlichen Studiums der Geschichte der alten oder der neuen Welt: Gegen alle arbeitsökonomisch sinnvollen Differenzierungen ist jeder aufgefordert, seinen Themenkreis immer wieder in die übergreifenden Zusammenhänge zurückzuführen, ihn inhaltlich und methodisch als Teil der einen Geschichte zu bewahren.

Der Gegenstand des Fachs ‚Alte Geschichte‘ | 1.2

Gegenstand des Fachs Alte Geschichte, wie es an Universitäten des deutschen Sprachraums vermittelt wird, ist die **griechisch-römische Zivilisation** der Mittelmeerwelt. Erscheint der Inhalt des Fachs somit zeitlich und räumlich klar umrissen, so treten bei einer Betrachtung der Ränder Kontinuitäten und Verbindungslinien hervor: Sie verdeutlichen abermals, dass die Abgrenzung einer Alten Geschichte ein Akt der Konvention ist, der wissenschaftsgeschichtlich begründet ist und heutzutage vorrangig pragmatischen Gesichtspunkten folgt.

Zeit | 1.2.1

Die zeitlichen Grenzen werden einerseits gezogen mit dem Beginn der ‚historischen Zeit‘, also dem Einsetzen schriftlicher Quellen, andererseits durch den Übergang zum Mittelalter. Nach der Adaption des phönikischen Alphabets durch die Griechen im 8. Jahrhundert v. Chr. verbreitete sich die griechische Schrift in kürzester Zeit. Es ist dies die Zeit eines allgemeinen Erwachens, mit denen die auf den ‚Seevölkersturm‘ folgenden **Dunklen Jahrhunderte** von ca. 1200 – 800 v. Chr. ihr Ende fanden: Im östlichen Mittelmeerraum entstanden an verschiedenen Orten wieder größere Siedlungen, und es entwickelten sich übergeordnete politische Organisationsformen. Kunst und Architektur, Dichtung und Philosophie oder bald auch die Geschichtsschreibung veränderten Umwelt, Gesellschaft und Lebensweise. Eine besondere Wirksamkeit und Nachhaltigkeit entfal-

Info

Probleme der Periodisierung

▶ Die Beschränkung auf die griechisch-römische Kultur hat wichtige Konsequenzen, sie klammert nämlich die altorientalische und auch die altägyptische Geschichte (ab etwa 3000 v. Chr.) aus. Früher hielt man dies für sachlich gerechtfertigt, da man zwischen der orientalischen Welt und der Wiege abendländischer Kultur himmelweite Unterschiede zu erkennen glaubte, doch diese für sicher gehaltenen Abgrenzungen sind im Verlauf intensiver Forschungen mehr und mehr ins Rutschen gekommen: Heute erkennen wir immer deutlicher, wie viel vor allem die frühe griechische Welt ihren ostmediterranen Nachbarn verdankte; dementsprechend ist auch schon verschiedentlich gefordert worden, den Alten Orient in die Alte Geschichte mit einzubeziehen.

teten die Innovationen nicht zuletzt dadurch, dass sie durch die große griechische **Kolonisation** in kurzer Zeit auch in den westlichen Mittelmeerraum und bis ins Schwarzmeergebiet verbreitet wurden.

Die vor den ‚Dunklen Jahrhunderten' liegende Minoische und Mykenische Kultur des 3. bis 1. Jahrtausends v. Chr., von der Insel Kreta und dem griechischen Festland geprägte Hochkulturen, werden gelegentlich von der Alten Geschichte mitbehandelt. Kontinuitäten im Raum, aber auch die Schriftlichkeit dieser Kulturen und selbst sprachliche Verwandtschaft der Textzeugnisse zum späteren Griechischen können dies legitimieren. Doch auf der anderen Seite sind die aus der mykenischen Zeit (ab ca. 1600 v. Chr.) erhaltenen so genannten Linear B-Täfelchen in Bezug auf ihren Inhalt nicht mit der späteren griechischen Literatur vergleichbar, die älteren Linear A-Täfelchen sind überhaupt noch nicht gelesen. Im Kern handelt es sich bei ihnen um spröde Verwaltungslisten. Entsprechend basiert das Wissen über diese Kulturen zum überwiegenden Teil auf den von den Archäologen gemachten Funden und ihren Deutungen, nicht auf Schriftquellen. An Universitäten mit stärkerer altertumswissenschaftlicher Ausrichtung ist erkennbar, wie sich die ‚Mykenologie' oder ‚Ägäische Frühzeit' als eigenes Fach etabliert.

Für die zeitliche Abgrenzung der Alten Geschichte zum Mittelalter gibt es mehrere Vorschläge. Auf der Suche nach einem ‚epochalen' Datum werden etwa das Konzil von Nicaea 325 n. Chr. genannt, der Sieg der Westgoten bei Adrianopel 378 n. Chr., die Absetzung des Romulus Augustus durch Odoaker in Westrom 476 n. Chr. oder die Eroberung Italiens durch die Langobarden 568 n. Chr. Doch auch der Einbruch der Araber Mitte des 7. Jahrhunderts n. Chr. oder die Kaiserkrönung Karls des Großen Weihnachten 800 n. Chr. sind im Verlauf der Forschungsgeschichte als **Epochengrenzen zum Mittelalter** diskutiert worden.

Derartige Periodisierungen werden als Ordnungsvorschläge von außen an ein Geschehen herangetragen, was die Vielfalt der Antworten erklärt. Sie verdichten die Komplexität historischer Veränderungen und stellen einen als besonders relevant angesehenen Aspekt in den Vordergrund. Je nachdem, was man als das ‚Wesen' der Antike ansieht, wird man auch ihr Ende datieren: Die oben genannten Einschnitte orientieren sich etwa am Aufstieg des Christentums, der Völkerwanderung, **DISKONTINUITÄT** der Herrschaftsträger, territorialen Veränderungen oder – mit stärkerem Blick auf die Aufbrechung der Einheit des Mittelmeerraums, die in der grie-

DISKONTINUITÄT, Bezeichnung für die Unterbrechung eines zeitlichen Zusammenhangs.

chisch-römischen Antike dominierend war – an der Ausbreitung des Islam bzw. Erneuerung des Kaisertums im kontinentalen Westen. Selbst unter der verengten Perspektive eines bestimmten Ereignisstrangs wird dabei immer nur ein Geschehen punktuell herausgegriffen, das beispielhaft für umfassende Veränderungen in Politik und Staat, Wirtschaft und Gesellschaft, Religion und Wissenschaften, in Denktraditionen und Ausdrucksformen steht. Es ist evident, dass sich trotz deutlicher qualitativer Unterschiede zwischen einem ‚davor‘ und ‚danach‘ aber kaum alle Veränderungen in sämtlichen Teilen des Geschehens auf einen Schlag ereignet haben können. Charakteristisch sind vielmehr unterschiedliche **Wechselwirkungen** und zeitliche Verschiebungen. Hermann Aubin (1885 – 1969) sprach deshalb von einem ‚breiten Streifen allmählicher Veränderungen“. Im Universitätsalltag gibt man sich in Kenntnis dieser Gemengelage zumeist pragmatisch: Im Zweifelsfall zieht das Jahr ‚500 n. Chr.‘ die Linie zwischen Alter Geschichte und Mittelalterlicher Geschichte. Der Bezug auf eine Rundzahl verdeutlicht in sehr anschaulicher Weise, dass es sich bei dieser Fixierung einer Epochengrenze nur um eine Hilfskonstruktion handelt.

Raum | 1.2.2

Die zweite Eingrenzung der ‚Griechisch-römischen Zivilisation der Mittelmeerwelt‘ betrifft den Raum: Selbst wenn sie chronologisch in dieselben Jahre fallen, bleiben die ‚alte‘ Geschichte Japans, Chinas, Amerikas, Afrikas oder Australiens doch ausgeklammert. Auch dies erklärt sich aus der Geschichte des Fachs: Aus der Wiederentdeckung der klassischen Antike vornehmlich in den alten Texten resultierte eine Bindung des Gegenstands an die **griechische und lateinische Sprache**. Dies hat sich insoweit bewährt, als sie das althistorische Arbeiten in direkte Beziehung zu den für das Verständnis der Quellen erforderlichen Sprachkompetenzen setzt. Die Kulturen des Alten Orients, obwohl in vielen Punkten mit der Geschichte der griechischen Zivilisation verwoben – und von Eduard Meyer (1855 – 1930) in seiner großen Universalgeschichte des Altertums souverän mit einbezogen – werden heute von der Alten Geschichte zumeist nicht mehr mitbehandelt. Nur die wenigsten Historiker des griechisch-römischen Altertums verfügen über die Fähigkeit, die entsprechenden Quellen in der Originalsprache zu lesen. Geleitet von der Sprachkompetenz haben sich entsprechend die Altorientalistik,

Hethitologie, Assyriologie, Judaistik oder auch Ägyptologie als eigene Disziplinen ausgebildet.

Die **Nachbarkulturen** der griechisch-römischen Welt geraten im Allgemeinen dann in das Blickfeld der Alten Geschichte, wenn diese sich durch politische Ereignisse oder kulturellen Austausch berühren, und oft heißt dieses: wenn sie Teil der griechisch-römischen Zivilisation werden. So wird mit dem Siegeszug Alexanders des Großen nicht nur ein Großteil Asiens, sondern auch das kulturell und sprachlich so eigenständige Ägypten Gegenstand des Fachs. Ähnliches gilt für den Westen Europas, für Spanien und Frankreich, die britischen Inseln, die Alpenländer oder die westlichen und südlichen Gebiete des heutigen Deutschland: Erst mit der Ankunft der römischen Soldaten treten sie ins hellere Licht der Ereignisse, wo sie die einsetzende römische Überlieferung zu einem Bestandteil der Alten Geschichte macht. Die Alte Geschichte beginnt – und endet – in den verschiedenen geographischen Räumen zu höchst unterschiedlichen Zeiten.

Aus der Bindung des Fachs Alte Geschichte an Zeit und Raum resultiert, dass sie ein **regional gebundener Epochenbegriff** ist, und zwar der okzidentalen Geschichte. ‚Alte Geschichte‘ ist kein Strukturbegriff, etwa in Form eines definierten ‚alten‘ Entwicklungsabschnitts der Geschichte einer jeden Kultur. Derartige Ansätze ermöglichen zwar anregende Kulturvergleiche, doch werden diese von den Althistorikern im Allgemeinen nicht mehr vorgenommen: Gegenüber den dabei zumindest als Arbeitshypothese mitschwingenden Kulturstufenvorstellungen herrscht derzeit ebenso eine Grundskepsis vor, wie hinsichtlich der Entwicklung umfassender geschichtsphilosophischer Modelle.

Die Alte Geschichte beschäftigt sich also mit einer ganz konkreten Antike. Zwar befasst sie sich dabei – gemessen an dem Umfang der von ihr behandelten Zeit und ebenso der Größe des von ihr untersuchten Raumes – mit sehr heterogenen Dingen, doch aus größerer Distanz zeigt die griechisch-römische Zivilisation viele Gemeinsamkeiten. Eine andere Gefahr einer so definierten Alten Geschichte innerhalb des 3-Perioden-Schemas ist eher, dass die Anfänge ihres Gegenstandsbereiches im 8. Jahrhundert v. Chr. als Nullpunkt einer jetzt kontinuierlich aufstrebenden okzidentalen Kulturgeschichte wahrgenommen werden, wenn nicht als Anfänge der Geschichte überhaupt. Doch auch die abendländische Geschichte begann nicht voraussetzungslos, sondern sie ist durch vielfältige Einflüsse aus den frühen Hochkulturen des Orients geprägt.

Der ‚Sinn‘ der Alten Geschichte | 1.3

Die Frage nach der Legitimation der Alten Geschichte wird nicht nur von den in der Alten Geschichte Forschenden regelmäßig zur Selbstvergewisserung gestellt, sondern in einer konsequent Kosten und Nutzen kalkulierenden Gesellschaft auch von außen an die Wissenschaft herangetragen. Die Antworten fallen innerhalb des Fachs unterschiedlich aus, geben in ihren Akzentuierungen aber einen Einblick in den Pluralismus der Forschungen und in Denktraditionen.

Alte Geschichte als Teil der Geschichte | 1.3.1

Zum einen ist die Alte Geschichte ein integraler Teil des Fachs Geschichte und von dieser im Hinblick auf die Notwendigkeiten einer Beschäftigung mit Geschichte nicht zu trennen. Die Verzahnung zeigt sich bei der Verfolgung der **Traditionen** und **Entwicklungslinien**, da ohne Kenntnis der Antike vieles aus dem Mittelalter, der Neuzeit und selbst in unserer Gegenwart überhaupt nicht verständlich wäre: Die Verbreitung der Sprachen in Europa, das Christentum oder die Grundzüge unseres Rechtssystems zählen zu den unmittelbar auf das Imperium Romanum zurückgehenden Tatsachen. In der Wahl von Siedlungsplätzen, in Stadtplänen, Straßenzügen und Bauwerken sind noch direkte Überreste aus römischer Zeit zu sehen, oder sie können nur vor diesem Hintergrund adäquat erklärt werden. Hinzu kommen die zahlreichen **REZEPTIONEN** und ganze Rezeptionsphasen – wie die Renaissance des 15. und 16. Jahrhunderts oder der Klassizismus des 19. Jahrhunderts –, die in ihrer Kunst, Architektur und Literatur, überhaupt in ihrem ganzen Lebensgefühl ohne Kenntnis der antiken Vorbilder unverstanden bleiben würden.

REZEPTION, von latein. *recipere* = wiederaufnehmen.

Zunahme der Quellen | 1.3.2

Dabei ist die Alte Geschichte mehr als ein auf ihren Gegenstand hoch spezialisierter Gedächtnisspeicher der Gesellschaft, der für mögliche Fragen nach Ursprüngen, Vorbildern und Traditionen zum Verständnis der eigenen Kultur abgerufen werden kann. Sie ist ebenso ein sich selbst dynamisch verändernder Bereich. Zum einen befindet sich das für eine Auswertung zur Verfügung stehende Quellenmaterial der Alten Geschichte – gegen eine weit verbreitete

SURVEY, Oberflächenbegehung eines – häufig zur Ausgrabung vorgesehen – Territoriums und dessen Kartierung. Ein Survey wird oft in Kombination mit einer Prospektion durchgeführt.

PROSPEKTION, von lat. *prospicere* = vorausschauen; mit verschiedenen Verfahren versuchen Archäologen herauszufinden, ob sich Funde unter der Erdoberfläche finden. Sie nutzen dazu die Luftbildarchäologie, aber auch naturwissenschaftliche Verfahren wie die Bodenwiderstandsmessung oder geomagnetische Messungen.

Grundannahme – in einem unaufhörlichen Wachstum. Weniger betrifft dieses die literarische Überlieferung, wo mit der Neuentdeckung eines noch völlig unbekannten bedeutenderen Werks kaum mehr gerechnet werden kann. Doch durch **SURVEYS**, **PROSPEKTIONEN** und Ausgrabungen, veranlasst nicht zuletzt durch die immer stärker voranschreitende bauliche Erschließung von Räumen, nimmt die Zahl der materiellen Überreste in teils atemberaubender Geschwindigkeit zu. Sind selbst weite Teile des Altmaterials noch nicht oder nicht in der erforderlichen kritischen Weise publiziert, so kommen Teil- und Nachbardisziplinen wie Epigraphik, Papyrologie, Numismatik oder Archäologie mit der Bearbeitung des sich stetig vermehrenden Quellenmaterials erst recht kaum nach (→ Kap. 2.3 – 2.6). Angesichts stets drohenden Verfalls durch Korrosion, Verwitterung oder sogar mutwillige Zerstörung – und der gleichzeitigen Unmöglichkeit, alles zu konservieren – sehen Forscher wie Géza Alföldy in der **Sicherung und dem Zugänglichmachen der Quellen** die wichtigste Aufgabe der Alten Geschichte: eine Pflicht zeitgenössischer Historiker für künftige Generationen, der im Zweifelsfall Vorrang auch vor dem Entwurf neuer Theorien oder Interpretationsmodelle gebühre.

1.3.3 | Beantwortung neuer Fragestellungen

Dagegen heben andere Historiker gerade die jeweils neue Erarbeitung des Vergangenen für die je aktuelle Gegenwart als wichtigste Aufgabe der Geschichtswissenschaft hervor. Zwar steht das Vergangene selbst nicht mehr zur Disposition, doch einerseits können sich die Methoden zum Verständnis der Quellen verbessern, zum anderen ändert sich das Interesse an dem Vergangenem stetig (→ auch Kap. 3.1.4). Aus dem langen Kontinuum der Ereignisse, der Geschichte im landläufigen Verständnis, wird stets etwas anderes sichtbar gemacht. Das erwachte Interesse an der Rolle der Frauen in der Geschichte, die Weiterung dieses Ansatzes zu einer Gender-Geschichte, schließlich Thematisierung einer eigenen ‚Geschichte der Männer' geben illustrative Einblicke in derartige Prozesse. In-

> **Zitat**
> „So lange etwas ist, ist es nicht das, was es gewesen sein wird. Wenn etwas vorbei ist, ist man nicht mehr der, dem es passierte."
> *(Martin Walser, Ein springender Brunnen)*

tensivere Sensibilisierungen für Aspekte der Kommunikation haben Formen der Repräsentation und Propaganda, ebenso die Bedeutung des symbolischen Handelns ins Zentrum der historischen Forschungen gestellt. Gedenkstättendiskussionen einerseits und die Ergebnisse der Hirnforschung andererseits führen derzeit zu einer Neubewertung dessen, was ‚Gedächtnis‘ überhaupt ist – und betreffen damit grundlegend die Frage, was ‚Geschichte‘ sein kann.

Der Zugang zur Vergangenheit erfolgt also von der Gegenwart aus und ist auch nur so möglich. Geschichte ist ‚die im Bewusstsein der Gegenwart verarbeitete Vergangenheit“ (Hans-Werner Goetz). Noch drastischer formulierte es Benedetto Croce (1866 – 1952): ‚Alle Geschichte ist Zeitgeschichte.“ Dabei ist die Befangenheit in den Fragestellungen und Denkweisen seiner Zeit für den Historiker keineswegs nur eine unerfreuliche Last, von der er sich zur Objektivierung seiner Tätigkeit möglichst zu befreien trachten sollte, sondern sie ist, im positiven Sinne, ebenso Teil und Grundlage der ihm auferlegten Pflicht, den Wissens-, Kenntnis- und Orientierungsbedarf seiner Zeit zu erfüllen.

Info

Der ‚Fall‘ Roms

▶ In seinem Buch „Der Fall Roms. Die Auflösung des Römischen Reiches im Urteil der Nachwelt, München 1984“ hat der Althistoriker Alexander Demandt nicht den Untergang des Römischen Reiches, sondern die bislang dazu vorgetragenen Deutungen zum Thema gemacht. Rund 400 verschiedene Erklärungen konnten von ihm zusammengestellt werden: Frauenemanzipation oder fehlende Männerwürde, Askese oder Genusssucht, Führungsschwäche oder Totalitarismus, die vorhandenen Besitzunterschiede oder die soziale Egalisierung, Polytheismus oder Christentum, Faulheit oder Stress, Duckmäuserei oder Hybris, Überfremdung, Überzivilisation oder Unterentwicklung, Frühreife, Rentnergesinnung und Gicht, das Badewesen und der Regenmangel, die Korruption, Dezentralisation, Prostitution und Bodenerosion, der Ruin des Mittelstandes und die Traurigkeit, die Degeneration des Intellekts, die Freiheit im Übermaß, die Selbstgefälligkeit, Impotenz oder auch nur die unnützen Esser – die vorgebrachten Gründe für den „Fall Roms“ scheinen unermesslich zu sein und haben sowohl ihn als auch die seit anderthalb Jahrtausenden fortdauernde Suche nach seinen Ursachen selbst zum Fall werden lassen. Und wer angesichts der unterschiedlichsten Antworten in 'Resignation' verfällt oder ‚Nichternst‘ vermutet, wird feststellen müssen, dass Vorgängern und Zeitgenossen in gleicher Seelenlage eben dieses zum Kern ihrer Beschäftigung mit dem Fall Roms geriet. Durch diese Erkenntnis ist der Leser aber auch schon einem zentralen Anliegen des Buchs von Alexander Demandt näher gekommen.

1.3.4　Die Antike als das ‚nächste Fremde‘

Eine besondere Rolle kommt der Beschäftigung mit der Antike durch ihre Stellung in dem uns zugänglichen Wissens- und Erkenntnishorizont zu, eine Position, die Uvo Hölscher, in einer oft aufgenommenen Formulierung, die Antike als das ‚nächste Fremde“ bezeichnen ließ. Ausgedrückt werden soll damit, dass uns die Antike in vielem eigentümlich vertraut, und doch zugleich fremd ist. Vieles hat aus der Antike bis in unsere heutige Zeit reichende **Traditionslinien** entwickelt, die uns in gegenläufiger Richtung den Blick auf das Altertum erleichtern. Doch auf der anderen Seite sehen wir dabei auch immer wieder eine uns eigenartig fremd erscheinende, oft **verschlossen bleibende Kultur**. So entwickelt sich ein Spannungsverhältnis von Eigenem und Fremdem, von Bekanntem, doch fremd gewordenem, von Dingen, die wir noch verstehen, und anderen, wo dieses nicht mehr gesichert oder möglich ist. Die so bei der Betrachtung der Antike gewonnenen Erfahrungen sind von genereller Relevanz für die Begegnung mit fremden Kulturen, für die Erfassung kultureller Identitäten, Bewusstmachung der eigenen Lebensweise und Perspektive sowie die angemessene Bewertung kultureller Unterschiede.

1.3.5　Relative Einfachheit und Abgeschlossenheit

Als weitere paradigmatische Eigenschaften der Antike gelten die relative Einfachheit ihrer Strukturen und Geschehensabläufe sowie ihre Abgeschlossenheit. Christian Meier spricht von einer ‚relativen Naturnähe“ der Antike: Der bei einer solchen Bewertung durchscheinende Entwicklungsgedanke wird sicherlich die meisten von einer derartigen qualitativen Zuweisung der Antike zurückhalten. Doch gemessen an dem radikalen Veränderungstempo und der Komplexität unserer globalisierten Gegenwart wird man die Bewertung vielleicht *cum grano salis* akzeptieren können. Die Abgeschlossenheit der Ereignisse und Prozesse in der Geschichte der Antike bietet schließlich für die historische Analyse einen optimalen Rahmen: Jeder Akt kann auch auf seine kurz- und langfristigen Folgen, auf Intendiertes und Nichtintendiertes untersucht und so von verschiedenen Seiten, aus der Perspektive der Handelnden und *ex eventu* bewertet und verglichen werden. Gerade in der Zeitgeschichte ist dieser souveräne Blick auf abgeschlossene Entwicklungen in aller

Regel nicht möglich – und notwendigerweise zwingen nicht vorhersehbare Folgen zu manch neuer Bewertung vergangener Ereignisse.

Die Abgeschlossenheit ermöglicht in Verbindung mit der zeitlichen Distanz schließlich auch erst die genauere Erfassung von grundlegenden **PARADIGMENWECHSELN** in der politischen, gesellschaftlichen oder kulturellen Entwicklung. Relative Einfachheit und Abgeschlossenheit erleichtern weiterhin die Modellbildung zur Skizzierung historischer Prozesse. Weitet man die Kenntnis dieser Paradigmenwechsel auf die Rezeptionsphasen aus, so tritt mit dem Vorbeiziehen der wechselnden zeitgenössischen Fragestellungen, der quellen- und methodenbedingten Einflüsse, von Standortgebundenheit verschiedener Personen, Personengruppen, Gelehrtenschulen oder Nationen in den verschiedenen Generationen auch die historische Bedingtheit der eigenen Erkenntnisinteressen und der Erkenntnismöglichkeiten scharf hervor (→ Kap. 3.1.4 f.).

PARADIGMA, von griech. *paradeigma* = Muster, Beispiel.

Methodische Dichte

1.3.6

Schließlich ist für das Arbeiten in der Alten Geschichte die besondere methodische Dichte hervorzuheben: Die relative Quellenarmut wird zur Tugend, da zur Beantwortung einer Fragestellung in der Regel alle verfügbaren Quellengruppen, d.h. literarische, epigraphische, numismatische, archäologische Zeugnisse etc. herangezogen, auf ihren jeweiligen Aussagewert untersucht und gegenseitig gewichtet werden müssen, die dann wiederum oft erst durch Vergleiche oder Modelle verständlich gemacht werden können. Für Studierende ist in der Alten Geschichte der Umgang mit den Quellen besonders gut zu lernen, ja, in der breiten Erschließung und dichten Auswertung der Quellen sowie in ihren interdisziplinären Zugängen kommt der Alten Geschichte innerhalb der Geschichtswissenschaften geradezu der Rang eines **methodischen Exerzierfelds** zu. Ausdrücklich ist dafür auch auf das oft über Generationen reichende Bemühen um das Verständnis derselben Quellen hinzuweisen. Die Betrachtung des Forschungsgangs bettet das eigene Verständnis in einen langen Diskussionsprozess ein, vor dem es sich als erstes zu bewähren hat. Diese ständige Auseinandersetzung mit einer Vielzahl vorliegender Deutungen, mit ihrer Anordnung und Auslegung vor dem Hintergrund veränderter zeitgenössischer Kenntnisse und Interessen und die Feststellung der Faktoren, die zu veränderten Perspektiven führten – all dieses lässt Dieter Timpe von einem insgesamt höheren Reflexionsgrad sprechen, der das Arbeiten in der Alten Geschichte auszeichne.

Die Kehrseite der vorgegebenen Konzentration auf die Quellen ist allerdings das „Hinausdenken". So bewahrt die in der Alten Geschichte verbreitete Weiterverwendung der Sprache der Quellen größtmögliche begriffliche Genauigkeit, auf der anderen Seite erschwert sie jedoch die Kommunikation mit Nachbarwissenschaften, behindert Einordnungen auf einer höheren Abstraktionsebene und Vergleiche. Und auch für die Theorieentwicklung hat die Alte Geschichte in jüngerer Zeit sicherlich mehr Impulse von außen erfahren, als sie selbst Impulse gegeben hat.

1.3.7 | Tendenz zur Universalgeschichte

Allein der Kernbereich der Alten Geschichte deckt einen Zeitraum von anderthalb Jahrtausenden ab. Für ein adäquates Verständnis der Voraussetzungen und die Würdigung antiker Gesellschaften nützlich ist ferner eine gewisse Kenntnis der frühen Hochkulturen. Gleichfalls als Gegenstand der Alten Geschichte hinzu treten die starken Traditionslinien, wie etwa die Rezeptionsphasen in Renaissance und Klassizismus. Und schließlich ist jedes wissenschaftliche Arbeiten in der Alten Geschichte durch die notwendige Auseinandersetzung mit den teils aus Jahrhunderten vorliegenden Bemühungen um dieselben Quellen stets ein Stück Wissenschaftsgeschichte, die nur vor dem Hintergrund einer breit angelegten historischen Bildung gesehen und für die Interpretation mit Gewinn herangezogen werden kann.

Diese oft hervorgehobene Tendenz zur Erweiterung ihres Gegenstands wird durch die Vielfalt der von der Alten Geschichte behandelten Kulturen noch einmal besonders signifikant: Sowohl die griechische Geschichte mit ihren Kolonisationsbewegungen als auch der Hellenismus und die Geschichte Roms mit ihren militärischen Unternehmungen sind gekennzeichnet durch raumgreifende **Expansionsphasen**. Die Griechen und Römer drangen in weit entfernte Gebiete mit unterschiedlichsten naturgeographischen Voraussetzungen und mit nicht weniger divergierenden Lebensweisen der Bewohner und kulturellen Traditionen vor: Kleinasien, das Schwarzmeergebiet und westliche Mittelmeer; Syrien, Arabien, Ägypten, das Zweistromland und die Regionen bis zum Hindukusch; Nordafrika, die keltischen Gebiete Nordeuropas und die britischen Inseln.

Das **Aufeinandertreffen unterschiedlichster Kulturen**, die Wahrnehmung der Fremdheit, Ausgrenzungen oder kulturelle Annäherun-
gen und Vermischungen sind ein elementarer Bestandteil der Geschichte der Antike. Um zwei in der Gegenwart zu Schlagwörtern
geronnene Ambivalenzen zu nennen: ‚Die Ungleichzeitigkeit des
Gleichzeitigen‘ war in den antiken politischen Systemen und Kulturen stets ebenso präsent wie ‚die Vielfalt in der Einheit‘. Wenn für
dieses Potential in der Forschung der möglicherweise noch größere Räume assoziierende Begriff ‚Universalgeschichte‘ gewählt wird,
so erklärt sich dieses allerdings auch aus einer bewussten Abgrenzung zu den lange vorherrschenden nationalstaatlichen Perspektiven der Geschichtsschreibung. Die gegenwärtig von Teilen der
Alten Geschichte feststellbare Annäherung an die Ethnologie, auf
dem Weg zu einer vergleichenden Erfassung der verschiedenen
menschlichen Lebensformen, bringt sie in gewisser Weise ebenso
wieder einer universalhistorischen Ebene näher (→ Kap. 4.4).

Da die Alte Geschichte sich einer nationalstaatlichen Perspektive weitgehend entzieht, ist sie in jüngerer Zeit – zumal von politischer Seite – vielfach mit der Europa-Idee verbunden worden. Die
griechisch-römische Zivilisation rückt dabei in eine traditionsbil-
dende, wenn nicht vorbildliche Rolle für ein sich als politische und
kulturelle Einheit verstehendes Europa – für dessen Abgrenzung
von Asien es ja aus geographischer Perspektive keine Grundlage
gibt. Antike Kultur und – kaum präzise gefasste – Vorstellungen
einer völkerübergreifenden politischen Integration in der Antike
werden zum auch exklusiv gebrauchten Argument im europäischen Einigungsprozess. Von manchen Ländern ist das Aufzeigen
dieser Verbindungen zur europäischen Identitätsfindung direkt als
Bildungsauftrag formuliert worden.

Unabhängig von der Bewertung der **politischen Instrumentalisierung**
der Vergangenheit ist aus althistorischer Perspektive allerdings anzumerken, dass der Antike ein vergleichbares Europabewusstsein
fremd war. Daneben provoziert diese Identitätsstiftung allerdings
auch eine geographische Engführung beim Blick zurück auf die Antike. Viele der politisch und kulturell bedeutendsten Zentren der
griechisch-römischen Mittelmeerzivilisation lagen jedoch außerhalb der Grenzen dessen, was heute als Europa akzeptiert wird,
wozu man nur auf die Städte Kleinasiens, des Nahen Ostens, Ägyptens oder Nordafrikas hinzuweisen braucht, die integraler und Im-
puls gebender Teil dieser Zivilisation waren. (Dieses wiederum wird

von interessierter Seite zuweilen als Argument für die Zugehörigkeit speziell Kleinasiens zum heutigen Europa formuliert.) Doch nicht zuletzt birgt die Berufung auf gemeinsame geistig-kulturelle Wurzeln als Argument in einem positiv beurteilten politischen Prozess die Gefahr, diese allzu undifferenziert als vorbildlich erscheinen zu lassen und die Antike zu idealisieren. Diese hatte aber auch viele Schattenseiten wie Sklaverei, die Rolle des Krieges oder die stete Präsenz physischer Gewalt. Zu Recht ist diesbezüglich schon vor einem ‚Dritten Humanismus' gewarnt worden.

Um den kulturgeographischen Verhältnissen der Antike gerecht zu werden, schlägt der Althistoriker Justus Cobet in einem anregenden **CURRICULARENTWURF** vor, die Alte Geschichte im Unterricht mit dem Alexanderzug und Hellenismus beginnen zu lassen: An diesem Punkt sind Westen und Osten, Europa und Asien miteinander verbunden, die Ägäis bildet – wie schon in der Zeit vor den ‚Dunklen Jahrhunderten' und bis in die byzantinische Epoche hinein – das geographische, politische und kulturelle Zentrum. Von diesem Verschmelzungspunkt aus ließen sich dann die Vorgeschichten der jeweiligen Kulturen in Ost und West zurückverfolgen, ebenso über Hellenismus und Rom der weitere Gang der Geschichte entwickeln. Der Vorteil gegenüber den traditionellen Curricula ist, dass sich nicht zu Beginn der historischen Zeit die Perserkriege in den Vordergrund schieben, und mit ihnen das Bild eines scheinbar grundsätzlich gegebenen Gegensatzes von Europa und Asien, von Griechen und Barbaren, von Freiheit und Despotie. Diese von Athen in der Zeit des Seebunds geförderten und politisch instrumentalisierten Zuschreibungen sind weder für die politische und kulturelle Geschichte der Antike insgesamt, noch für die antike Wahrnehmung repräsentativ.

CURRICULUM, von lat. *curriculum* = Ablauf; Lehrplan.

1.3.8 | Ästhetischer Reiz

Für viele schließlich zeichnet sich die Beschäftigung mit der Alten Geschichte durch einen besonderen ästhetischen Anreiz aus. Er resultiert vor allem aus der dichten Integration der materiellen Überreste in das althistorische Arbeiten, mit ihrer teils hervorragenden künstlerischen Qualität, aber auch aus der sprachlichen und formalen Perfektion zahlreicher literarischer Quellen. Auch dieser ästhetische Anreiz ist ein legitimes Interesse der bevorzugten Auseinandersetzung mit der Alten Geschichte, soweit dabei die Historizität des Gegenstands gewahrt bleibt und er nicht zum Fokus

einer der Gegenwart entfliehenden Antikenbegeisterung wird –
oder gar die Gegenwart gegen eine so gezeichnete Antike ausspielt.
In einer Zeit nahezu unbegrenzter Reisemöglichkeiten, die das vergangene Fremde als **Erlebnislandschaft** inszeniert und zur Teilhabe
einlädt, zu einer ihnen angemessenen Beurteilung der antiken Kulturen zu kommen, zeigt abermals die Notwendigkeit der Beschäftigung mit der Antike auch für die Gegenwart.

Die Geschichte des Fachs | 1.4

In den bisherigen Bemerkungen ist bereits mehrfach angeklungen,
wie wichtig die Forschungsgeschichte und Wissenschaftstradition
der Alten Geschichte für unsere Beschäftigung mit der Antike in
der Gegenwart immer noch ist: Alte Geschichte heute ist zu einem
guten Teil durch die ‚Geschichte der Alten Geschichte‘ geprägt. Dass
bei folgender Skizzierung die deutsche Entwicklung in den Vordergrund tritt, legitimiert sich dabei nicht zuletzt durch die bis in das
beginnende 20. Jahrhundert von hier ausgegangenen Impulse auch
für die internationale Forschung.

Zwischen Philologie und Universalgeschichte | 1.4.1

Die Anfänge der Alten Geschichte als Fach wird man sinnvoller-
weise mit Renaissance und Humanismus beginnen lassen. Zwar be-
schäftigte sich bereits die Antike intensiv mit der eigenen Vergangenheit und entwickelte die Historiographie zu einer bedeutenden
Gattung (→ Kap. 2.2.5), und auch im Mittelalter verfolgte man in den
Chroniken die eigene Geschichte bis in die Antike zurück. Doch erst
durch die ‚Entdeckung‘ des Mittelalters und damit die – trotz ge-
fühlter inhaltlicher Nähe – Erfahrung der zeitlichen Distanz und
Abgeschlossenheit der Antike wurde diese eigentlich zu einem eigenen Gegenstand (→ Kap. 1.1.2). In den mittelalterlichen Chroniken
hingegen hatte man die Geschichte des Altertums noch ungebro-
chen als eigene Vorgeschichte behandelt, die in christliche Deu-
tungskonzepte eingebunden war.

Der neue Blick auf die Antike zu Beginn der Neuzeit war der
eines **Staunens und Bewunderns**. Man sah in der Antike ein überzeitli-
ches Vorbild, dem es auch in der Gegenwart uneingeschränkt nach-
zueifern galt. Für Fragen des eigenen Seins holte man sich Rat bei

der Antike, und ihre normative Geltung schien alle Bereiche des Lebens zu umfassen. Das Wissen über diese Zeit gewann man aus den Texten der griechisch-römischen Autoren. Der wichtigste Weg zur Vermehrung dieses Wissens wurde entsprechend das Aufspüren noch unbekannter Texte: Während des 14. und 15. Jahrhunderts reisten die Gelehrten durch alle Bibliotheken Europas. Dank der Erfindung des Buchdrucks Mitte des 15. Jahrhunderts konnten die neu gefundenen Texte rasch verbreitet werden.

Altertumswissenschaft in dieser Zeit war Klassische Philologie, und die Autorität der Texte war unbestritten. Um Hilfen für ihr Verständnis bereitzustellen, entwickelte sich eine spezielle Form von Lexika und **THESAURI**, welche die Begriffe, die Realien des religiösen oder privaten Lebens bzw. jene des Staates wie Recht, Verfassung und Verwaltung erläuterten. Sie hätten grundsätzlich Ansätze eines auf die geschichtlichen Verhältnisse verweisenden Sachkommentars bieten können. Doch ihrem Verwendungszweck nach präsentierten diese Werke ihre Gegenstände eher statisch: Das verändernde, dynamische Element galt ganz dem Textverständnis.

Das Erkennen der Antike als eigene Epoche und der Kontinuitätsbruch zum Mittelalter provozierten jedoch auch genuin historische Fragestellungen, und in derartigen universalhistorischen Betrachtungen liegt die zweite Wurzel für die Alte Geschichte als Fach. Aus der Erfahrung der Diskontinuität resultierten Niccolò Machiavellis (1459 – 1527) *„Discorsi sopra la prima deca di Tito Livio"* (1531 [postum]), in denen er, ausgehend vom Niedergang des Römischen Imperiums, die Ursachen des Aufstiegs und Niedergangs der Völker zu ergründen suchte. Ähnlich versuchte Charles Montesquieu (1689 – 1755) in seinen *„Considérations sur les causes de la grandeur des Romains et de leur décadence"* (1734) aus der Betrachtung der Römischen Geschichte allgemeine Gesetze zu gewinnen. Beiden ging es darum, aus der Geschichte Lehren für die Gegenwart zu ziehen. Das jeweils in die eigene Gegenwart hineinwirkende Thema des Niedergangs wurde dann in dem voluminösen Werk von Edward Gibbon (1737 – 1797) *„History of the Decline and Fall of the Roman Empire"* (1776 – 1788) weit ausholend untersucht und erzählerisch zur Darstellung gebracht. Gibbon maß dem Christentum eine entscheidende Bedeutung für den Auflösungsprozess des Römischen Reiches zu (→ S. 19 f.).

Der Beginn einer zweiten äußerst wirkungsmächtigen Phase der Antikenrezeption kann mit dem Wirken von Johann Joachim Win-

THESAURUS, von griech. *thesauros* = Schatz, Vorrat; Wörterbuch.

ckelmann (1717 – 1768) verbunden werden: der **Neuhumanismus**
oder – wegen des engen Bezugs auf Griechenland – der Neuhelle-
nismus. Auf der Suche nach Wegen zur Erneuerung der Kunst in
seiner eigenen Gegenwart fand Winckelmann bei der ästhetischen
Betrachtung der griechischen Kunst ein Ideal, das er in den Rang
überzeitlicher Geltung erhob. Doch Winckelmann ging noch weiter: Ursache dieses Kunstschaffens wurde ihm ein ebenso ideales
Menschentum der Griechen, für dessen Entwicklung wiederum die
politische Freiheit, wie er sie in Athen fand, den politischen Rahmen geboten hätte: Kunstschaffen und politische Ordnung, Freiheit, Ästhetik und Menschentum gingen bei Winckelmann inein-
ander über und forderten die Gegenwart: „Der einzige Weg für uns,
groß, ja wenn es möglich ist, unnachahmlich zu werden, ist die
Nachahmung der Alten" (1755).

Winckelmanns überragender Einfluss erstreckte sich nicht nur
auf das Schaffen Goethes, Schillers oder Hölderlins und beflügelte
die Griechenbegeisterung des 18. und 19. Jahrhunderts; seine Ideen
wurden bei Wilhelm von Humboldt (1767 – 1835) ganz konkrete
Grundlage für die **Reform des preußischen Schulwesens**: Auf dem Weg zur
Erreichung einer allgemeinen ‚Bildung‘ wurde das Gymnasium zur
entscheidenden Lehranstalt erhoben, und in dessen Unterrichtsplan
nahmen die alten Sprachen eine herausragende Stellung ein. Nicht
anders war es an den Universitäten, wo die Klassische Philologie zum
zentralen Fach der Philosophischen Fakultäten aufstieg.

Wie in der Zeit des Humanismus war die Antike wieder zu
einem überzeitlichen Vorbild geworden, bei der das Einst und das
Jetzt miteinander zu verschmelzen drohten. War die damalige Aneignung der Antike allerdings von ihren Voraussetzungen eher

Quelle

▶ „Wir haben in den Griechen eine Nation vor uns, unter deren glücklichen Händen
alles, was, unserem innigsten Gefühl nach, das höchste und reichste Menschenda-
sein bewahrt, schon zu letzter Vollendung gereift war ... Ihre Kenntnis ist uns nicht
bloß angenehm, nützlich und notwendig, nur in ihr finden wir das Ideal dessen,
was wir selbst sein und hervorbringen möchten; wenn jeder andere Teil der
Geschichte uns mit menschlicher Klugheit und menschlicher Erfahrung bereichert,
so schöpfen wir aus der Betrachtung der Griechen etwas mehr als Irdisches, ja beinahe Göttliches" *(Wilhelm von Humboldt, Werke in 5 Bänden [hg. v. A. Flitner u. K.
Giel], Bd. 2, 4. Aufl., Darmstadt 1986, S. 92).*

**Wilhelm
von Humboldt:
Das Vorbild der
Griechen**

überstaatlich angelegt, so verengte der aufkommende Nationalstaat die Perspektive: Der Rückbezug und die Orientierung an den Griechen blieb ein vorrangig deutsches Phänomen. Zu ihrem nachfühlenden Verständnis glaubte man sich als Nation – und im Gegensatz zu den anderen – besonders disponiert. Damit war einerseits ein Gegenstand gefunden, der zur Ausbildung einer eigenen kulturellen Identität beitragen konnte, andererseits – und damit im Zusammenhang stehend – grenzte sich diese Identifikation insbesondere von Frankreich ab, der führenden Kulturnation in Europa, die in vielfacher Weise das römische Erbe pflegte. Die Französische Revolution hatte geradezu einen Kult der Römischen Republik entwickelt, was dann in der Zeit der Freiheitskriege zur verschärften Hervorhebung des ‚Römer-Hellenen-Gegensatzes' führte: Der Rückbezug auf je eine andere antike Vergangenheit wurde jetzt als Instrument der Abgrenzung genutzt.

Von Winckelmann ausgehend ist noch eine andere, durchaus gegenläufige Entwicklungslinie zu verfolgen. Sie ebnete einer Historisierung der Antike den Weg: Bei seiner Betrachtung der griechischen Kunst unterschied Winckelmann Stile, die er bestimmten Zeitstufen zuordnete. Damit war nicht nur der Entwicklungsgedanke für die antike Kunst – und als Konsequenz für alle Altertümer – eingeführt, sondern die stilgeschichtliche Methode, die allein von den materiellen Überresten ausging, befreite deren Einordnung und Verständnis auch aus der Abhängigkeit von den antiken Texten: Ihnen konnten die Altertümer nun eigenständig gegenübertreten. Waren bisher schon Widersprüche in der literarischen Überlieferung oder Inkonsequenzen bemerkt worden, so bestand nun die Chance, die materiellen Altertümer als unabhängige Zeugnisse zur Überprüfung der Texte heranzuziehen.

Ein umfassendes Konzept einer weit verzweigten Altertumswissenschaft ist dann in diesem Sinne von Christian Gottlieb Heyne (1729 – 1812) entwickelt und insbesondere von Friedrich August Wolf (1759 – 1824) systematisch dargelegt worden: Der Übergang von der normativen Aneignung der Texte zur kritischen Auseinandersetzung ist darin bereits vollzogen. Die Philologie wurde zu einer umfassenden, in sich **differenzierten Altertumswissenschaft** geweitet, deren verschiedene Teile gleichberechtigt waren und als akademisches Fach gemeinsam der objektiven Erkenntnis verpflichtet. Ziel war es, die Philologie zur „Würde einer wohlgeordneten philosophisch-historischen Wissenschaft" zu erheben.

Abb. 2

„Darstellung der Altertumswissenschaft" von Friedrich August Wolf (1807).

Ueberblick sämmtlicher Theile der Alterthums-Wissenschaft.

I. *Philosophische Sprachlehre oder allgemeine Grundsätze beider alten Sprachen.*

II. *Grammatik der Griechischen Sprache.*

III. *Grammatik der Lateinischen Sprache.*

IV. *Grundsätze der philologischen Auslegungskunst.*

V. *Grundsätze der philologischen Kritik und Verbesserungskunst.*

VI. *Grundsätze der prosaischen und metrischen Composition oder Theorie der Schreibart und der Metrik.*

VII. *Geographie und Uranographie der Griechen und Römer.*

VIII. *Alte Universalgeschichte oder allgemeine Geschichte der Völkerschaften des Alterthums.*

IX. *Grundsätze der alterthümlichen Chronologie und historischen Kritik.*

X. *Griechische Antiquitäten oder Geschichte der Zustände, Verfassungen und Sitten der vornehmsten Staaten und Völker Griechenlandes.*

XI. *Römische Antiquitäten oder Alterthumskunde Roms und des ältern Römischen Rechtes.*

XII. *Mythologie oder Fabelkunde der Griechen und Römer.*

XIII. *Litterarhistorie der Griechen oder äussere Geschichte der Griechischen Litteratur.*

XIV. *Römische Litterarhistorie oder äussere Geschichte der Römischen Litteratur.*

XV. *Geschichte der redenden Künste und der Wissenschaften bei den Griechen.*

XVI. *Geschichte der redenden Künste und der wissenschaftlichen Kenntnisse bei den Römern.*

XVII. *Historische Notiz von den mimetischen Künsten beider Völker.*

XVIII. *Einleitung zur Archäologie der Kunst und Technik oder Notiz von den übriggebliebenen Denkmälern und Kunstwerken der Alten.*

XIX. *Archäologische Kunstlehre oder Grundsätze der zeichnenden und bildenden Künste des Alterthums.*

XX. *Allgemeine Geschichte der Kunst des Alterthums.*

XXI. *Einleitung zur Kenntniss und Geschichte der alterthümlichen Architektur.*

XXII. *Numismatik oder Münzenkunde der Griechen und Römer.*

XXIII. *Epigraphik oder Inschriftenkunde beider Völker.*

XXIV. *Litterarhistorie der Griechischen und Lateinischen Philologie und der übrigen Alterthums-Studien nebst der Bibliographik.*

Wolfs historischer, auf die Sache bezogener Ansatz traf innerhalb der Philologie allerdings auch auf erheblichen Widerspruch.
Viele Philologen wollten den Gegenstand ihres Faches nicht über
die sprachliche und formale Analyse der Texte hinaus ausdehnen.
Auch aus diesem Widerspruch heraus öffnete Wolfs Konzept den
Raum für eine ‚Alte Geschichte' als eigenes Fach. Bahnbrechend für
die inhaltliche Ausdifferenzierung wurde jedoch der Politiker und
wissenschaftliche Autodidakt Barthold Georg Niebuhr (1776 – 1831).
In seinen Untersuchungen zur Römischen Republik begriff er die literarischen Quellen nicht als der Wirklichkeit verpflichtete, quasi
protokollarische Notizen eines vergangenen Geschehens, sondern
er interpretierte sie als an Gattungstraditionen und Absichten ge-
bundene literarische Texte aus der Antike. Ziel einer Kritik dieser
Quellen müsse es sein, durch die Darstellungen hindurch zum tatsächlichen vergangenen Ereignis selbst vorzustoßen. Erst auf der
Grundlage eines so herauspräparierten Geschehens könne dann Geschichte beschrieben werden: Vergangenheit und Darstellung der
Vergangenheit, das Geschehen selbst und die darüber berichtenden
antiken Texte traten auseinander. Damit war der Platz für eine Alte
Geschichte neben der Klassischen Philologie umrissen.

August Boeckh (1785 – 1867) war einer der ersten, der die Rekonstruktion einer so neu gewonnenen, nicht mehr antiquarisch
nacherzählenden ‚alten Geschichte' vorexerzierte: In seiner „Staats-
haushaltung der Athener" (1817) verband er die literarische Überlieferung in souveräner Weise mit den Realien. Insbesondere die
konsequent ausgewerteten Inschriften erlaubten ihm eine genuine
Darstellung der athenischen Wirtschaft in klassischer Zeit. Da nach
diesem Ansatz die gesamte Hinterlassenschaft dem Verständnis des
historischen Geschehens nutzbar gemacht werden sollte, konnten
in der Folge auch Archäologie, Epigraphik und Numismatik ihren
Stellenwert weiter ausbauen (→ Kap. 2.3 – 2.6).

Die fortschreitende **Historisierung** der Philologie und der **Skepti-
zismus** der kritisch-philologischen Methode waren überdies geeignet, der Antike die Vorbildfunktion zu nehmen: Die wissenschaftlichen Standards genügende Beschäftigung mit ihr unterhöhlte das
Idealitätspostulat. Die gültige, über die Antike hinausgehende Formulierung stammt von Leopold von Ranke (1795 – 1886), wonach
„jede Epoche unmittelbar zu Gott" und von gleicher Dignität sei.
Das Abgehen von der Vorbildlichkeit öffnete jetzt auch stärker den
Blick für die jenseits der Klassik stehenden „Ränder" der Antike, wie

Hellenismus und Spätantike, oder ebneten den Weg zu einer Geschichte des Altertums unter Einschluss der orientalischen Kulturen: Etwa Johann Gustav Droysens (1808 – 1884) „Geschichte des Hellenismus" (1833 – 1848), Otto Seecks (1850 – 1921) „Geschichte des Untergangs der antiken Welt" (1895 – 1920) oder Eduard Meyers (1855 – 1930) „Geschichte des Altertums" (1884 – 1902).

Die Systematisierung und Ausdifferenzierung der Altertumswissenschaften spiegelte sich auch im **institutionellen Ausbau** der deutschen Universitäten, wo sich neben der Philologie die Klassische Archäologie und Alte Geschichte als Fächer etablieren konnten: Am Ende des 19. Jahrhunderts waren alle drei an nahezu sämtlichen deutschen Universitäten vertreten. Flankiert wurde die Institutionalisierung der Alten Geschichte durch Ausdifferenzierungen der Geschichtswissenschaft, wo sich jetzt auch die Mittelalterliche Geschichte als eigene Teildisziplin etablierte. Ein bleibendes Charakteristikum der Alten Geschichte ist seitdem eine **spezifische Zwischenposition**, deren institutionelle Klärung immer wieder ansteht: Versteht sie sich – als ein Erbe der Universalgeschichte – in erster Linie als ein auf eine bestimmte Epoche spezialisierter, doch von ihr nicht zu lösender Teil der Allgemeinen Geschichte, oder aber findet sie ihre Heimat, dem Traditionsstrang der Erweiterung der Philologie folgend, vorrangig als Teil einer umfassenden Wissenschaft vom Altertum.

Die breite, auch die Grundlagenwissenschaften einschließende Ausdifferenzierung und gute Platzierung an Universitäten und Akademien in organisatorischer Hinsicht, die Strenge des methodischen Vorgehens und der Objektivitätsanspruch in inhaltlicher Hinsicht, und schließlich die Menge und Gediegenheit der vorgelegten Arbeiten sicherten den deutschen Altertumswissenschaften in der zweiten Hälfte des 19. Jahrhunderts eine **international überragende Rolle**. Ihren Exponenten fanden sie in dem Politiker, Historiker und Nobelpreisträger Theodor Mommsen: Neben den eigenen Forschungen trat er als Initiator zahlreicher **Großprojekte** auf – Projekte, die zu einem großen Teil bis in unsere Gegenwart fortgeführt werden.

Forschungsfelder

| 1.4.2

Der beherrschende Gegenstand der Alten Geschichte nach ihrer Lösung aus der Philologie war die politisch-militärische Ereignisgeschichte. Zum Teil wurde diese Perspektive durch die antiken Quel-

Info

Theodor Mommsen ▶ Theodor Mommsen (1817–1903), Forscher, Wissenschaftsorganisator, aktiver liberaler Politiker und Träger des Nobelpreises für Literatur war der überragende Altertumswissenschaftler in der zweiten Hälfte des 19. Jahrhunderts. Seine Forschungen und die von ihm initiierten Großprojekte prägten die Entwicklung des Fachs während des gesamten 20. Jahrhunderts und wirken bis in unsere Zeit.

In souveräner Weise beherrschte und verband Mommsen die verschiedensten Quellengruppen und Methoden genauso wie die Kunst der Darstellung. Hauptwerke unter seinen mehr als 1500 Veröffentlichungen sind seine „Römische Geschichte" (Bde. 1–3: 1854–1856; Bd. 5: 1885; der vierte Band über die römischen Kaiser ist nie erschienen), die „Geschichte des römischen Münzwesens" (1860), das „Römische Staatsrecht" (3 Bde.: 1871–1888) sowie das „Römische Strafrecht" (1899). Hinzu kommen zahlreiche Editionen in monographischer Form: Bedeutende historische Inschriften wie der Maximaltarif des Diokletian (1851) oder die *„Res Gestae Divi Augusti"* (1865); Werke spätantiker Autoren wie Cassiodor (1861; 1894), Iordanes (1882) oder Eugipp (1898); Rechtstexte wie die Digesten Iustinians (1868–1870) oder das *„Corpus Iuris Civilis"* (1872).

Abb. 3

Theodor Mommsen, Foto um 1890.

Unter den von Mommsen angestoßenen Großprojekten dominiert das *„Corpus Inscriptionum Latinarum"*, dessen ersten Band mit den Inschriften der Römischen Republik er selbst bearbeitete (1863; ²1893). Auf Mommsens Initiative geht die Gründung der „Reichs-Limeskommission" (1892) zurück, ebenso das *„Corpus Nummorum"*, der groß angelegte Versuch einer Erfassung aller griechischen Münzen. Aufgrund seiner Stellung in der Preußischen Akademie der Wissenschaften, der Fakultät der Berliner Universität sowie in der Zentraldirektion des Deutschen Archäologischen Instituts prägte Mommsen den organisatorischen Ausbau der Altertumswissenschaften an den deutschen Universitäten. Zahlreiche Lehrstühle wurden mit seinen Schülern besetzt, die vorrangig aus der Epigraphik hervorgegangen waren. Den Nobelpreis für Literatur, als erster Preisträger überhaupt, erhielt Mommsen 1902 für seine in zahlreichen Auflagen verbreitete und äußerst populäre „Römische Geschichte". Die darstellerische Brillanz und kraftvolle Rhetorik machen sie noch heute lesenswert.

Kritiker merken an, dass die von Mommsen begründeten Großprojekte zwar unverzichtbare Grundlagenarbeiten erbrachten, doch auch die für die Altertumswissenschaft verfügbaren Kräfte über Generationen banden. Nicht weniger hätte die positivistische Kärrnerarbeit dazu beigetragen, die Alte Geschichte in eine Selbstisolation zu führen.

len, zumal die historiographischen, vorgegeben. Doch eine Geschichte der Staaten, die sich wiederum primär in ihrem Verhältnis zu anderen Staaten zu artikulieren schienen, entsprach auch den Erfahrungen und Denkweisen der Gegenwart. Denn auch eine mit philologisch-historischer Kritik ausgerüstete Wissenschaft konnte sich bei den leitenden Ideen der Darstellung den zeitgenössischen Erfahrungen und Vorstellungen nicht immer entziehen (→ Kap. 3.1.4): So wird in Theodor Mommsens Mitte des 19. Jahrhunderts abgefasster Geschichte der Römischen Republik die kontinuierliche Expansion der Stadt am Tiber etwa als eine nationalstaatliche Einigung Italiens beschrieben, die durch Rom vorangetrieben wurde.

Besonders eng mit dem Namen Mommsen verbunden ist allerdings ein anderer Forschungsansatz: die Untersuchung von Recht und Verfassung. Höhepunkt unter seinen zahlreichen juristischen Werken (→ S. 32) ist fraglos sein monumentales „Römisches Staatsrecht". Wenn das Buch aufgrund seiner ordnenden Struktur und souveränen Quellenbezugs auch heute noch ein vorzügliches Hilfsmittel ist, so hat Mommsen sich durch seinen völlig einseitigen, der systematischen Rechtsschule entlehnten Ansatz, den Staat ausschließlich als Rechtssystem zu erfassen, selbst Grenzen gesetzt. Besonders deutlich werden sie bei der Nachzeichnung des Übergangs von der Republik zur Kaiserzeit, wo die Bedeutung gesellschaftlicher Faktoren für das politische System sowie des sozialen Wandels kaum berücksichtigt erscheinen. Mommsens System setzte eine Stabilität der Rechtsnormen und der Begriffe geradezu axiomatisch voraus.

So waren es dann vor allem sozialgeschichtliche Ansätze, später dann die Verknüpfung von Verfassung und Gesellschaft, die einen dynamischeren, gegenseitig aufeinander einwirkenden Erklärungsrahmen boten. Mit Gewinn wurden jetzt auch das Recht und die Verfassung konsequent als sich entwickelnde und Veränderungen unterworfene Gegenstände betrachtet. Ein früher Markstein der Analyse aus soziologischer Perspektive war Matthias Gelzers (1886 – 1974) „Die Nobilität der römischen Republik" (1912). Nicht zuletzt durch die im akademischen Unterricht weit verbreiteten Werke von Jochen Bleicken (1926 – 2005) ist die **gemeinsame Berücksichtigung von Gesellschaft, Recht und Verfassung** in der zweiten Hälfte des 20. Jahrhunderts zum Standard geworden.

Unberührt blieb die Alte Geschichte aber auch nicht von den geschichtsdeutenden Modellen des 19. Jahrhunderts, die in den wirt-

schaftlichen Verhältnissen die Grundlage jeder politischen und gesellschaftlichen Entwicklung sahen. Im Streit zwischen ‚Primitivis-
ten‘, welche der Antike im Rahmen linear-fortschrittlicher Vorstellungen nur einen begrenzten Entwicklungsstand unterstellten,
sowie ‚Modernisten‘, welche die Vergleichbarkeit zwischen antiken
und gegenwärtigen Wirtschaftsformen postulierten und zum
gegenseitigen Verständnis nutzbar machten, ging es auch darum,
in wie weit die Antike für Gegenwartsfragen relevant sein konnte.
Gegen die Positionen von Karl Bücher (1847 – 1930) setzten insbesondere Eduard Meyer (1855 – 1930) und Karl Julius Beloch (1854 –
1929) ihr modernisierendes Verständnis von der antiken Ökono-
mie. – Unter dem Einfluss kulturanthropologischer Modelle, welche
den primitivistischen Positionen näher standen, wurde die bereits
als ‚Jahrhundertdebatte‘ historisierte Diskussion in den 1960er und
1970er Jahren mit Vehemenz wieder aufgenommen und noch bis
fast ans Ende des ideologisierten 20. Jahrhunderts fortgeführt. In
der zugespitzten Diskussion hatten vermittelnde Positionen
Schwierigkeiten, Gehör zu finden. Allerdings brachte die Kontro-
verse auch hervorragende Grundlagenarbeiten zur antiken Wirtschaft – wie die monumentalen Arbeiten von Michael Rostovtzeff
(1870 – 1952) –, zum Wirtschaftsdenken oder auch zum antiken
Handel hervor. Es scheint, dass eine gewisse Erschöpfung durch
diese Debatte Schuld daran trägt, wenn die antike Wirtschaftsgeschichte heute längst nicht die Rolle spielt, die man aufgrund des
vorherrschenden, alle gesellschaftlichen und politischen Bereiche
durchziehenden wirtschaftlichen Paradigmas in unserer Gegenwart
erwarten sollte.

1.4.3 | Die Alte Geschichte in der Gegenwart

Die deutsche Altertumswissenschaft erlebte in der Zeit der natio-
nalsozialistischen Herrschaft und durch den Zweiten Weltkrieg
einen drastischen Kontinuitätsbruch. Viele in Deutschland tätige
Althistoriker gingen in die Emigration, andere, wie Friedrich Münzer, kamen im Konzentrationslager um (1868 – 1942: Theresien-
stadt). Wiederum andere Altertumswissenschaftler konnten sich in
ihren Arbeiten den Perspektiven der Zeit nicht entziehen. Sie be-
mühten etwa rassenkundliche Kategorisierungen als Erklärungsansatz für historische Entwicklungen, oder sie nutzten die institutionellen Chancen einer sich unter dem Diktat der Partei weitge-

hend neu organisierenden Wissenschaft, wie etwa Helmut Berve
(1896 – 1979) oder Fritz Schachermeyr (1895 – 1987).

Heute erreicht die Alte Geschichte in Deutschland nicht mehr
die Bedeutung, die sie im 19. und frühen 20. Jahrhundert besaß,
weder was ihre Stellung in der internationalen Forschung, noch
ihre Position im hiesigen Wissenschaftsbetrieb oder in der Gesellschaft betrifft. Dies gilt, obwohl sich das Fach nach dem Krieg an
den meisten Universitäten wieder etablieren und zumal in den 60er
und 70er Jahren personell erheblich ausweiten konnte: Sowohl
beim Wachstum der Universitäten als auch bei den zahlreichen
Neugründungen konnte sich die Alte Geschichte im Fächerkanon
zwar noch behaupten, doch **ihr Einfluss schwand**.

Die Erarbeitung der zumeist noch auf Mommsen zurückgehenden Corpora hielt sowohl im westlichen als auch im östlichen Teil
Deutschlands an. Die Ideologiediskussion in der Zeit des Kalten
Kriegs gab manchen Themen eine besondere Relevanz und führte
etwa zu einem Aufschwung der Forschungen über die antike Sklaverei. Daneben folgte die Alte Geschichte den anderen Geschichtswissenschaften in der Abkehr von der – zumindest politischen – Ereignisgeschichte, akzentuierte Strukturen und widmete sich
schließlich in schneller Folge **bislang vernachlässigten Themen**: Über Sozialgeschichte und Wirtschaftsgeschichte hinaus der Begriffsge-
schichte; den Ideen und der Religion; der Wissenschaft und Technik; aber auch der Geschichte des eigenen Fachs. Hinzugetreten ist
in den letzten Jahrzehnten die ‚Kulturgeschichte‘ mit ihren vielfältigen Themen: Alter, Alltag und Gender; Familie und Mentalitäten,
Formen der Kommunikation und Repräsentation und anderes
mehr (→ Kap. 4.4). Innerhalb der Alten Geschichte nahmen und nehmen zudem geographische Schwerpunktsetzungen zu, um in diesen Regionen unter Berücksichtigung aller Quellen zu möglichst
dichten Beschreibungen zu kommen: Neben der Historischen Geographie (→ Kap. 4.2) hat sich vor allem die Geschichte der römischen
Provinzen zu einem eigenen, eng mit den Grundlagenwissenschaften und der Archäologie verbundenen Bereich entwickelt.

Ein nicht immer überschaubares, teils wuchernd erscheinendes
Wachstum hat sowohl in den 1970er Jahren (als von der Studen-
tenbewegung eingeforderte Reflektionsphase) als auch in den
1990er Jahren (im Zuge organisatorischer Fragen der Wiederverei-
nigung, dann aber auch eines europäischen Identitätsdiskurses) zu
vermehrten Bestandsaufnahmen des Fachs, Selbstreflektion und Le-

gitimationsbemühungen geführt. Insbesondere Christian Meier hat schon früh vor einer Vereinzelung und Isolierung der einzelnen Forschungsfelder als Kehrseite der hochgradigen Spezialisierung gewarnt. Sie würden eine Kommunikation selbst der Fachwissenschaftler untereinander kaum mehr ermöglichen. Forderte Meier allerdings noch eine angemessene Relation zwischen Spezialforschung und ‚Ganzem‘, so ist zuletzt bereits vor einem ‚zu viel‘ und einer Krise durch – zumindest falsches – Wachstum gewarnt worden: Wissenschaftlich gehe angesichts gebundener und hoch spezialisierter Kapazitäten nicht nur die gegenseitige Überprüfbarkeit verloren, sondern aufs Ganze gesehen seien auch Sinn und innerer Zusammenhang der jeweiligen Studien kaum mehr vermittelbar – oder gar herzustellen. Ziel der provozierenden Bemerkungen ist es vor allem, an die von der Geschichte zu erwartende **Orientierungsfunktion** zu erinnern: Denn die forschende Beschäftigung mit der Geschichte dient nicht dem Zweck, ‚Lücken‘ zu füllen, sondern neben der Dokumentation ihres Materials – wie sie Kernbestand der Grundlagenwissenschaften ist – hat sie auf den Orientierungsbedarf der jeweiligen Gegenwart Rücksicht zu nehmen. Insoweit muss jeder seine Beschäftigung mit der Geschichte nicht nur in methodischer Hinsicht, sondern auch im Hinblick auf die Themenwahl ‚verantworten‘ können.

Nicht ohne Einfluss auf die Entwicklung von Fragestellungen ist die jeweilige **organisatorische Zuordnung** der Alten Geschichte an den Universitäten. Hier spiegeln sich noch heute die doppelten Wurzeln des Fachs: Die Zugehörigkeit zu einem Historischen Seminar oder einem Institut für Geschichte folgt dem universalhistorischen Ansatz und der Idee von der Einheit der Geschichte. Die gemeinsame Einbindung mit Klassischer Archäologie und Philologie sowie ggf. anderen, regional oder zeitlich ausdifferenzierten altertumswissenschaftlichen Fächern oder Grundlagenwissenschaften folgt dem Konzept einer umfassenden Altertumskunde. Die Studiengänge lassen jedoch im Regelfall auch unabhängig von den Organisationsstrukturen oder von räumlichen Gegebenheiten beide Formen der Annäherung an die Alte Geschichte zu, und ebenso die Kombination beider Ansätze: Hier gilt es für jeden, innerhalb der von der Tradition gebahnten Möglichkeiten den eigenen Weg zu finden.

- Erläutern Sie das Periodisierungsschema der Alten Geschichte.
- Skizzieren Sie die Geschichte des Faches ‚Alte Geschichte'.
- Mit welchen Fragestellungen beschäftigt sich die die Alte Geschichte heute?

Literatur

Zur Bedeutung der Alten Geschichte:
Ch. Meier, **Die Welt der Geschichte und die Provinz des Historikers**, Berlin 1989.
W. Nippel (Hg.), **Über das Studium der Alten Geschichte**, München 1993; darin u. a.: Ch. Meier,
Was soll uns heute noch Alte Geschichte? (1970), S. 323 – 352.
E.-R. Schwinge, **Die Wissenschaften vom Altertum am Ende des 2. Jahrtausends**, Stuttgart/Leipzig
1995; darin u. a.: H.-J. Gehrke, **Zwischen Altertumswissenschaft und Geschichte. Zur Standortbe-
stimmung der Alten Geschichte am Ende des 20. Jahrhunderts**, S. 160 – 195.
J. Cobet/C. F. Gethmann/D. Lau (Hg.), **Europa. Die Gegenwärtigkeit der antiken Überlieferung**,
Aachen 2000.
K. M. Girardet, **Die Alte Geschichte der Europäer und das Europa der Zukunft. Traditionen, Werte,
Perspektiven am Beginn des 3. Jahrtausends**, Saarbrücken 2001.
K.-J. Hölkeskamp u. a. (Hg.), **Sinn (in) der Antike. Orientierungssysteme, Leitbilder und Wertkon-
zepte im Altertum**, Mainz 2003.
darin u. a.: A. Winterling, **Über den Sinn der Beschäftigung mit der antiken Geschichte**, S. 403 –
419.

Zur Wissenschaftsgeschichte:
A. Momigliano, **Wege in die Alte Welt**, Berlin 1981.
K. Christ, Klios Wandlungen. **Die deutsche Althistorie vom Neuhumanismus bis zur Gegenwart**,
München 2006.
K. Christ, **Römische Geschichte und deutsche Geschichtswissenschaft**, München 1982.
K. Christ, Hellas. **Griechische Geschichte und deutsche Geschichtswissenschaft**, München 1999.
St. Rebenich, **Theodor Mommsen**, München 2002.
V. Losemann, **Nationalsozialismus und Antike. Studien zur Entwicklung des Fachs Alte Geschichte
1933 – 1945,** Hamburg 1977.
B. Näf (Hg.), **Antike und Altertumswissenschaft in der Zeit von Nationalsozialismus und
Faschismus,** Cambridge/Mandelbachtal 2001.
M. Willing, **Althistorische Forschung in der DDR. Eine wissenschaftsgeschichtliche Studie zur Ent-
wicklung der Disziplin Alte Geschichte vom Ende des 2. Weltkrieges bis zur Gegenwart (1945 –
1989),** Berlin 1991.

**Einen Überblick zur Binnengliederung der Alten Geschichte, in dem auf knappem Raum die spe-
zifischen Charakteristika der Epochen souverän herausgearbeitet werden, bietet:**
J. Deininger, **Historische Epochen: Antike**, in: R. van Dülmen (Hg.), Fischer Lexikon Geschichte,
Frankfurt/Main 1990, 2.Aufl. 2003, S. 393 – 412.

**Die Bezüge zwischen griechischer und orientalischer Kultur erörtert anhand zahlreicher anschau-
licher Beispiele:**
W. Burkert, **Die Griechen und der Orient**, München 2003.

Die Quellen der Alten Geschichte und ihre Hilfs- und Nachbardisziplinen | 2

Überblick

Die Aussagemöglichkeiten in der Alten Geschichte hängen natürlich in hohem Maße von der Art und Weise ab, wie das Material beschaffen ist, das uns über diese Zeit überhaupt informiert. Diese Informationen nun, die Quellen der Alten Geschichte, sind äußerst bunt und vielfältig: Wir besitzen literarische Texte, dokumentarische Notizen, zahlreiche Inschriften und Münzen und nicht zuletzt materielle Befunde. All diese Quellen haben eine ganz eigene Geschichte hinter sich, und sie erzählen auch jeweils ganz eigene Geschichten. Manche Quellen geben Aufschluss über die Politik- und Ereignisgeschichte, andere Quellengattungen sind besonders aussagekräftig für die Bereiche Wirtschaft, Gesellschaft und Alltag. Zugleich erfordern die unterschiedlichen Quellengattungen viel Erfahrung und Spezialkenntnisse: Was gilt es zu berücksichtigen, wenn man einen historiographischen Text untersucht? Was können uns Inschriften und Münzen über die Antike sagen, und weshalb sind die in Ägypten gefundenen Papyri von ganz unschätzbarem Wert für die Geschichtswissenschaft? Das sind nur einige der Fragen, die im folgenden Kapitel zur Sprache kommen werden.

Einleitung: Quellen und Quellengattungen | 2.1

Quellen und Sekundärliteratur | 2.1.1

Als **QUELLEN** bezeichnet man im Allgemeinen „alle Texte, Gegenstände oder Tatsachen, aus denen Kenntnis der Vergangenheit gewonnen werden kann" (Paul Kirn). Quellen versteht man in diesem

QUELLEN sind das, was der Historiker dazu macht. *(Anonyme Weisheit)*

Zusammenhang also als **Informationsquellen**, die der Historiker auswerten und interpretieren muss, wenn er sich ein Bild über eine bestimmte Zeit verschaffen möchte. Von solchen Informationsquellen zu unterscheiden sind natürlich die **Auswertungen** und **Interpretationen** anderer; dies ist die so genannte Forschungs- oder Sekundärliteratur. Der Historiker muss bei seiner Arbeit selbstverständlich beides berücksichtigen, doch der Dreh- und Angelpunkt, die Grundlage einer jeden historischen Untersuchung kann nur ihr Bezug zu den Quellen sein.

Wichtig ist nun, dass die Unterscheidung zwischen Quellen und Sekundärliteratur nicht absolut ist, d.h., dass der jeweilige Charakter zum Beispiel eines Textes nicht für alle Zeiten festgelegt ist. Ob etwas eine Quelle ist oder aber Sekundärliteratur, dies hängt letztlich davon ab, wofür man sich interessiert, welche Fragestellung man jeweils verfolgt: Wer sich beispielsweise mit der Sozial- und Wirtschaftsgeschichte der hellenistischen Welt beschäftigt, für den sind die Publikationen von Michael Rostovtzeff (1870–1952) aus den 1920ern bis 1940ern – auch heute noch – eine wichtige Sekundärliteratur; wer aber die Geschichte der althistorischen Forschung in der ersten Hälfte des 20. Jahrhunderts untersucht, für den ist Rostovtzeff zur Quelle geworden. Umgekehrt beschränkt sich gerade in der Alten Geschichte ein großer Teil der schriftlichen Quellen nicht darauf, nur Informationen zu liefern. Vor allem die antiken Geschichtsschreiber transportieren darüber hinaus oft auch eine **Deutung** und **Einschätzung** des Berichteten, und man muss sich klarmachen, dass sie damit im Grunde genommen nichts anderes tun als die moderne Forschung: Sie interpretieren Fakten. Die Grenzen zwischen Quellen und Forschung können also fließen, und am besten bestimmt man diese Begriffe daher in Relation zueinander und zur Tätigkeit des Historikers: Quellen sind das, was interpretiert wird, und Forschung bzw. Sekundärliteratur ist das Ergebnis einer solchen Interpretation.

2.1.2   Tradition und Überreste

Von diesen grundsätzlichen Feststellungen ausgehend hat man nun immer wieder versucht, die Quellen der Geschichtswissenschaft in Quellengattungen oder Quellenarten zu untergliedern, um so das selbst für die Antike doch recht umfangreiche Material übersichtlicher zu gestalten. Eine gängige Einteilung in diesem Zusammenhang ist die auf Johann Gustav Droysen (1808 – 1884) zurückgehende und von Ernst Bernheim (1850 – 1942) aufgegriffene Unterscheidung von **TRADITION** und **Überresten**. Gemeint ist damit der Unterschied zwischen ganz bewusst im Hinblick auf die Nachwelt ‚erzeugten‘ und überlieferten Quellen einerseits und eher ‚unabsichtlich‘ erhalten gebliebenem Material auf der anderen Seite. Ähnliches hatte Hermann Bengtson (1909 – 1989) im Sinn, als er zwischen **primärem** (Akten-)Material (Urkunden, Briefe, Reden etc.) und **sekundärer**, geformter Überlieferung differenzierte, wobei auch er unter Letzterer vor allem die antike Geschichtsschreibung verstand. Hier wie dort steht der Gedanke im Mittelpunkt, dass es für die historische Interpretation wichtig ist zu wissen, in welchem **Kontext** eine bestimmte Quelle entstanden ist und welche **Absichten** hinter ihrer Überlieferung stehen könnten: War die Quelle ein Teil des Geschehens selbst, oder ist sie der Versuch, anhand von Primärmaterial die Geschichte im Nachhinein zu rekonstruieren? Haben wir ein Puzzlestück vor uns, oder ein Bild, das jemand anderes für uns gezeichnet hat? Mitgedacht wird hierbei unterschwellig, dass das primäre Material, der Überrest, nicht in dem Maße täuschen will oder auch nur kann, wie man dies für Teile der Tradition nicht nur vermutet, sondern längst schon erwiesen hat.

An diesem Punkt entstehen freilich Schwierigkeiten. Zwar ist die Frage, die hinter der Einteilung in Tradition und Überreste bzw. Primär- und Sekundärmaterial steht, für jede historische Untersuchung von zentraler Bedeutung: Zweifellos haben eine Münze, eine Inschrift oder ein auf Papyrus überlieferter Vertrag einen ganz anderen Aussagewert und sind auch anders zu interpretieren als ein antikes Geschichtswerk wie etwa das des Tacitus. Selbstverständlich muss der Historiker bei seiner Arbeit eventuelle Überlieferungsabsichten und unterschiedliche Zeitnähe von Quellen in Rechnung stellen. Allerdings haben wir damit wohl dennoch kein taugliches Gliederungskriterium gewonnen, mit dessen Hilfe wir uns einen vernünftigen Überblick über den Gesamtbestand unserer Quellen verschaffen könnten, im Gegenteil: Es ist bei vielen Quellen nämlich nicht ganz klar, in welche der beiden Kategorien sie fallen. Ist zum Beispiel ein bestimmter Brief für die Nachwelt verfasst worden oder nicht? Hat ein erhalten gebliebenes Monument nicht auch eine Aussage, verkörpert es nicht auch ein ‚Programm‘? Noch komplizierter wird das Ganze dadurch, dass eine Sekundärquelle, wenn man sie unter einer anderen Fragestellung bearbeitet, ohne weite-

TRADITION, von latein. *traditio* = Schenkung; hier wird unter Tradition vor allem die schriftliche Überlieferung verstanden.

Abb. 4

Thukydides (um 460 bis nach 400 v.Chr.), griechischer Geschichtsschreiber. Hellenistische Porträtbüste. Paris, Louvre.

res zum Primärmaterial werden kann, ungefähr so, wie auch Forschungsliteratur unter bestimmten Aspekten Quellencharakter besitzt. Der athenische Historiker Thukydides etwa ist für den Gegenstand, den er darstellt, für den Peloponnesischen Krieg (431 – 404 v.Chr.), gewiss unsere beste und wichtigste Quelle; aber er liefert hiervon eben nur eine sekundäre, geformte Rekonstruktion. Wer jedoch die klassische athenische Geschichtsschreibung selbst in den Blick nimmt und damit genau die Intentionen und Darstellungstendenzen, die im Hinblick auf eine Untersuchung des Kriegsgeschehens stören könnten, für den ist Thukydides eine unschätzbare Primärquelle! – Wir sollten daher festhalten, dass die Überlegungen, die zu den Begriffspaaren ‚Tradition – Überreste‘ und ‚Primärmaterial – Sekundärquellen‘ geführt haben, unerlässlich sind für die Arbeit mit Quellen, die so genannte **Quellenkritik**; als analytische Schneisen durch den Dschungel der Materialfülle eignen sie sich weniger.

2.1.3 | Schriftquellen und Geschichte

Wer solche Schneisen schlagen will, der wird das Material zunächst in **schriftliche und schriftlose Quellen** trennen. Mit dieser ebenso einleuchtenden wie grundlegenden Unterscheidung korrespondiert die Wissenschaftskonvention, dass die ‚eigentliche‘ Geschichte erst mit der Erfindung und Verbreitung der Schrift anfängt und die schriftlose Vergangenheit des Menschen der Ur- und Frühgeschichte zuzuweisen ist. Demnach befasst sich das Universitätsfach ‚Geschichte‘ in der Regel nicht mit völlig schriftlosen Kulturen (→ Kap.1.1.2). Man überlässt dies anderen, wie etwa den Prähistorikern oder den Ethnologen. Begründet wird das gerne damit, dass erst die Schrift den Beginn von Hochkultur darstelle, eine Auffassung, die freilich schon deswegen problematisch ist, weil sie streng genommen voraussetzt, Kulturen nach höher- und minderwertig klassifizieren zu können. Das ist zwar schon oft versucht worden, und entsprechend gibt es mehrere voneinander abweichende ‚Kultur-Systematisierungen‘. Diese Ansätze haben in den letzten Jahrzehnten aber zunehmend an Überzeugungskraft eingebüßt, und es herrscht heutzutage in der Wissenschaft nicht einmal mehr darüber Einigkeit, ob eine ‚objektive‘ Klassifizierung von Kulturen überhaupt möglich ist.

Außerdem gibt es auch in der Alten Geschichte weite Bereiche, für die keine oder kaum Schriftquellen existieren. Dies betrifft bestimmte Zeiträume wie etwa die so genannten ‚Dunklen Jahrhunderte‘ der griechischen Geschichte (12. – 8. Jh. v. Chr.), bestimmte Gebiete an den Rändern der antiken Welt (zum Beispiel weite Teile des heutigen Deutschlands), und auch bestimmte Fragestellungen wie die Siedlungsgeschichte. Überall dort sind wir völlig oder fast völlig auf schriftloses Material, konkret auf die Erkenntnisse der Archäologie angewiesen. Deshalb darf man sich durchaus fragen, ob die oben angesprochene Arbeitsteilung zwischen (Alter) Geschichte und (prähistorischer) Archäologie nicht lediglich pragmatisch betrachtet werden sollte. Andererseits ist aber unstrittig, dass zum Beispiel Politik- und Ereignisgeschichte, Ideengeschichte (auch Details der Religionsgeschichte) und Mentalitätsgeschichte nicht oder nur unvollkommen ergründet werden können, wenn Schriftquellen ganz fehlen. Schriftliches Material vervielfacht also die Möglichkeiten der historischen Forschung, und vor diesem Hintergrund ist es vielleicht doch gerechtfertigt, die Geschichte im engeren Sinne mit der Schriftlichkeit beginnen zu lassen.

Quellengattungen und Hilfswissenschaften   2.1.4

Bei der weiteren Untergliederung der schriftlichen und nicht-schriftlichen Quellen sind mehrere Varianten denkbar. Man kann die Schriftquellen in Literaturgattungen oder Textsorten einteilen, man kann die schriftlosen Quellen danach unterscheiden, ob es sich um Kunstgegenstände handelt oder um Alltagsrealien usw. Für die folgenden Ausführungen wurde ein anderes Prinzip als Leitfaden gewählt, nämlich die Orientierung an wichtigen **Hilfs- und Nachbardisziplinen**, die sich im Laufe der Zeit mit den jeweiligen Quellengattungen verbunden haben und auf deren Spezialkenntnisse auch der Historiker immer wieder zurückgreifen muss. Auf diese eher

praktische Weise kann man die Quellen der Alten Geschichte unter-
teilen in:

1. Literarische Quellen – gemeint sind damit die durch die mittelalterliche Handschriftentradition überlieferten Texte, mit denen
   sich die Latinistik und die Gräzistik beschäftigen;
2. Inschriften, mit denen sich die Epigraphik befasst;
3. auf Papyrus überlieferte Texte, die von der Papyrologie bearbeitet werden;
4. Münzen, um die sich die Numismatik kümmert, und
5. die materielle Hinterlassenschaft, die der Gegenstand der verschiedenen archäologischen Fächer ist.

Aufgabe zum Selbsttest

- Erläutern Sie die Begriffspaare ‚Tradition/Überrest' und ‚Primär-/
  Sekundärquelle'.

Literatur

H. Bengtson, **Einführung in die Alte Geschichte**, 8. Aufl., München 1979.
E. Bernheim, **Einleitung in die Geschichtswissenschaft**, ND Leipzig 1912.
J.G. Droysen, **Historik: Vorlesungen über Enzyklopädie und Methodologie der Geschichte**, hg. von
R. Hübner, 4. Aufl., Darmstadt 1960.
P. Kirn/J. Leuschner, **Einführung in die Geschichtswissenschaft**, 6. Aufl., Berlin/New York 1972.
K. Meister, **Einführung in die Interpretation historischer Quellen. Schwerpunkt: Antike**, 2 Bde.,
Paderborn u.a. 1997/99.

2.2 | Literarische Quellen – die Philologien

2.2.1 | Die Handschriftenüberlieferung

Nur ein Bruchteil der griechischen und lateinischen Literatur des
Altertums existiert heute noch. Wie die genauen Zahlen aussehen,
ist ungewiss. Manfred Fuhrmann geht beispielsweise davon aus,
„dass nicht einmal ein Hundertstel der römischen Literatur – der lateinischen Werke also, die in dem halben Jahrtausend von etwa 250
v. Chr. bis 250 n. Chr. entstanden sind – erhalten blieb". Diese Schät-
zung ist vielleicht zu pessimistisch, und für die antike griechische
Literatur oder die lateinische Literatur der Zeit nach 250 n. Chr.
mögen die Verhältnisse teilweise etwas besser aussehen. Dennoch

ist unbestreitbar, dass in der Tat der Löwenanteil des antiken Schrifttums – höchstwahrscheinlich für immer – verloren gegangen ist. Dies ergibt sich schon daraus, dass in den erhalten gebliebenen antiken Schriften sowie in späteren **EXZERPTEN** und Katalogen eine Vielzahl von Autoren und Werken erwähnt werden, die eben nicht überliefert wurden. Dabei trat ein Teil der Verluste bereits in der Antike selbst auf, doch die meisten Fäden rissen – im Osten wie im Westen – erst im 7. und 8. nachchristlichen Jahrhundert ab.

EXZERPT, von latein. *excerpere* = herausklauben.

| **Abb. 5**

Handschrift auf Papyrus in jüngerer römischer Kursive aus dem 4. Jh. n. Chr., gefunden in Ägypten.

Die auf uns gekommene antike Literatur wurde größtenteils in Klöstern durch die Jahrhunderte des Mittelalters hindurch handschriftlich tradiert. Als man dann in der frühen Neuzeit begann, sich für diese Texte wieder stärker zu interessieren, stellte man fest, dass verschiedene Handschriften ein und desselben Werkes mitunter voneinander abweichen konnten. Das ständige Abschreiben hatte im Laufe der Zeit also zu zahlreichen Fehlern geführt, und darüber hinaus war es offenbar auch zu anderen Veränderungen des ursprünglichen Wortlautes gekommen, wie z. B. zu Anmerkungen, **INTERPOLATIONEN** oder gar irrtümlichen ‚Verbesserungen' der Kopisten. All dieses bezeichnet man als **KORRUPTELEN**, d.h. als verderbte Textstellen. Die Konsequenz aus dieser Beobachtung musste natürlich sein, durch genaue Handschriftenvergleiche (**KOLLATION**) und darauf aufbauende Überlegungen einen ‚Urtext' zu erschließen. Dieses Bemühen, die so genannte **Textkritik**, die sich besonders

INTERPOLATION, von latein. *interpolare* = auffrischen, umgestalten; Einfügung eines Kopisten in das Werk eines Autors.

KORRUPTEL, von latein. *corrumpere* = verderben.

KOLLATION, von latein. *conferre, collatus* = vergleichen.

seit dem 15. Jahrhundert erkennen lässt, war letztlich die Geburts-
stunde der Klassischen Philologie. Nach reflektierten methodischen
Regeln, und damit als Wissenschaft betrieben, wird die Klassische
Philologie freilich erst seit dem 19. Jahrhundert; damals verfestigte
sich im Zuge der allgemeinen akademischen Institutionalisierung
auch ihre Aufspaltung in die beiden sprachlichen Teilbereiche der
Gräzistik und der **Latinistik**.

2.2.2 | Die wissenschaftliche Textkritik

TEXTKRITIK, von griech. *krinein* = scheiden, entscheiden.

Die wissenschaftliche **TEXTKRITIK** nun hat noch heute ihren festen
Platz in diesen Fächern. Dabei geht es, wie gesagt, darum, zu einem
möglichst originalgetreuen Text eines antiken Werkes zu gelangen.
Der erste Arbeitsschritt, der in diesem Zusammenhang zu leisten
ist, besteht darin, alle Handschriften, in denen ein Werk überliefert

HEURISTIK, von griech. *heuriskein* = finden.

ist, zusammenzutragen (**HEURISTIK**). Falls es daneben Zitate aus dem
betreffenden Werk bei anderen antiken, seltener bei mittelalterlichen Autoren gibt, müssen selbstverständlich auch diese – als sehr
alte Textversionen – berücksichtigt werden. Diese werden als **TESTI-**

TESTIMONIUM, von latein. *testari* = bezeugen, bekunden.

MONIEN bezeichnet. Im Einzelfall mag es ferner notwendig sein,
frühe Drucke hinzuzuziehen, wenn diese noch auf mittlerweile ver-
schollene oder nicht mehr gut lesbare Handschriften zugreifen
konnten. Bei manchen Werken wiederum, die in einer sehr großen

MANUSKRIPT, von latein. *manus* = Hand und *scribere* = schreiben.

Zahl von **MANUSKRIPTEN** vorliegen (so gibt es etwa über eintausend
Vergilhandschriften), zwingt die Arbeitsökonomie dazu, in einer
sehr groben Sichtung die Masse der jüngeren Handschriften aus-
zuscheiden und sich ganz auf die alten Versionen zu konzentrieren.
Danach gilt es, aus den auf diese Weise gesicherten Überliefe-
rungsvarianten einen ‚Handschriftenstammbaum‘, ein so genann-

STEMMA, griech. für Binde; bei den Römern Kranz um die Ahnenbilder, daher übertragen: Stammbaum.

tes **STEMMA**, aufzustellen (→ Abb. 6). Dies geschieht dadurch, dass die
einzelnen Handschriften in Gruppen eingeteilt werden, die dieselben Fehler enthalten bzw. bei denen man anhand der gemeinsamen Fehler erkennen kann, wie sie sich auseinander entwickelt
haben. Das Resultat dieser Rekonstruktion der Überlieferungsge-

ARCHETYPUS, von griech. *arche* = Anfang und *typos* = Vorbild, Beispiel.

schichte ist im Idealfall eine – unter Umständen aber immer noch
mit Fehlern behaftete – hypothetisch erschlossene älteste Überlie-
ferungsversion, der so genannte **ARCHETYPUS**. Von diesem Ausgangspunkt wird dann, gegebenenfalls mithilfe von Testimonien,

RECENSIO, von latein. *recensere* = aufzählen, erzählen.

der Text hergestellt (**RECENSIO**). Hierbei kommt es immer wieder vor,
dass verschiedene gleichrangige Textvarianten (Lesarten) gegenein-

ander abgewogen werden müssen. In diesem Zusammenhang ist üblicherweise der Grundsatz leitend, dass die schwierigere Lesart vorzuziehen ist, da es sich bei ihr, angesichts der Vereinfachungstendenzen in der Überlieferung, wahrscheinlich um die ursprünglichere handelt (*lectio difficilior potior*). Ferner gibt es in beinahe jedem aus dem Altertum stammenden Text Stellen, die aus sprachlichen oder sachlichen Gründen, obwohl sie eindeutig überliefert sind, als Fehler identifiziert und verbessert werden (**EMENDATION**/ **KONJEKTUR**).

EMENDATION, von latein. *emendare* = verbessern.

KONJEKTUR, von latein. *conicere* = zusammenwerfen, vermuten.

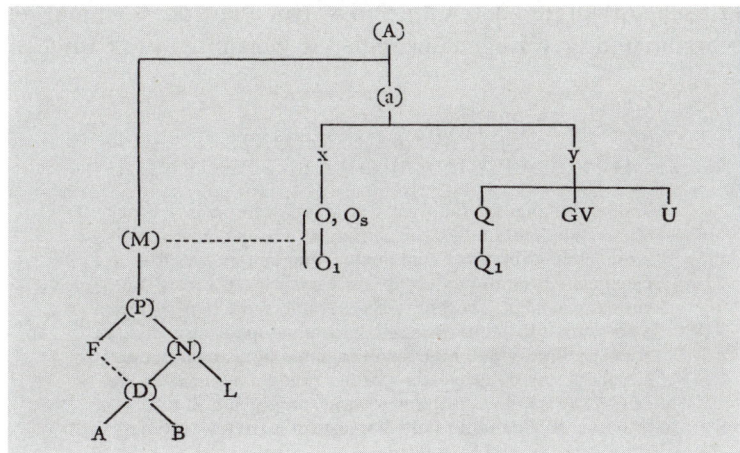

Abb. 6

Stemma der Handschriften des Lukrez von K. Lachmann (1850).

Die kritische Edition

2.2.3

Am Ende der Textkritik steht schließlich ein griechischer oder lateinischer Text, der den Kern der ein- oder zweisprachigen modernen **EDITIONEN** bildet, die heutzutage benutzt werden. Entscheidend ist nun, dass dieser Text – wie aus den obigen Erläuterungen klar hervorgeht – nicht unbedingt mit dem antiken Original identisch sein muss. Es handelt sich vielmehr lediglich um ein Produkt, das nach der mehr oder weniger gut begründeten Meinung des Herausgebers dem Original so nahe wie möglich kommt. Mit anderen Worten: Der durch die philologisch-kritische Methode etablierte Text ist eine **Interpretation**, und er muss daher – auch dies ist ein Gebot der Wissenschaftlichkeit – als solche gekennzeichnet werden. Es kann nämlich immer der Fall eintreten, dass neue Erkenntnisse oder inhaltliche Erwägungen zum Beispiel eine Emendation hinfäl-

EDITION, von latein. *edere* = herausgeben; neue Ausgabe eines Textes.

lig machen oder eine vom Herausgeber nicht berücksichtigte Lesart
als sinnvoller erscheinen lassen. Derartige neue Gesichtspunkte
können etwa ein neuer Textfund sein, oder ein in der Edition noch
abgelehnter Sinnzusammenhang, der aber durch neuere Forschungen plausibler wird. Um hier die philologische Forschung
nicht zu behindern, ist es erforderlich, dass der Herausgeber eines
Textes seine Optionen und Entscheidungen bei der Textherstellung
offen legt und für jeden nachvollziehbar darstellt. Editionen, die
dies gewährleisten, nennt man **wissenschaftliche** oder **kritische Textausgaben**. Sie zeichnen sich aus durch eine Einleitung, die die text-
kritische Arbeit und deren Ergebnisse (vor allem das Stemma) beschreibt, und sie verfügen über einen so genannten textkritischen

Abb. 7

*Seite aus der kriti-
schen Edition der vier
Reden Ciceros gegen
Catilina.*

M. TVLLI CICERONIS
IN L. CATILINAM ORATIO SECVNDA

Tandem aliquando, Quirites, L. Catilinam furentem audacia, **1**
scelus anhelantem, pestem patriae nefarie molientem, vobis ¹
atque huic urbi ferro flammaque minitantem ex urbe vel
eiecimus vel emisimus vel ipsum egredientem verbis prose-
5 cuti sumus. abiit, excessit, evasit, erupit. nulla iam pernicies
a monstro illo atque prodigio moenibus ipsis intra moenia
comparabitur. atque hunc quidem unum huius belli domesti-
ci ducem sine controversia vicimus. non enim iam inter late-
ra nostra sica illa versabitur; non in campo, non in foro, non
10 in curia, non denique intra domesticos parietes pertimesce-

1–3 tandem … nobis atque … ferro flammasque minitantem *Isid.
iun. l. 217* ‖ **1** tandem … Catilinam *Prisc. inst. GL III 82,20* | tandem …
Quirites *Non. p. 405,33 Merc.* | tandem aliquando *Fest. p. 494,29 et
495,11* | furentem *Schol. Clun. p. 269 St.* ‖ **2** nefarie molientem *Sacerd.
GL VI 442,27* ‖ **3–4** (vel eiecimus vel emisimus) *cf. Schol. Clun.
p. 269,7 St.* metuens ne asperius populus Romanus sumeret eiectum esse Catilinam, posteaquam eiectum dixit, intulit leniorem. 'eicitur' invi-
tus, 'emittitur' cupiens ‖ **5** abiit excessit (abscessit *Isid.*) evasit erupit
(erupit evasit *Quint.*) *Quint. inst. 9,3,46 et 77; Hier. epist. 109,2,5;
Iul. Vict. p. 94,3; Serv. Aen. 2,128; Isid. orig. 1,35,16; Isid. iun. l. 241* ‖
7 comparabitur *Schol. Clun. p. 269,10 St.*

Inscr. INCIPIT LIBER SECVNDVS FELICITER **Clx** : INCIPIT
·II· FELICITER .... **A** : Incipit Liber ·II· **f** : Oratio
s(e)c(un)da **i** : INVECTIVARV(m) INCIPIT SECVNDVS **u** : *om.*
BVasbto : *inscr. caret* **B**
3 ferro flammaque **Ba** : ferrum flammaque *βγ* | minitantem **CAa** :
mintantem **B** : minantem **Vβγ** ‖ **5** abit **BC** ‖ **7** comparabitur (con- **B**)
Schol. Clun. **BAVβγ** : comparabitur *sed bi punctis sscr. del.* **Cᶜ** : compa-
ratur **ah** ‖ **10–11** pertimescemus (pertimis- **B**) **Balγ** : pertimescimus
α(f)o¹ : perhorrescimus (*non* -emus!) **sb**

| Abb. 8

Verzeichnis der benutzten Handschriften aus der kritischen Edition der Reden Ciceros gegen Catilina.

M. TVLLI CICERONIS ORATIONES IN L. CATILINAM QVATTVOR

CONSPECTVS SIGLORVM

B   Papyrus Barcinonensis saec. iv/v in Aegypto scripta continet orr. 1–2, sed ex 1,1–29 non nisi frustula servantur, inde a 1,29 usque ad finem omnia fere integra exstant

Γ   Papyrus Vindobonensis G. 30885 a+e saec. iv/v in Aegypto scripta continet fragmentum 1,15,165–20,236 *catilina* / κατ[ιλινα] … [*soli*]*tudinique* / και ε[ρημια] misere laceratum

Π   Papyrus Rylands 1.61 saec. v in Aegypto scripta continet particulam 2,14,171–15,182 [*converterit*] / μ[ε]τεστρεψεν … [*ab dis immortalibus*] / απο των αθανατων θεω]ν passim lacunis foedatam

Δ   Papyrus Vindobonensis L. 127 saec. v in Aegypto scripta continet reliquias 3,15,194–16,205 [*religio* / θρησκια … *ille erat solus* / εκινος η]ν μονος (Π et Δ duas eiusdem codicis particulas esse videntur; v. Praef. XI)

Familia α

C   cod. Bibl. Britannicae, Addit. 47678, olim Holkhamicus 387, saec. ix[1] in urbe Turonum scriptus, postea in monasterium Cluniacense translatus; aliquot foliis (duodecim ut vid. in hac codicis parte) amissis desunt 1,5,54–1,17,196 *factum esse … offensum*; 2,11,134–2,15,185 *ratione … timeo*, 3,1,7–3,9,101 *-tutam videtis … Cornelium ad quem*; 3,19,252–3,23,303 *imperi … crudelissimo*; 3,27,351–4,8,117 *atque condicio … impiis*; 4,15,225 *qua virtute* usque ad finem

A   cod. Ambrosianus C. 29 inf. saec. x/xi[1] in Gallia meridionali vel Italia scriptus

V   cod. Vossianus Lat. O. 2-II saec. x in Gallia exaratus

a   cod. Laurentianus 45.2 saec. xii[1] in Gallia vel Anglia scriptus

f   cod. Edinburgensis, Adv. 18.7.8, saec. xi/xii in Anglia scriptus

h   cod. Harleianus 2682 saec. xi[2] in Lotharingia scriptus

APPARAT (hinzukommen kann ein Testimonienapparat u. ä.), in dem entweder alle Lesarten zu den verschieden überlieferten Stellen präsentiert werden (positiver Apparat), oder aber nur die von der in der Edition abgedruckten Variante abweichenden Lesarten (negativer Apparat).

Der genaue Wortlaut einer Quelle (in der Originalsprache!) und, damit verbunden, das Wissen um Abweichungen in der Überlieferung sind nun aber auch für die historische Interpretation von zentraler Bedeutung. Gerade Historiker müssen **Bedeutungsnuancen** erfassen oder **Schlüsselbegriffe** und deren Kontext erkennen können. Deswegen ist es für sie wichtig zu wissen, was an einer bestimmten Textstelle im Original gestanden hat oder gestanden haben kann.

APPARAT, von latein. *apparare* = rüsten, anlegen.

Manchmal, etwa bei geographischen oder politischen Namen, geht es schlicht darum, korrekt informiert zu sein: Ist die Stelle Cassius Dio 77,13,4 zum Jahr 213 n. Chr. tatsächlich, wie man lange gesagt hat, die früheste Erwähnung des Stammes der Alamannen? Ein Blick in die Edition von Boissevain (III 388 ff.) klärt darüber auf, dass der Alamannenname hier später eingefügt wurde – das allerdings bedeutet, dass es die Alamannen zu Dios Zeiten möglicherweise noch gar nicht gab, oder sie zumindest noch nicht in den Gesichtskreis der Römer getreten waren. Dieses und ähnliche Beispiele zeigen deutlich: Althistoriker müssen vielleicht nicht gleichzeitig klassische Philologen sein; sie müssen aber in der Lage sein, die griechischen und lateinischen Quellen im Original zu verstehen und mit den Ergebnissen der philologischen Forschung zu arbeiten.

2.2.4   Literaturgattungen und Topik

Ein anderer Zweig der philologischen Studien ist die Literaturwissenschaft. Dazu gehört es, das literarische Schrifttum, also alle Werke, die für ein breiteres Publikum und mit einem gewissen ästhetischen Anspruch verfasst worden sind, in Literaturgattungen einzuteilen. Dies kann nach formalen oder inhaltlichen Kriterien oder einer Kombination von beidem geschehen; gängig ist beispielsweise die Unterscheidung der literarischen Werke in **Dichtung** und **Prosa**. Wichtig für die Alte Geschichte ist, dass schon in der Antike über Literaturgattungen nachgedacht wurde und dass in diesem Zusammenhang zum Teil gattungsspezifische Regeln für Stil und Inhalt literarischer Werke formuliert wurden. Daraus ergibt sich, dass manches, was ein Autor schrieb, nur dem Bedürfnis geschuldet war, solchen **Gattungsgesetzen** zu entsprechen. Dieser Mechanismus konnte im Übrigen auch unreflektiert allein dadurch ablaufen, dass sich ein Autor sehr eng an ein berühmtes literarisches Vorbild anlehnte, eine im Altertum sehr häufige Konstellation. Man bezeichnet solche literarischen Gemeinplätze, die im Rahmen eines bestimmten Genres unbedingt ‚bedient' werden mussten, als **TOPOI**.

TOPOS, griech.: Ort, Platz; daher Gemeinplatz.

Auf der anderen Seite steht der Begriff aber auch für die Übertragung der inhaltlichen Aussage in ein anderes Werk selbst oder in einen anderen Kontext. Manche Topoi ziehen sich als Wandermotive durch die gesamte antike Literatur. Vor diesem Hintergrund muss bei der historischen Auswertung einer Quelle natürlich auch auf eventuelle topische Bezüge sorgfältig geachtet werden.

Die Interpretation von Texten unter gattungstheoretischen Vorzeichen muss allerdings dort ihre Grenzen finden, wo sie, ohne hinreichend gerechtfertigt zu sein, eine unbefangene Deutung erschwert. Das Paradebeispiel hierfür sind die homerischen Epen, die Ilias und die Odyssee. Beide Gedichte wurden traditionellerweise als **Heldendichtung** eingeordnet und vor allem mit mittelalterlichen Heldensagen wie etwa dem Nibelungenlied verglichen. Vor diesem Hintergrund deutete man dann die bei Homer geschilderte Gesellschaft, in der beinahe nur von heldenhaften Gestalten gesprochen wird, als die aus gattungsspezifischen Gründen in den Vordergrund gerückte aristokratische Hälfte einer zweigeteilten realen Gesellschaft: In Heldengedichten sei, so die Einschätzung der älteren Forschung, eben nur von Helden die Rede, und nicht von ihren Dienern und Knechten. So, wie es Diener und Knechte in der gesellschaftlichen Wirklichkeit der Völkerwanderungszeit (in der das Nibelungenlied entstand) aber nachweislich gegeben habe, so dürfe man auch von der Existenz einer Unterschicht in homerischer Zeit ausgehen, nur könne man diese in den Gedichten nicht richtig greifen. Diese Ansicht ist problematisch, denn sie lässt außer Acht, dass die homerischen Gedichte gewissermaßen am Beginn der antiken Literatur stehen, dass wir über ihre Entstehung wenig wissen, und dass es daher methodisch nicht zulässig ist, Elemente, die in späteren Werken topischen Charakter besitzen, auch schon für Ilias und Odyssee als Gemeinplätze aufzufassen. Dies ist zwar denkbar, aber kaum schlüssig zu begründen, und das heißt für die homerische Gesellschaft, dass es sich bei ihr ebenso gut um eine Art ‚Leistungsgesellschaft‘ gehandelt haben kann, in der die ‚ritterliche Ethik‘ allen Mitgliedern der Gemeinschaft offen stand, und nicht nur einem ‚Adel‘.

Die antike Geschichtsschreibung | 2.2.5

Schriftquellen sind also, obwohl sie, wie eingangs betont, unsere Erkenntnismöglichkeiten über die Vergangenheit ungeheuer erweitern, zumeist nicht einfach zu interpretieren, sie eröffnen im Gegenteil häufig Schwierigkeiten eigener Art. Eine Sonderstellung nehmen dabei **NARRATIVE** Texte ein. Einerseits handelt es sich bei ihnen zweifellos um besonders wertvolle Quellen, denn sie sind die einzigen Texte, die uns die für das geschichtliche Verständnis so wichtigen Ereigniszusammenhänge liefern. Auf der anderen Seite

NARRATIV, von latein. *narrare* = erzählen.

aber ist bei der Auswertung erzählender Quellen auch besondere Vorsicht geboten. Oft ist nämlich schon die bloße Herstellung eines Ereigniszusammenhanges bereits eine Interpretation, und viele narrative Zeugnisse transportieren bekanntlich weit darüber hinausgehende Deutungen und Wertungen. Diese vorgegebenen Muster sind freilich fast nie die einzige Art und Weise, wie man die berichteten Fakten sehen kann, und deswegen darf der Historiker nicht der großen Versuchung erliegen, sie einfach ungeprüft zu übernehmen.

Man muss daher stets nach den Darstellungsabsichten eines Autors fragen. Am deutlichsten wird dies wohl bei der antiken **HISTO-RIOGRAPHIE**, also der Geschichtsschreibung im engeren Sinne, die im 5. Jh. v. Chr. in Griechenland einsetzt. Zwar gab es schon zuvor sowohl im griechischen Bereich als auch anderswo erzählerische Darstellungen der Vergangenheit, etwa die homerischen **EPEN**, oder, um ein Beispiel außerhalb des griechischen Kulturkreises zu nennen, Teile des Alten Testamentes. Erst bei Herodot von Halikarnassos aber (ca. 485 – 425 v. Chr.), den schon Cicero für den „Vater der Geschichtsschreibung" hielt (*De legibus* I 1,5), findet man jene kritisch-rationale Distanz zum historischen Gegenstand, durch die man – damals wie heute – die eigentliche Geschichtsschreibung gekennzeichnet sieht. Dabei war Herodot, der sich mit den Perserkriegen (490 – 479 v. Chr.) und ihrer Vorgeschichte befasste, der Ansicht, er müsse, obwohl er längst nicht alles glauben könne, trotzdem alle Geschichten aufschreiben, die man sich erzähle (Herodot 7,152). Diese Auffassung hat ihm später den Vorwurf eingetragen, leichtgläubig und geschwätzig zu sein (z. B. bei Aulus Gellius 3,10,11), und bereits der nicht minder berühmte Fortsetzer Herodots, Thukydides von Athen (ca. 460 – 400 v. Chr.), hat seinen Vorgänger – wenn auch ohne ihn namentlich zu nennen – herb kritisiert (Thukydides 1,20 – 22). Thukydides setzte dem herodoteischen Vorgehen das erklärte Ziel entgegen, durch genaue **Überprüfung** und **Erforschung des Vergangenen** die Wahrheit herauszufinden und nur diese dann auch zu präsentieren. Damit formulierte er im Grunde genommen als erster ausdrücklich die Forderung, dass der Historiker seine Quellen kritisch gewichten müsse. Thukydides ist folglich in gewissem Sinne der **Vater der Quellenkritik**, und für diesen methodischen Anspruch hat man ihn in der Regel dem Herodot als Historiker vorgezogen. In diesem Zusammenhang hat Wilfried Nippel vor einigen Jahren allerdings zu bedenken gegeben, dass Herodot,

HISTORIOGRAPHIE, von griech. *historia* = Forschung und *graphein* = schreiben; Geschichtsschreibung.
EPOS, von griech. *eipein* = sagen; Heldengedicht.

indem er seine Quellen – und dadurch die Grundlage seiner Interpretationen – nennt und dem Leser so zur Überprüfung zugänglich
macht, eigentlich viel eher dem modernen Verständnis von Wissenschaftlichkeit als Transparenz in der Darstellung entspricht als
Thukydides, der die von ihm verworfenen Zeugnisse zumeist nicht
erwähnt und auf diese Weise eine nachträgliche Revision seiner Ergebnisse mindestens erschwert.

Gleichwohl kann die gewiss berechtigte Rehabilitierung Herodots den Rang des Thukydides als Historiker in keiner Weise schmä-
lern. Thukydides hat mit seiner
„Geschichte des Peloponnesischen Krieges" (431 – 404 v. Chr.)
nicht nur den historischen
Gegenstand, den er beschrieb,
eigentlich erst selbst erschaffen,
als er eine Reihe von Einzelkon-
flikten in seinem Werk unter
diesem Namen als geschichtliche Einheit zusammenfasste.
Dadurch, dass er sich, anders als
Herodot, auch sehr stringent
auf diesen seinen Gegenstand
beschränkte, gilt Thukydides
des Weiteren als der Schöpfer
der historischen **MONOGRAPHIE**.
Darüber hinaus begründete er
durch sein bewusstes Anknüp-
fen an den Zeitpunkt, an dem

Abb. 9

*Der griechische Ge-
schichtsschreiber
Herodot. Römische
Kopie eines griechi-
schen Originals des
4. Jhs. v. Chr. Neapel,
Museo Nazionale
Archeologico.*

MONOGRAPHIE, von
griech. *monos* = allein
und *graphein* = schrei-
ben; Einzelschrift, Buch
zu einem Thema.

Herodot sein Werk enden ließ, eine seither in der antiken Historiographie häufiger geübte Praxis, nämlich die Selbsteinordnung in
eine *historia perpetua*, eine kontinuierliche Geschichtsdarstellung.

Formen der Geschichtsschreibung und Quellenkritik

2.2.6

Von der historischen Monographie, die sich auf ein ganz bestimmtes Thema konzentriert, kann man die so genannte **UNIVERSALGE-
SCHICHTE** unterscheiden, in der versucht wird, die bekannte Geschichte umfassend abzuhandeln, und von dieser wiederum lässt
sich die **Lokalgeschichte** abgrenzen, deren Horizont entsprechend be-
scheidener ist. Eine Besonderheit der römischen Historiographie,

UNIVERSALGESCHICHTE,
von latein. *universum* =
Weltall.

ANNALISTISCH, ANNA-
LISTIK, von latein. *annus*
= Jahr.

die sich seit ungefähr 200 v. Chr. entwickelte, ist die so genannte
ANNALISTISCHE Darstellungsweise, die sich an eine jahrweise Stoff-
gliederung anlehnt. All diese verschiedenen ,Arten' der antiken Geschichtsschreibung sind freilich im Grundsatz vom Althistoriker
gleich zu behandeln: Man muss aus den oben benannten Gründen
zunächst die Intentionen eines Autors klären und von dort aus
mögliche Bezüge zwischen seinen Absichten und dem Inhalt seiner
Darstellung, also Verbindungen zwischen Autor und Werk herstellen. Zu diesem Zweck ist es natürlich ebenso notwendig, sich über
die Lebensumstände des jeweiligen Autors zu informieren, da nicht
zuletzt diese ihn auch in seinen historiographischen Zielsetzungen
prägen können. Dafür stehen im Bereich der Alten Geschichte mehrere handliche Referenzwerke zur Verfügung (s. u.), und wer diese
konsultiert, wird bei nicht wenigen griechischen und römischen
Geschichtsschreibern feststellen, dass sie oft erheblich später, teilweise sogar Jahrhunderte nach den von ihnen behandelten Ereignissen gelebt haben.

2.2.7 | Quellenkritik und ,Quellenforschung'

Diese Beobachtung wirft eine weitere Kardinalfrage der Quellenkritik auf: Woher konnte der Autor überhaupt das wissen, was er
uns berichtet? Im Idealfall führt diese Frage zu älteren, den ge-
schilderten Ereignissen näher stehenden Historikern, am Ende vielleicht gar zu Zeitzeugen des Geschehens. Solche Werke sind jedoch
oft nicht mehr – oder zumindest nicht mehr vollständig – erhalten:
Zum Beispiel wurde das monumentale Werk des Titus Livius (59 v.
Chr. – 17 n. Chr.), in dem er die Geschichte Roms von der Gründung
der Stadt bis in das Jahr 9 v. Chr. behandelte, so stilbildend und erfolgreich, dass ein Großteil der von ihm verarbeiteten älteren römischen Geschichtsschreibung verloren ging. Hier gilt es nun, die
Zuverlässigkeit der jeweiligen Gewährsmänner abzuschätzen, und
zwar ebenfalls auf der Grundlage dessen, was man über Leben und
Werk der betreffenden Personen in Erfahrung bringen kann. Allerdings sollte diese Art von **Quellenforschung** nicht zu schematisch vonstatten gehen. Es ist nämlich oft nicht klar, wie viel ein späterer
Autor an einer bestimmten Stelle von einem älteren Werk unver-
ändert übernommen hat, und in welchem Ausmaß eigene Umar-
beitung vorliegt. Gerade bei Livius hatte eine auf die Spitze getrie-
bene Suche nach den ,Quellen der Quelle' in der Vergangenheit

sogar zur Folge, dass die wesentlichen Fragen aus dem Blick zu geraten drohten: „Allzu oft konzentrierte sich das Bemühen darauf,
einzelne Passagen (...) einer bestimmten Vorlage zuzuweisen, wobei
das Ergebnis wegen der Schattenhaftigkeit der Vorgänger des Livius
in vielen Fällen eine bloße Etikettierung war, ohne ersichtliche Relevanz für die Erforschung der geschichtlichen Ereignisse" (J. v. Ungern-Sternberg).

Quellenforschung als Selbstzweck, das zeigt sich an diesem Beispiel, führt die Geschichtswissenschaft also eher in eine Sackgasse.
Dabei kann die Antwort auf die Frage, ob unsere Quellen wirklich
wissen, was sie zu wissen vorgeben, durchaus auch negativ ausfal-
len. Insbesondere die Berichte über die frühe römische Geschichte
bis etwa 350/300 v. Chr. stehen unter dem Generalverdacht, fast völlig frei erfunden zu sein. Ein deutlicher Hinweis auf derartige **Ge-
schichtskonstruktionen** sind so genannte Dubletten, d.h. beinahe iden-
tische Schilderungen verschiedener Ereignisse, sei es in ein und
demselben Werk, sei es in verschiedenen Geschichtswerken. Es ist
kein Zufall, dass Dubletten gerade in der frührömischen Geschichte häufig vorkommen. Schon Livius selbst konnte es seinen Vorlagen nicht glauben, dass sowohl die Latiner 340 v. Chr., als auch die
Campaner 216 v. Chr. von den Römern angeblich gefordert haben,
in Zukunft einen Konsul und die Hälfte des Senates stellen zu dürfen. Er hielt freilich die spätere Forderung für die Imitation der früheren (Livius 23,6,6 – 8; vgl. Livius 8,4), eine Annahme, die nicht unbedingt der historischen Wahrscheinlichkeit entspricht: Man wird
bei der Beurteilung der Historizität von Dubletten vielmehr entweder das Erzählmuster insgesamt für eine Fiktion halten oder davon
ausgehen, dass eher das ältere Ereignis einem realen jüngeren
nachgebildet wurde als umgekehrt. Denn im Grundsatz ging es den
römischen Geschichtsschreibern natürlich darum, Wissenslücken
in der Frühzeit zu stopfen (mit Material aus der besser belegten späteren Periode).

Die antike Biographie

2.2.8

Vergleichbar mit der Geschichtsschreibung im engeren Sinne, und
als Quellengattung dementsprechend fast so wichtig wie diese, ist
die antike **BIOGRAPHIE**. Auch Lebensbeschreibungen informieren
nämlich, der Natur der Sache folgend, über Ereigniszusammenhänge, und selbstredend sind auch hier die oben erwähnten quel-

BIOGRAPHIE, von griech.
bios = Leben und
graphein = schreiben.

lenkritischen Überlegungen anzustellen. Es gibt aber ebenso Unterschiede zwischen Historiographie und Biographie: In antiken Lebensbeschreibungen geht es in erster Linie um Charaktereigenschaften der skizzierten Person, d.h. vor allem um deren Tugenden und deren Laster. Tugenden und Laster offenbaren sich jedoch nach antiker Meinung seltener in geschichtlich bedeutsamen Ereignissen, sondern zumeist in scheinbar unwichtigen Situationen. Beinahe programmatisch formuliert hat dies Plutarch von Chaironeia (ca. 46 – 120 n. Chr.), der wohl berühmteste Biograph des Altertums, der auch heute noch bekannt ist durch seine fast vollständig erhalten gebliebenen **Parallelbiographien**, in denen er große Griechen und Römer miteinander verglichen hat (wir besitzen noch elf von ursprünglich zwölf Biographiepaaren).

Quelle

▶ Im ersten Kapitel seiner Alexandervita äußert sich Plutarch zu seiner Arbeitsweise: „Wenn ich in diesem Buch das Leben des Königs Alexander und das des Caesar, von dem Pompeius bezwungen wurde, darzustellen unternehme, so will ich wegen der Fülle des vorliegenden Tatsachenmaterials vorweg nichts anderes bemerken als die Leser bitten, wenn ich nicht alles und nicht jede der vielgerühmten Taten in aller Ausführlichkeit erzähle, sondern das meiste kurz zusammenfasse, mir deswegen keinen Vorwurf zu machen. Denn ich schreibe nicht Geschichte, sondern zeichne Lebensbilder, und hervorragende Tüchtigkeit und Verworfenheit offenbart sich nicht durchaus in den aufsehenerregendsten Taten, sondern oft wirft ein geringfügiger Vorgang, ein Wort oder ein Scherz ein bezeichnenderes Licht auf einen Charakter als Schlachten mit Tausenden von Toten und die größten Heeresaufgebote und Belagerungen von Städten." (*Plutarch, Alexander 1,1 – 2; Übersetzung K. Ziegler*).

Das aber heißt nun, dass in antiken Biographien manches, das dem Historiker relevant erschienen wäre, unter Umständen gar nicht oder aber nicht gebührend berücksichtigt wird. Hinzu kommt, dass die Orientierung am Charakter bisweilen auch die Gliederung von Lebensbeschreibungen bestimmt, was dazu führen kann, dass der behandelte Stoff nicht immer streng chronologisch angeordnet ist – dies ist beispielsweise der Fall bei Sueton (mit vollem Namen: Gaius Suetonius Tranquillus, etwa 75 – 150 n. Chr.), der die Viten der römischen Herrscher von Caesar bis Domitian darstellte (100 v. Chr. – 96 n. Chr.). Trotzdem bieten sowohl Sueton als auch Plutarch einen im Grundsatz verlässlichen **Faktenrahmen**, und ihre Werke – wie auch andere Biographien – erweisen sich darüber hinaus immer wieder als unschätzbare Fundgrube für Informationen zu fast allen antiken Lebensbereichen.

Andere Literaturgattungen: Fachschriften, Dichtung, Reden und Briefe

| 2.2.9

In diesem Sinne liefern natürlich noch zahlreiche andere antike Schriften eine unentbehrliche Ergänzung zur reinen Ereignisgeschichte, so zum Beispiel die einschlägige **Fachliteratur** aus vielerlei Wissensgebieten. Zu denken ist hierbei nicht nur an die großen **Philosophen** wie Platon (427 – 347 v. Chr.) und Aristoteles (384 – 322 v. Chr.), oder an **medizinische Schriften** wie das so genannte „*Corpus Hippocraticum*" (4. Jh. v. Chr.). Von großem historischem Interesse sind auch geographische oder – im weitesten Sinne – **naturwissenschaftliche Werke** wie die Erdbeschreibung Strabons (ca. 63 v. – 19 n. Chr.) oder die „Naturgeschichte" des älteren Plinius (Gaius Plinius Secundus, 23 – 79 n. Chr.). Speziell für die Wirtschaftsgeschichte wichtig sind etwa die Werke der Agrarschriftsteller Cato der Ältere (Marcus Porcius Cato, ca. 234 – 149 v. Chr.) und Columella (Lucius Iunius Moderatus Columella, 1. Jh. n. Chr.), und in den Bereich der Völkerkunde fällt die berühmte „*Germania*" des kaiserzeitlichen Historikers Tacitus (Cornelius Tacitus, um 55 – 120 n. Chr.), die vielleicht nicht so sehr über Germanien selbst Aufschluss gibt als vielmehr über die **ETHNOGRAPHISCHEN** Vorstellungen der Römer. Nicht zu vergessen ist in diesem Zusammenhang schließlich die **juristische Fachliteratur**, die wertvolle Einblicke in die gesellschaftliche Realität des Imperium Romanum besonders im 2. und 3. nachchristlichen Jahrhundert gewährt (Gaius, 2. Jh. n. Chr.; Papinian und Ulpian, beide um 200 n. Chr.).

ETHNOGRAPHIE, von griech. *ethnos* = Volk, *graphein* = schreiben.

Man sieht, dass es die Fragestellungen sind, die eine bestimmte Literaturgattung auskunftsfreudig erscheinen lassen. Nicht zuletzt gilt dies für die **antike Dichtung**. Von der Bedeutung der homerischen **Epen** (8. Jh. v. Chr.) für die Kenntnis der frühgriechischen Gesellschaftsstrukturen war oben bereits die Rede; ähnliches trifft zu für die „Werke und Tage" des Hesiod von Askra in Böotien (um 700 v. Chr.), ein längeres Gedicht, in dem er seinen harten Alltag als kleiner Bauer, der stets am Rande der Not lebt, schildert. Wieder andere Aspekte des täglichen Lebens werden in **Komödien** wie denen des Aristophanes beleuchtet (446 – 388 v. Chr.), und selbst den **Tra-**

gödien, die üblicherweise eher ‚zeitlose‘ Probleme im mythologi-
schen Gewand behandeln, kann eine gewisse ‚Aktualität‘ nicht abgesprochen werden: Immerhin haben Dramatiker wie Aischylos (ca.
525 – 456 v. Chr.), Sophokles (496 – 406 v. Chr.) und Euripides (480 –
406 v. Chr.) ihre Stücke für Wettbewerbe gedichtet, und es ist daher
gewiss nicht übertrieben anzunehmen, dass sie damit einen ‚Zeit-
geschmack‘ berühren wollten. Vor diesem Hintergrund aber lässt
sich auch kürzeren Gedichten noch manches abgewinnen, denn
auch sie repräsentieren zweifellos einen historischen Diskurs, ob
man nun an die frühgriechische **Lyrik** eines Tyrtaios (650 v. Chr.?),
Alkaios (ca. 630 v. Chr.) oder Solon (um 640 – 560 v. Chr.) denkt, oder
an die kaiserzeitlichen **Satiren** eines Juvenal (Decimus Iunius Iuve-
nalis, 58 – 130 n. Chr.).

Ein letzter großer Bereich antiker Literatur sind schließlich die
Reden, Flugschriften und Briefe. Teilweise gehören diese Texte zu dem,
was Hermann Bengtson als „primäres Material“ bezeichnet hat
(s.o.). Manches war freilich von vorneherein zur Veröffentlichung
gedacht, so etwa die Briefe des jüngeren Plinius (Gaius Plinius Caecilius Secundus, ca. 61– 112 n. Chr.), und auch die eine oder andere
Rede ist ein reines literarisches Kunstprodukt und nie tatsächlich
gehalten worden. Bei den übrigen Reden darf man wohl davon aus-

Abb. 10

*Marcus Tullius
Cicero. Römische
Porträtbüste, Florenz,
Uffizien.*

gehen, dass sie zumindest nicht in der Form vorgetragen wurden, in der sie überliefert sind. In der Regel besitzen wir nur eine spätere, für die Publikation überarbeitete Version, und diese kann vom Original natürlich erheblich abweichen. All dies gilt es zu berücksichtigen im Umgang mit solchen Erzeugnissen der antiken **RHETO-RIK**. Gleichwohl liefern sie häufig Informationen aus erster Hand. Gerade die Zeitnähe vieler Reden und Briefe kann allerdings zur Folge haben, dass ihr Inhalt parteiisch und absichtlich subjektiv ist – dies zeigt sich beispielsweise bei den beiden berühmten Athenern Isokrates (436 – 338 v. Chr.) und Demosthenes (384 – 322 v. Chr.), die uneins waren über die Frage, wie man es mit Philipp II. von Makedonien halten solle. Dies zeigt sich auch in aller Deutlichkeit in vielen Briefen und Reden Ciceros (Marcus Tullius Cicero, 106 – 43 v. Chr.), die ein beredtes Zeugnis darüber ablegen, wie dieser in der turbulenten Endphase der römischen Republik gleich mehrmals die politischen Seiten gewechselt hat.

RHETORIK, von griech. *rhetor* = Redner.

Einzelstelle und gesamtes Werk

2.2.10

Reden und Briefe, aber auch Dichtung oder Fachschriften sind also in vielerlei Hinsicht als Quellen fruchtbar zu machen. Freilich wird der Althistoriker auf den Ereigniszusammenhang, den narrative Texte – und das heißt hauptsächlich Historiographie und Biographie – stiften, nicht ganz verzichten können. Abschließend sei in diesem Zusammenhang noch auf Folgendes hingewiesen: Wichtig im Umgang mit antiker Literatur jedweder Art ist – und dies sollten die vorstehenden Darlegungen klar gemacht haben –, dass man stets den Autor einer Quellenstelle und das gesamte Werk im Blick behält, selbst wenn man eine Fragestellung bearbeitet, für die bloß ein kleiner Abschnitt daraus interessant ist. Nur wer sich an diese Vorsichtsmaßregel hält, vermeidet es, Darstellungsabsichten oder topische Bezüge zu übersehen und dadurch die Stimmigkeit der eigenen Interpretation zu gefährden.

Aufgaben zum Selbsttest

- Unter welchen Voraussetzungen spricht man von einer wissenschaftlichen Edition eines antiken Autors?
- Was versteht man unter Quellenkritik?
- Benennen Sie die wichtigsten Gattungen antiker Texte.

Literatur

Einführungen:
A. Hentschke/U. Muhlack, **Einführung in die Geschichte der klassischen Philologie**, Darmstadt 1972.
M. Landfester/J. Latacz/P. L. Schmidt, **DNP** 15/2 (2002), Sp. 237 – 327 s.v. Philologie.
H.-G. Nesselrath (Hg.), **Einleitung in die griechische Philologie**, Stuttgart/Leipzig 1997.
F. Graf (Hg.), **Einleitung in die lateinische Philologie,** Stuttgart/Leipzig 1997.
P. Riemer/M. Weißenberger/B. Zimmermann, **Einführung in das Studium der Gräzistik**, München 2000.
P. Riemer/M. Weißenberger/B. Zimmermann, **Einführung in das Studium der Latinistik**, München 1998.
E. Pöhlmann, **Einführung in die Überlieferungsgeschichte und in die Textkritik der antiken Literatur**, 2 Bde., Darmstadt 1994/2003.

Literaturgeschichte allgemein, griechisch und römisch:
W. Schmid/O. Stählin, **Geschichte der griechischen Literatur**, HdA VII 1 – 2, 6 Bde., München 1920ff.
A. Lesky, **Geschichte der griechischen Literatur**, 3. Aufl., München 1971.
A. Dihle, **Griechische Literaturgeschichte**, 2. Aufl., Darmstadt 1991.
A. Dihle, **Die griechische und lateinische Literatur der Kaiserzeit**, München 1989.
M. Schanz/C. Hosius, **Geschichte der römischen Literatur**, HdA VIII 1 – 4, 5 Bde., München 1914 – 1937.
K. Büchner, **Römische Literaturgeschichte. Ihre Grundzüge in interpretierender Darstellung**, 5. Aufl., Stuttgart 1980.
M. v. Albrecht, **Geschichte der römischen Literatur**, 2 Bde., 2. Aufl., München 1994.
M. Fuhrmann, **Geschichte der römischen Literatur**, Stuttgart 1999.

Geschichtsschreibung:
D. Flach, **Römische Geschichtsschreibung**, 3. Aufl., Darmstadt 1998.
O. Lendle, **Einführung in die griechische Geschichtsschreibung: Von Hekataios bis Zosimos**, Darmstadt 1992.
A. Mehl, **Römische Geschichtsschreibung**, Stuttgart u.a. 2001.
K. Meister, **Die griechische Geschichtsschreibung. Von den Anfängen bis zum Ende des Hellenismus**, Stuttgart u. a. 1990.

Andere Literaturgattungen:
B. Altaner/A. Stuiber, **Patrologie**, 7. Aufl., Freiburg 1966.
W. Eisenhut, **Einführung in die antike Rhetorik und ihre Geschichte**, 5. Aufl., Darmstadt 1994.
M. Fuhrmann, **Die antike Rhetorik**, München/Zürich 1987.
M. Fuhrmann, **Die Dichtungstheorie der Antike**, 2. Aufl., Darmstadt 1992.
H. Sonnabend, **Geschichte der antiken Biographie: Von Isokrates bis zur Historia Augusta**, Stuttgart/Weimar 2002.

Zu wichtigen Editionen und Übersetzungen antiker Autoren → unten Kap. 3.2.5 → auch Kap. 3.4.1 EDV-gestützte Recherche.

Auf den ersten Seiten seines 24. Buches, das die Ereignisse des Jahres 215 v. Chr. behandelt, bringt Livius die Haltung der italischen Bundesgenossen Roms nach der katastrophalen römischen Niederlage gegen Hannibal bei Cannae (216 v. Chr.) in einem einzigen Satz auf den Punkt:
Unus velut morbus invaserat omnes Italiae civitates, ut plebes ab optimatibus dissentirent, senatus Romanis faveret, plebs ad Poenos rem traheret. (Livius 24,2,8)

Quellentext befragt

In der deutschen Übersetzung von Josef Feix (1977) lautet die Stelle: „Eine einzige Krankheit hatte gleichsam alle Staaten Italiens befallen, dass das Volk anders dachte als der Adel, dass der Senat den Römern zugetan war, die Bürgerschaft sich aber zu den Puniern hingezogen fühlte."

Derartige Aussagen sind, das kann nun nicht oft genug betont werden, extrem verdächtig! Sie pauschalisieren in einer Weise, die geradezu danach riecht, dass hier ein Gemeinplatz oder aber eine bestimmte darstellerische Absicht Pate gestanden haben für eine Verdrehung, Übertreibung oder zumindest eine grobe Vereinfachung der Tatsachen. – Was ist zu tun? Der nahe liegende Ansatz besteht darin, die generalisierende Behauptung am Einzelfall zu überprüfen, und zwar zunächst in der livianischen Schilderung selbst. Wer dies unternimmt, der muss die Bücher 23 – 30 bei Livius durchmustern, in denen der Zweite Punische Krieg von der Schlacht bei Cannae bis zum Friedensschluss 201 v. Chr. dargestellt wird. Dazu ist etwas Zeit erforderlich, aber das Ergebnis lohnt die Mühe. Die Gegenprobe bei Livius zeigt nämlich, wie kaum anders zu erwarten war, ein durchaus vielschichtiges Bild. Der in 24,2,8 erwähnte Gegensatz zwischen Adel und Volk findet sich nur an einigen wenigen Stellen wieder: So sollen in der campanischen Stadt Nola die (adeligen) Ratsherren die Römer unter Marcus Claudius Marcellus zu Hilfe gerufen haben, weil das Volk zu Hannibal habe übergehen wollen. Diese Geschichte wird aber gleich dreimal für drei aufeinander folgende Jahre erzählt (für 216: Livius 23,14,7 – 17,3; für 215: Livius 23,39,7 – 8; 23,41,13 – 46,7; für 214: Livius 24,13,8 – 11; 24,17), es handelt sich also sogar um mehr als um eine Dublette. Damit nicht genug: An einer Stelle wird der Anführer der prokarthagischen Partei in Nola, ein Mann namens Lucius Bantius, ganz zweifelsfrei als Adliger identifiziert, denn es heißt von ihm, er sei „zu der Zeit unter den Bundesgenossen [der Römer] beinahe der vornehmste Ritter" gewesen (Livius 23,15,8: *„erat ... sociorum ea tempestate prope nobilissimus eques."*). Man wird daher berechtigte Bedenken tragen dürfen, ob Livius die Lage in Nola wirklich zutreffend beschrieben hat. Ähnliches gilt nun auch für die einzigen beiden anderen Fälle, die wenigstens halbwegs und auf den ersten Blick der angeblichen ‚Zweiteilung' Italiens in einen romfreundlichen Adel und ein karthagerfreundliches Volk zu entsprechen scheinen. Es sind dies die unteritalischen Griechenstädte Kroton und Locri, deren in Livius 24,1 – 3 berichtetes Schicksal im Übrigen überhaupt erst den erzählerischen Rahmen für die fragliche Pauschalaussage abgegeben hat. Ausführlich wird dort dargestellt, wie es in beiden Städten eben das Volk gewesen sei, das gegen den Widerstand der Adligen den Wechsel auf die Seite der Punier (und der mit diesen verbündeten Bruttier) durchgesetzt habe.

In Buch 23 nimmt Livius den Verlust der beiden Städte jedoch kurz vorweg (23,30,6 – 8), und hier heißt es, Kroton sei aus militärischer Schwäche an die Karthager gefallen, während es in Locri das Volk gewesen sei, das vom Adel betrogen wurde, und nicht umgekehrt: *„Et Locrenses descivere ad Bruttios Poenosque prodita multitudine a principibus"* („Auch die Locrer gingen zu den Bruttiern und den Puniern über, weil die [Volks]menge von den Adligen verraten wurde."). Normalerweise würde man in diesem Zusammenhang die umfangreichere Schilderung in Buch 24 der stark verkürzten Angabe in Buch 23 vorziehen. Gerade die Beobachtung aber, dass in die längere Fassung, gewissermaßen als Fazit, die Aussage 24,2,8 eingebettet wurde, spricht hingegen dafür, dass Livius oder seine Vorlage an dieser Stelle die Faktentreue zugunsten eines pointierten Bonmots vernachlässigt haben.

Alle übrigen aus Livius gewonnenen Informationen zum Verhalten der italischen Völkerschaften nach Cannae stützen diese Annahme: Nirgends ist von Meinungsverschiedenheiten zwischen Adel und Volk die Rede; mehr noch, das Volk spielt zumeist keine erkennbare Rolle in den politischen Entscheidungsprozessen. Diese finden vielmehr fast ausschließlich innerhalb der Oberschicht statt. Es ist also der Adel, oder, im Konfliktfall, die jeweils stärkere Adelspartei, die bestimmt, ob man bei Rom bleibt oder sich den Karthagern anschließt. Dies ist in Capua so (Livius 23,2 – 10), in Etrurien (Livius 27,24; 29,36,10 – 12; 30,26,12) und auch in Süditalien (Compsa: Livius 23,1,1 – 3; Tarent: Livius 24,13,1 – 4; 25,8,3 – 10; Arpi: Livius 24,47,6; Salapia [Salpia]: Livius 26,38,6 – 14).

Die Parallelüberlieferung zu Livius – es handelt sich hauptsächlich um Abschnitte aus Polybios, Cassius Dio und Plutarch – enthält nichts, das diesen Quellenbefund wesentlich verändern würde: Die Aussage in Livius 24,2,8 ist als unzutreffend entlarvt!

Handelt es sich hierbei nun um einen Topos, oder steckt eine anders geartete Darstellungsabsicht dahinter? Und: Hat Livius selbst hier die Tatsachen ‚frisiert‘, oder hat er die tendenziöse Beurteilung von einem seiner Gewährsmänner übernommen?

Diese Fragen sind nicht mehr mit letzter Gewissheit zu beantworten. Eine im weitesten Sinne ‚antidemokratische‘ Haltung, die man an dieser Stelle für eine stereotype Verzerrung verantwortlich machen könnte, ist sowohl in Griechenland als auch in Rom gerade in den gebildeten Kreisen zu fast allen Zeiten weit verbreitet gewesen. Trotzdem kommt man vielleicht noch ein bisschen weiter. Ein Fingerzeig auf eine ganz konkrete Konfliktsituation, die hinter der Äußerung Livius 24,2,8 stehen könnte, liefert der genaue Wortlaut der Stelle, denn sie spricht von den *optimates* einerseits und (weniger charakteristisch) der *plebs* andererseits. Diese Begriffswahl lenkt freilich den Blick auf die berühmte ‚Krise der späten römischen Republik‘, auf die Turbulenzen der Gracchenzeit ab 133 v.Chr., und besonders auf die daraus erwachsene Frontstellung zwischen **POPULAREN** und **OPTIMATEN**. Angesichts der Tatsache, dass sich Livius in seiner Darstellung des Zweiten Punischen Krieges nicht zuletzt auf – nicht mehr erhaltene – römische Historiker aus dieser Krisenzeit stützte, auf Schriftsteller wie Coelius Antipater und Valerius Antias (um 100 v.Chr.?), wird es wahrscheinlich, die Pauschalaussage auf einen dieser Autoren zurückzuführen und als tagespolitische optimatische Propaganda zu verstehen, die das ‚Volk‘, und damit vor allem diejenigen, die vorgaben, die Sache des Volkes zu vertreten, mithin die Popularen, als ‚Vaterlandsverräter‘ diffamieren wollte.

POPULAREN, von latein. *populus* = Volk; ‚Volksfreunde‘.

OPTIMATEN, von latein. *optimus* = der Beste; Anhänger der Senatspartei.

Abb. 11

Rom und Italien in der Auseinandersetzung mit Karthago.

Literatur

Jürgen von Ungern-Sternberg, **Capua im zweiten punischen Krieg. Untersuchungen zur römischen Annalistik**, Vestigia 23, München 1975, v.a. Kap. II und III.

2.3 | Inschriften – die Epigraphik

2.3.1 | Gegenstand und Geschichte

Die Griechen haben seit dem 8. Jh. v. Chr. Inschriften auf dauerhaftem Material wie Stein und Metall (seltener Keramik oder Holz) hinterlassen, die Römer seit ca. 600 v. Chr. Überliefert sind uns diese Texte, im Unterschied zur Handschriftentradition, eher zufällig, und man findet sie rund um das Mittelmeer. Dabei konzentriert sich die Masse der griechischen Inschriften auf den Ägäisraum und die Zeit zwischen 300 v. und 250 n. Chr., die meisten lateinischen Inschriften befinden sich in Italien und stammen aus den ersten drei nachchristlichen Jahrhunderten. Gegenwärtig sind rund 250 000 griechische und 300 000 lateinische Inschriften aus dem Altertum bekannt, und man schätzt, dass pro Jahr ungefähr eintausend Neufunde in jeder der beiden Sprachen hinzukommen. Der Bereich der Inschriften ist also, anders als vor allem die literarische Überlieferung, ständig in Bewegung, unser Materialbestand wächst, und allein dadurch schon unser Wissen. Mit all diesen Texten beschäftigen sich die griechische und die lateinische Inschriftenkunde oder **EPIGRAPHIK**.

EPIGRAPHIK: von griech. *epi* = auf ... hinauf und *graphein* = schreiben.

Streng genommen gehen die Anfänge dieser Disziplin in die griechische und römische Zeit selbst zurück: Nicht nur, dass die antiken Schriftsteller, allen voran natürlich die Historiker, gegebenenfalls auch inschriftliches Material für ihre Studien ausgewertet haben; selbiges wissen wir beispielsweise von Herodot (5,77), von Cato dem Älteren (bei Aulus Gellius 2,28,6), oder vom kaiserzeitlichen Reiseschriftsteller Pausanias (z. B. 10,7,5 – 6). Schon ab dem Hellenismus wurden darüber hinaus richtiggehende Sammlungen von Inschriften angelegt, die heute leider allesamt nicht mehr erhalten sind: An erster Stelle zu nennen sind in diesem Zusammenhang die so genannten *„Epigrammata Attika"* von Philochoros von Athen (ca. 320 – 261 v. Chr.), und wenig später stellte der Makedone Krateros (wohl der Sohn des gleichnamigen Feldherrn der Alexanderzeit) griechische Volksbeschlüsse zusammen, offenbar vornehmlich solche aus dem Athen des 5. Jhs. v. Chr. Unbekannt ist bei beiden Gelehrten, ob sie wirklich ‚am Stein selbst‘ gearbeitet haben. Diese geradezu moderne Vorgehensweise ergibt sich für den Reiseschriftsteller Polemon (2. Jh. v. Chr.) indessen ziemlich deutlich aus dem ihm beigegebenen Spitznamen *„Stelokopas"* (= Säulenklauber).

Im Mittelalter war das Interesse an antiken Inschriften eher begrenzt; immerhin liegt mit dem so genannten Codex Einsidlensis
aus dem 8./9. Jahrhundert eine bescheidene handschriftliche Auswahl von 80 lateinischen Inschriften aus Italien vor. Erst als der Humanismus des 14. und 15. Jahrhunderts die antike Welt neu ent-
deckte, wurde auch der epigraphischen Überlieferung aus dem Altertum wieder größere Aufmerksamkeit zuteil. Dabei stand bereits
damals hinter dieser Beschäftigung die Erkenntnis, dass das in-
schriftliche Material wertvolle Informationen zur Ergänzung der literarischen Tradition bereithielt. Unter anderem haben in dieser
Phase der berühmte Humanist Cola di Rienzo (1313 – 1354), der
päpstliche Sekretär Poggio Bracciolini (1380 – 1459) und der Kauf-
mann und Forschungsreisende Ciriaco de Pizzicolli (Cyriacus von
Ancona, 1391 – 1455) Sammlungen lateinischer und griechischer Inschriften angelegt. Ein wahrer Meilenstein in der Geschichte der
Epigraphik war dann das so genannte *Corpus absolutissimum* des in
Heidelberg tätigen Niederländers Jan Gruter (1560 – 1627). Gruter
hatte sich das ehrgeizige Ziel gesteckt, alle griechischen und lateinischen Inschriften zusammenzutragen und in Buchform zu veröffentlichen. Mit Unterstützung des Philologen Joseph Scaliger
(1540 – 1609) legte er 1603 rund 12 000 Inschriften vor und schuf so
ein für längere Zeit verbindliches Standardwerk.

Die Geburtsstunde der großen Inschriftencorpora | 2.3.2

Immer ausgedehntere Forschungsreisen im Mittelmeergebiet und
der Beginn der Grabungstätigkeit führten ab dem 18. Jahrhundert
jedoch zu einem dramatischen Anstieg der Zahl der bekannten Inschriften. Dabei wurden die zahllosen Neuentdeckungen dieser Zeit
zumeist recht verstreut publiziert. Zugleich hatte die Professionali-
sierung der Altertumswissenschaft auch im Bereich der Inschriftenkunde die Entwicklung von **reflektierten methodischen Prinzipien** be-
wirkt (s. u.) und damit letztlich die Epigraphik als Wissenschaft begründet. Dies aber bedeutete, dass es aus gleich mehrerlei Gründen
zu Beginn des 19. Jahrhunderts dringend erforderlich erschien,
neue, nach wissenschaftlichen Maßstäben erarbeitete Sammlungen
vorzulegen. Dass es von da an immer noch Jahrzehnte dauerte, bis
die erste derartige Unternehmung abgeschlossen war, zeigt, was
für ein gewaltiges Unterfangen solche Inschriftenprojekte darstellen. Hierbei nun hat sich besonders die Preußische Akademie der

Wissenschaften (heute: Berlin-Brandenburgische Akademie) bleibende Verdienste erworben. Unter ihrer Ägide begann August Boeckh (1785–1867) im Jahre 1815 die Arbeit am *„Corpus Inscriptionum Graecarum"* (CIG), der Sammlung aller griechischen Inschriften, die allerdings bei ihrem Abschluss 1859 – insgesamt erschienen vier Bände – schon beinahe wieder überholt war.

Etwa zeitgleich konnte Theodor Mommsen (1817–1903) die Akademie für sein Vorhaben einer Zusammenstellung aller lateinischen Inschriften, eines *„Corpus Inscriptionum Latinarum"* (CIL), gewinnen: In einer Denkschrift formulierte er 1847 klare methodische Regeln für diesen Plan und bewies dessen Durchführbarkeit anschließend in zwei ‚Testläufen‘, den *„Inscriptiones regni Neapolitani Latinae"* von 1852 und den 1854 veröffentlichten lateinischen Inschriften der Schweiz. Das wichtigste von Mommsen eingeführte Prinzip bei der epigraphischen Arbeit war die Forderung nach **AUTOPSIE**, d. h., der Forscher sollte möglichst jede Inschrift, die er bearbeitete, selbst gesehen und untersucht haben. Die Vergangenheit hatte nämlich gezeigt, dass es auch bei der Aufnahme von Inschriften zu Kopierfehlern oder Ungenauigkeiten kommen konnte und dass man deswegen nicht allen älteren Lesungen vertrauen durfte. Für manche Inschriften kursierten, genauso wie bei den Manuskripten der Handschriftenüberlieferung, mittlerweile sogar mehrere Versionen – mit dem großen Unterschied freilich, dass sich Mommsen und seine Mitstreiter hier in der komfortablen Lage sahen, zumeist auf das Original zurückgreifen zu können, und dies wurde nun zu einem auch heute noch gültigen methodischen Grundsatz erklärt. Von Boeckh und seinem CIG übernahm Mommsen im Weiteren nicht nur den Anspruch auf Vollständigkeit, sondern auch die im Regelfall geographische Konzeption des Corpus. Im Jahre 1853 wurde das Projekt schließlich aus der Taufe gehoben, und der erste Band mit den lateinischen Inschriften bis zum Tode Caesars erschien 1863 (eine zweite Auflage in fünf Faszikeln folgte zwischen 1893–1986).

AUTOPSIE, von griech. *autos* = selbst, *opsis* = das Sehen.

2.3.3 | Die wichtigsten Inschriftenpublikationen heute

Für die **lateinischen Inschriften** ist das CIL bis heute die wichtigste Publikation. Gegenwärtig präsentiert sich die Grobgliederung des CIL wie folgt: Band I umfasst, wie gesagt, die Inschriften der römischen Republik, die Bände II bis XV die verschiedenen Regionen des römi-

schen Reiches (II: Spanien; III: Donaugebiete und Osten; IV: Pompe-
ji und Herculaneum; V: Norditalien; VI: Rom [dazu auch XV]; VII:
Britannien; VIII: Nordafrika; IX und X: Unteritalien, Sizilien, Sardi-
nien und Korsika; XI: Mittelitalien; XII: Südfrankreich; XIII: Mittel-
und Nordfrankreich, Belgien und die germanischen Provinzen; XIV:
Latium), Band XVI enthält die römischen Militärdiplome und Band
XVII die Meilensteine (zu beiden Inschriftengruppen s.u.). Abgeschlossen ist das CIL bis heute nicht. In Bearbeitung ist Band XVIII,
der sich der inschriftlich überlieferten Dichtung widmen wird (so
genannte metrische oder Versinschriften), und zudem ist immer
wieder die Publikation von Ergänzungsbänden und Neuauflagen
notwendig. Daneben gibt es seit 1888 die Zeitschrift Année Épigra-
phique (AE), die sich ebenfalls als – allerdings regelmäßige – Ergänzung zum CIL versteht.

Mit dem CIL, der AE und den von Hermann Dessau ab 1892 –
1916 herausgegebenen *„Inscriptiones Latinae Selectae"* (ILS) sind die für
die lateinische Epigraphik einschlägigen Editionen und Publika-
tionsreihen genannt.

Etwas unübersichtlicher gestaltet sich demgegenüber der Bereich der **griechischen Inschriften**. Zwar wurden die seit Boeckhs Tod
von der Berliner Akademie in Auftrag gegebenen Einzelcorpora im
Jahre 1902 durch Mommsens Schwiegersohn, Ulrich von Wilamo-
witz-Moellendorf (1848 – 1931), in Anlehnung an das CIL unter dem
Dach der *„Inscriptiones Graecae"* (IG) versammelt, aber schon Kleinasien ließ man dabei von Anfang an außer Betracht, denn im Jahr
zuvor hatte die Österreichische Akademie der Wissenschaften die
so genannten *„Tituli Asiae Minoris"* (TAM) in Angriff genommen.
Beide Corpora sind indes auch heute nicht vollständig. Im Rahmen
der TAM gibt es Bände zu Bithynien, Lydien, Pisidien und Lykien,
und bei den IG besitzen wir bislang die Bände I bis III zu Attika (=
CIA, *„Corpus Inscriptionum Atticarum"*), IV bis VI zur Peloponnes, VII
bis IX zu Mittelgriechenland, X zu Nordgriechenland, XI bis XIII zu
den ägäischen Inseln, XIV zum Westen (v.a. Italien und Sizilien) und
XV zu Zypern. Analog zur AE bietet seit 1923 das so genannte *„Supplementum Epigraphicum Graecum"* (SEG) regelmäßige Ergänzungen
und Nachrichten über Neufunde der griechischen Epigraphik. Seit
1972 schließlich erscheint die Reihe IK (= Die Inschriften griechischer Städte aus Kleinasien), von der immerhin bereits über 60
Bände vorliegen. Daneben existiert eine ganze Reihe weiterer Corpora wie die *„Inscriptions grecques et latines de la Syrie"* (I Syrie oder

IGLS, 1929ff.), die *„Inscriptions de Délos"* (I Delos, als Fortsetzung von
IG XI, 1926ff.) oder die *„Monumenta Asiae Minoris Antiqua"* (MAMA,
1928ff.), sowie wichtige Einzelveröffentlichungen, zum Beispiel die
Inschriften von Milet (jetzt neu 1997/8) oder die von Priene (1906).
Auch Auswahlsammlungen griechischer Inschriften gibt es mehrere, zu denken ist etwa an die dritte Auflage der *„Sylloge Inscriptionum
Graecarum"* (Syll³, 1915 ff.) von Wilhelm Dittenberger oder die *„Selection of Greek Historical Inscriptions"* von Russell Meiggs und David
Lewis (2. Aufl., 1988). Es ist daher nicht einfach, in der griechischen
Epigraphik einen Überblick zu gewinnen oder zu behalten. Ein un-
entbehrliches Hilfsmittel hierbei ist der so genannte *„Guide de l'Épigraphiste"* von Denis Feissel und anderen (im Jahr 2000 in der 3. Auflage erschienen), der sowohl die griechischen als auch die lateinischen Inschriftenpublikationen chronologisch, geographisch und
auch thematisch erschließt.

2.3.4 | **Die Arbeit des Epigraphikers**

Wie sieht nun die Arbeit des Epigraphikers konkret aus? An erster
Stelle steht hierbei auch heute noch die Aufgabe, antike Inschriften
zu sammeln und zugänglich zu machen; das Material muss also
aufgenommen, gelesen und ediert werden. Dazu sollte zunächst,
wie oben erwähnt, das Original in Augenschein genommen werden. Wenn es darüber hinaus ältere Lesungen einer Inschrift gibt,
dann müssen diese allerdings ebenfalls herangezogen werden. Obwohl die Mehrzahl der Inschriften – gewissermaßen *per definitionem* – auf sehr dauerhaftem Material, die meisten auf Stein, überliefert sind, kommt es nämlich im Laufe der Zeit in vielen Fällen
trotzdem zu Schäden, natürlich vor allem, wenn der jeweilige Inschriftenträger längerfristig den Witterungsverhältnissen ausge-
setzt ist. Das aber bedeutet, dass frühere Bearbeiter die Inschrift
unter Umständen noch in einem besseren Erhaltungszustand an-
getroffen haben und mehr lesen konnten. Auf der anderen Seite ergibt sich daraus, dass Inschriften verwittern können, entsprechend
die Notwendigkeit, die eigene **Befundaufnahme** so genau wie möglich
für die Nachwelt zu dokumentieren – man darf in diesem Zusammenhang zudem nicht vergessen, dass schon manche Inschrift
nach ihrem Auffinden wieder verschwunden ist oder zerstört
wurde. Eine vollständige **Dokumentation** empfiehlt sich also bereits
zu Archivierungszwecken, und die Inschrift selbst kann man nicht

immer in ein Museum bringen, geschweige denn mit nach Hause nehmen. An die Stelle der früher üblichen Skizze oder Zeichnung ist dabei heutzutage erwartungsgemäß die Fotografie getreten, obwohl eine zeichnerische Aufnahme als Ergänzung zum Foto manchmal noch immer ihre Berechtigung hat. Dies kann besonders dann der Fall sein, wenn es darum geht, in einer Publikation bestimmte Details oder Perspektiven hervorzuheben, die sich vielleicht mit der Kamera im Moment der Inschriftenaufnahme nicht richtig erfassen lassen.

Aufnahme und Dokumentation | 2.3.5

Fast noch wichtiger als Zeichnung und Foto ist jedoch ein so genannter **Abklatsch**. Darunter versteht man in der Epigraphik einen Abdruck der Inschriftenfläche in Originalgröße, bei dem dann, wie bei einem Negativ, die normalerweise in den Stein oder das Metall eingetieften Buchstaben reliefiert und in Spiegelschrift erscheinen. Für Abklatsche verwendet man häufig spezielles Papier, das angefeuchtet und – gegebenenfalls in mehreren Lagen – mit einer Bürste auf den Inschriftenträger gedrückt wird. Die dadurch entstehende Masse bildet die Oberfläche der Inschrift in der beschriebenen Weise exakt ab und lässt sich nach dem Trocknen problemlos ablösen. So erhält man ein handliches Gegenstück des Originals, das man überallhin mitnehmen kann. Neben Papierabklatschen gibt es noch die etwas kostspieligere und aufwändigere Technik, als Abdruckmaterial einen härtenden Kunststoff zu verwenden, zum Beispiel Latex oder Silikon, das mit kleinen Spachteln aufgetragen wird. Silikon kann noch die kleinsten Unebenheiten wiedergeben und ist daher nicht zuletzt bei stark verwitterten Inschriften sinnvoll. Außerdem sind Spachtel und Spachtelmasse geeigneter für schwer zugängliche Oberflächen (zum Beispiel Spalten und Ritzen, was bei verstürzten Monumenten leicht vorkommen kann), die man mit Papier und Bürste kaum mehr erreicht.

Ein Abklatsch ist freilich nicht nur ein Hilfsmittel für die Dokumentation, er erleichtert auch die spätere Bearbeitung einer Inschrift. Nicht immer hat der Epigraphiker am Ort der Inschriftenaufnahme genügend Zeit zur Verfügung, und deshalb kann es vorkommen, dass der eine oder andere Arbeitsschritt verschoben werden muss. Wenn man dann zum Beispiel nachträglich die genauen Abmessungen einer Inschrift oder die Buchstabengröße überprüfen muss, so ist dies an einem Abklatsch viel einfacher zu ermitteln als bei einer Fotografie oder Zeichnung. Häufig ist der Abklatsch sogar besser zu entziffern als das Original oder die Fotografie. Bei stark verwitterten Inschriften etwa ist im Streiflicht nämlich wesentlich mehr zu erkennen, und mit einem Abklatsch lässt sich das optimale Zusammenspiel von Licht und Schatten ohne Schwierigkeiten und jederzeit herbeiführen – zuhause mit der Schreibtischlampe!

2.3.6 | Lesung und Textherstellung

Eine Inschrift zu lesen ist also, das zeigt schon dieses Beispiel, nicht immer leicht. Neben Verwitterungsschäden oder – seltener – bewussten Tilgungen, beispielsweise von Personennamen, besteht das größte Problem dabei meistens in einem bruchstückhaften Erhaltungszustand. Das richtige Verständnis eines Textes kann aber auch aus allerlei anderen Gründen erschwert sein. Dies beginnt damit, dass antike Inschriften, für unser Auge höchst ungewohnt, grundsätzlich in Großbuchstaben geschrieben sind, in **MAJUSKELSCHRIFT**. Außerdem wurden im griechischen Bereich in der Frühzeit noch verschiedene Alphabete für verschiedene Dialekte benutzt, und in der Regel gibt es bei den griechischen Inschriften, im Unterschied zu den lateinischen, keine Worttrennung (*scriptio continua*). Hinzu kommen Abkürzungen und Sonderzeichen aller Art, nicht zuletzt Zahlzeichen, und schließlich werden zuweilen, wie in manchen Handschriften, Buchstaben zusammengeschrieben (dies bezeichnet man als **LIGATUR**). Zu allem Überfluss gibt es Inschriften, in die sich Fehler eingeschlichen haben, Steinmetzfehler oder Fehler des Verfassers. Dies reicht von bloßen Verschreibungen, versehentlichen Auslassungen oder Doppelungen bis hin zu handfesten orthographischen und grammatikalischen Abweichungen. Letzteres trifft man natürlich eher in Regionen wie Kleinasien oder im Nordwesten des römischen Reiches an, wo die einheimischen Sprachen noch lange neben Griechisch und Latein fortbestanden.

Wer eine Inschrift bearbeitet, braucht deshalb Erfahrung und Spezialkenntnisse, und im Grunde genommen muss der **Text der Inschrift**, ähnlich wie bei der Handschriftentradition, eigentlich erst ‚hergestellt‘ werden: Die Buchstaben müssen entziffert und gegebenenfalls in Wörter getrennt werden, üblich ist danach eine Umschrift, die **TRANSKRIPTION** in Groß- und Kleinschreibung, und man muss eventuelle Abkürzungen, Sonderzeichen oder Zahlzeichen

MAJUSKEL, von latein. *maius* = größer; Großbuchstaben, im Gegensatz zu Minuskeln, den Kleinbuchstaben.

LIGATUR, von latein. *ligare* = verbinden.

TRANSKRIPTION, von latein. *transcribere* = umschreiben.

deuten und auflösen (für den griechischen Bereich ist dies jetzt gut zusammengestellt bei McLean, für die lateinischen Inschriften sind Schmidt und immer noch Meyer hilfreich).

Die entscheidende Aufgabe, die sich dem Epigraphiker stellt, ist jedoch die **Ergänzung fehlender Textteile**. Dies ist allerdings nur ganz selten dadurch möglich, dass man eine besser erhaltene alternative Version desselben Textes zum Vergleich heranziehen kann. Abgesehen von berühmten Ausnahmen wie dem Tatenbericht des Kaisers Augustus („*Res gestae*", oder auch „*Monumentum Ancyranum*") oder dem so genannten Maximaltarif des Kaisers Diokletian, handelt es sich bei antiken Inschriften nämlich zumeist um Unikate. Wie aber kann man bei Unikaten Lücken ergänzen und Fragmente vervollständigen, ohne pure Spekulation zu betreiben? Die Antwort auf diese Frage ist einfacher als man denkt: Die Masse der antiken Inschriften lässt sich, dies wird unten noch näher ausgeführt, in eine überschaubare Anzahl von **Typen** oder **Gattungen** einteilen, und für jeden dieser Typen gibt es ein bestimmtes, regional und zeitlich spezifisches Repertoire an festen Wendungen; man spricht in diesem Zusammenhang auch von **Inschriftenformularen**. Konkret heißt das, dass beispielsweise alle Grabinschriften aus ein und derselben Gegend und ein und demselben Zeithorizont ähnlich aufgebaut sind, oder dass es im betreffenden Kontext allenfalls zwei oder drei verschiedene Formulare gibt – dies ist im Übrigen, gerade bei Grabinschriften, auch heute noch so. Dieser Umstand berechtigt den Epigraphiker nun durchaus, fragmentierte Texte, wenn sie sich einem bestimmten, aus anderen Inschriften gut bekannten Formular zuordnen lassen, mit einiger Sicherheit zu ergänzen. Trotzdem bleibt ein auf diese Weise rekonstruierter Text letztlich natürlich eine Interpretation, und dies muss, um der wissenschaftlichen Forderung nach Transparenz und Nachprüfbarkeit zu genügen (→ Kap. 3.1.7), entsprechend gekennzeichnet werden – das gleiche gilt für unsichere Lesungen, Ligaturen etc.

Diakritische Zeichen

2.3.7

Um hier, vor allem im Hinblick auf Publikationen, eine Einheitlichkeit zu erreichen und gleichzeitig Platz zu sparen, hat man sich in der Epigraphik auf die Verwendung so genannter **DIAKRITISCHER ZEICHEN** geeinigt, mit deren Hilfe die jeweiligen Besonderheiten einer Inschrift eindeutig und in knapper Form darstellbar sind. Bekannt

DIAKRITISCH, griech. *diakrisis* = Unterscheidung.

geworden sind diese Zeichen unter dem Namen ‚Leidener Klammersystem‘, das im Gebrauch des CIL zu folgender Form weiterentwickelt wurde (*abc* meint eine beliebige Buchstabenfolge):

Abb. 12	
	ab|c Zeilentrenner
	ab||c Text außerhalb des Inschriftenfeldes oder an versetzter Stelle
Die diakritischen Zeichen; sie sind ursprünglich von der Papyrologie eingeführt worden.	(vac.) unbeschriftete Stelle (*vacat*)
	a∘bc Interpunktion (in lateinischen Inschriften oft ein Blattmotiv)
	âb̂ĉ Ligatur, z.B. bedeutet âê dann die Zusammenschreibung Æ
	abc(!) antiker Fehler, Verschreibung, grammatikalische Unregelmäßigkeit
	aḅc̣ unsichere, aus dem Kontext erschlossene Buchstaben
	+ + + Reste unbestimmbarer Buchstaben (*cruces*), hier drei Buchstaben
	- - - - - verlorener Teil, meist zu Beginn oder am Ende einer Inschrift
	[- - -] Lücke (drei Striche), ganze verlorene Zeile (sechs Striche)
	[[abc]] antike Tilgung des Textes (*rasura*)
	<<abc>> antiker Text auf eradiertem Feld (*litura*), Wiederbeschriftung
	a`bc´ antike Einfügung
	a(bc), (abc) Auflösung von Abkürzungen, Erklärung von Sonderzeichen
	abc(?), a(bc?) unsichere Lesung, unsichere Auflösung einer Abkürzung
	a[bc] Ergänzung des Textes durch den Herausgeber
	{abc} Tilgung des Textes durch den Herausgeber, z.B. bei Doppelungen
	<u>*abc*</u> von früheren Herausgebern gelesene, heute verlorene Buchstaben

Die wissenschaftliche Edition einer Inschrift umfasst neben diesen diakritischen Zeichen aber noch mehr, in der Regel eine genaue Beschreibung des Inschriftenträgers mit Autopsievermerk, gegebenenfalls eine Fotografie, Angaben zur Buchstabenform und -größe, sowie, falls nötig, einen Kommentar. Wenn die Inschrift schon früher in der Forschung behandelt wurde, gehören darüber hinaus möglichst vollständige Literaturangaben zur Veröffentlichung; die moderne Übersetzung hingegen ist auch heute noch eher selten Bestandteil einer Inschriftenedition.

Datierungsmöglichkeiten

| 2.3.8

Der Althistoriker wird vom Herausgeber einer Inschrift nicht zuletzt Überlegungen zur Datierung des Textes erwarten, denn diese ist natürlich von zentraler Bedeutung für die historische Interpretation. Es gibt nicht wenige Inschriften mit expliziten Datumsangaben, die man umrechnen kann (→ Kap. 4.1); in vielen Fällen aber muss man anhand formaler oder inhaltlicher Kriterien eine etwas gröbere zeitliche Einordnung vornehmen. So lässt sich das Alter einer Inschrift manchmal an ihrem **Schriftbild** erkennen. Bei den frühesten griechischen Inschriften etwa verlaufen die Schriftzeilen nicht einheitlich von links nach rechts, sondern abwechselnd zuerst von rechts nach links (dies in spiegelverkehrten Buchstaben), und in der nächsten Zeile von links nach rechts. Man nennt diesen Schriftverlauf **BOUSTROPHEDON**. Zwischen 500 und ca. 250 v. Chr. war

BOUSTROPHEDON, von griech. *bous* = Rind und *strephein* = drehen, wenden; Art und Weise, wie die Rinder beim Pflügen wenden.

| **Abb. 13**

Boustrophedon-Inschrift.

Abb. 14

Stoichedon-Inschrift.

STOICHEDON, von griech. *stoichein* = in einer Reihe stehen.

dann, vor allem in Athen, ein Schriftbild in Mode, bei dem alle Buchstaben – ohne Worttrennung – denselben Abstand voneinander haben; die Schrift wirkt hier wie in einem modernen Kreuzworträtsel. Eine solche Schreibweise wird als **STOICHEDON** bezeichnet, und weil man in einer Stoichedon-Inschrift deutlich erkennen kann, wie viele Buchstaben eine intakte Zeile umfasst, kann man umgekehrt auch genau sagen, wie viele Buchstaben in einer bestimmten Lücke gestanden haben müssen. Auf dieser Grundlage lässt sich fehlender Text mit einer sehr großen Wahrscheinlichkeit ergänzen.

Datierungshinweise können sich weiterhin aus der **Buchstabenform** ergeben, und sogar aus der Herstellungstechnik – zum Beispiel kennen die lateinischen Inschriften der republikanischen Zeit noch nicht den später üblichen V-förmigen Meißelschnitt. Datierungen nach Buchstabenform und ähnlichem sind zwar zugegeben etwas vage, aber sie gelten doch als immerhin auf das Jahrhundert genau. Gleichermaßen kann natürlich auch der Inhalt einer Inschrift Anhaltspunkte für ihr Alter liefern, und selbst Namensformen sind nicht unerheblich. So deuten römische Personennamen in griechischen Inschriften auf eine Datierung in die Kaiserzeit, denn sie sind in der Regel ein Beleg dafür, dass ein (griechischer) Provinzbewohner das römische Bürgerrecht besaß, und dies war vor Augustus selten. Griechische und römische Personennamen mit dem *nomen gentile* ‚Aurelius‘ (griech. meist ‚Aurelios‘) weisen gar in die Zeit nach 212 n. Chr., denn das Gentilnomen Aurelius verbreitete sich erst damals massenhaft durch die Verleihung des römischen Bürgerrechtes an alle freien Reichsbewohner unter Kaiser Caracalla, der den vollen Namen Marcus Aurelius Antoninus Caracalla führte.

Inschriftengattungen und Aussagemöglichkeiten | 2.3.9

Oben war bereits kurz zur Sprache gekommen, dass sich das **Inschriftenmaterial** in verschiedene Typen gliedern lässt. Dies ist allerdings, wie fast immer, wenn es um gedankliche oder begriffliche Einteilungen geht, nicht ganz ‚reibungslos‘ möglich. Man kann nicht einmal sagen, dass sich Inschriftentexte in ihrem Inhalt grundsätzlich und immer von anders überlieferten Texten wie Papyri und Handschriften unterscheiden. Eine Inschrift wie die des Diogenes von Oinoanda, der – vermutlich im 2. Jh. n. Chr. – mitten in seiner kleinasiatischen Heimatstadt einen monumentalen, in Stein gemeißelten philosophischen Traktat aufstellen ließ, ist in diesem Zusammenhang gewiss ein Ausnahmefall, der einfach in kein denkbares Schema passt; schließlich handelt es sich um eine der längsten griechischen Inschriften, die wir überhaupt kennen. Es gibt aber auch zahlreiche ‚normale‘ Inschriften, die zum Beispiel Gedichte, Briefe oder Gesetze überliefern, Texte also, die man nicht unbedingt zuallererst mit der Epigraphik in Verbindung bringen würde. Das Bild der inschriftlichen Überlieferung ist bunt, es reicht letztlich von der Kritzelei bis zum Staatsvertrag. Eines jedoch haben die meisten Inschriften miteinander gemeinsam: Sie sollten die Zeiten überdauern. Daher zielen sie auf etwas ab, das man heute gerne als **Erinnerungskultur** bezeichnet. Dies muss selbstverständlich bei der historischen Interpretation von Inschriften immer im Blick behalten werden.

Im Übrigen lässt sich die Masse der griechischen und lateinischen Inschriften in der Praxis natürlich sehr wohl in Großgruppen unterscheiden, eben in jene besagten Inschriftengattungen. Diese Gattungen freilich können im Einzelnen für ganz verschiedene historische Fragestellungen interessant sein:

Grabinschriften zum Beispiel sind schon allein dadurch, dass sie Personennamen überliefern, ein Anknüpfungspunkt für vielfältige Forschungen. Unter Umständen lassen sich mit ihrer Hilfe Familienstammbäume rekonstruieren, und Veränderungen im Namenmaterial können wichtige politische oder kulturelle Entwicklungen anzeigen, etwa die erwähnte Ausbreitung des römischen Bürgerrechtes. Vor allem lateinische Grabinschriften geben darüber hinaus häufig Informationen zum Lebenslauf der bestatteten Person, also (soziale, aber auch geographische) Herkunft, Beruf oder bekleidete Ämter. Dies ist natürlich von großer Bedeutung für wirt-

Abb. 15

Grabstein des Centurio Marcus Caelius, der im Jahr 9 n.Chr. in der Varusschlacht gefallen ist, aus Xanten.

Abb. 16

ILS-Edition des Grabsteins des Marcus Caelius.

2244	*protome*	*miles indutus lorica*	*protome*
	M. Caelius	*torquibus et phaleris*	M. Caelius
	M. l.	*ornata, dextra tenet*	M. l.
	Privatus	*vitem*	Thiaminus

M. Caelio T. f. Lem. Bon.[1],
Ɔ[2] leg. XIIX[3], ann. LIIIS[4],
[ce]cidit bello Variano, ossa
[i]nferre licebit. P. Caelius T. f.
Lem. frater fecit.

Ad Castra Vetera (Xanten) Germaniae inferioris rep., est Bonnae (Brambach 209; imaginem dedit Lindenschmitt Alterthümer unsrer heidn. Vorzeit 1 fasc. 6 tab. 5). — 1) (Tribu) Lemonia, (domo) Bononia. — 2) Nota centurionis, quo pertinet etiam vitis quam tenet Caelius. Ceterum in lapide non Ɔ fuisse, sed O, adfirmant testes oculati complures; ea ipsa nota significari centurionem, id autem explicandum ex prisco usu, quo O vel Θ numerum centenarium significaverit, ait Buecheler mus. Rhen. 46, 1891 p. 259. — 3) Legio deleta proelio Variano una cum undevicesima, de cuius exitu testem habemus Tacitum ann. 1, 60, item ut videtur cum decima septima; harum trium legionum nulla postea restituta. — 4) Annorum quinquaginta trium semissis.

schafts- und sozialgeschichtliche Forschungen, manchmal ebenso für die Politikgeschichte. Gleichzeitig können Grabinschriften religionsgeschichtliche Zusammenhänge erhellen, und zuweilen erwähnen sie bestimmte Institutionen oder Beamte, die mit dem Bestattungswesen befasst sind und erweitern so unsere Kenntnisse über die damalige Verwaltung.

Ähnlich komplex in ihren Aussagemöglichkeiten sind andere Gattungen wie die **Bau-, Weih- und Ehreninschriften**, und sogar Kleinmaterial wie **Grafitti und Amphoren- oder Ziegelstempel** enthält wichtige Informationen: Gerade die in Militärwerkstätten der römischen Kaiserzeit hergestellten gestempelten Ziegel erleichtern es, die Geschichte der Truppenstationierung zu rekonstruieren; zugleich können sie die Datierung von Bauwerken präzisieren. Typisch römisch sind ferner die **Meilensteine**, obwohl aus dem Osten des Imperiums durchaus griechische und zweisprachige Exemplare bekannt sind, sowie die so genannten **Militärdiplome**. Hierbei handelt es sich um Urkunden, in denen der römische Kaiser den Angehörigen der Hilfstruppen unter anderem das römische Bürgerrecht verlieh. Es versteht sich von selbst, dass wir mit diesen Texten eine sozialgeschichtliche Quellengattung ersten Ranges vor uns haben! Für das traditionelle Feld der Politik- und Verfassungsgeschichte schließlich sind die im engeren Sinne **öffentlichen Urkunden und Dokumente** zentral, also beispielsweise Gesetze, Staatsverträge, oder andere Beschlüsse politischer Gremien. Zwar macht diese Gruppe nur einen ganz kleinen Bruchteil der antiken epigraphischen Überlieferung aus, doch gehören ihr zweifellos die berühmtesten und bekanntesten Inschriften aus dem Altertum an. Im griechischen Bereich ist hier an erster Stelle an die so genannten Tributlisten des Delisch-Attischen Seebundes aus dem 5. vorchristlichen Jahrhundert zu denken, die uns wichtige Details zur Organisation dieses Bündnisses überliefern. Einschlägige römische Beispiele in diesem Zusammenhang sind das *senatus consultum de Bacchanalibus* aus dem Jahr 186 v. Chr., ein Senatsbeschluss, der den orgiastischen Dionysoskult in Italien unter Strafe stellte (CIL I 2. Aufl. 581), oder das so genannte ‚Bestallungsgesetz' des Kaisers Vespasian, auch bekannt als *lex de imperio Vespasiani*, von 69 n. Chr., in dem sich der Herrscher die Kompetenzen seiner Vorgänger formell bestätigen ließ (CIL VI 930).

Die Bedeutung von Neufunden

| 2.3.10

Die eingangs erwähnte große Dynamik, die neu gefundene Inschriften in die epigraphische Forschung und von dort aus in die Alte Geschichte insgesamt bringen, zeigt sich nun beileibe nicht nur bei solchen ‚politischen Dokumenten'. Da Texte dieser Kategorie, wenn sie neu bekannt werden, aber auch heute noch im Grunde genommen als die spektakulären Entdeckungen schlechthin gelten, soll abschließend und zur Illustration des angesprochenen Sachverhaltes noch ein derartiger Neufund vorgestellt werden, die so genannte *lex Irnitana*: Es handelt sich dabei um eine lateinische Inschrift aus Spanien, die 1981 bei Raubgrabungen in der Nähe des modernen Ortes El Saucejo in der Provinz Sevilla zum Vorschein kam. Sie stammt aus dem 1. Jh. n. Chr. und war ursprünglich auf zehn bronzenen Tafeln aufgezeichnet. Von diesen fand man sechs fast unbeschädigt, dazu einige Fragmente der restlichen vier. Erhalten geblieben sind daher schätzungsweise 70% des Originals. Inhalt der *lex* ist eine Stadtverfassung in Gesetzesform, und zwar für einen bis dato unbekannten Ort Namens Irni oder Irnium, der im Text als *Municipium Flavium Irnitanum* bezeichnet wird. Geregelt werden unter anderem Wahlmodalitäten für die politischen Gremien der Stadt, Rechte und Pflichten ihrer Amtsträger, aber auch die öffentlichen Finanzen und die kommunale Rechtsprechung. Die Entdeckung der *lex Irnitana* war eine Sensation, und sie ließ sich mit ähnlichen Gesetzen verbinden, die man schon länger kannte, der *lex Malacitana* und der *lex Salpensana*, beides ebenfalls Stadtverfassungen spanischer Orte aus flavischer Zeit. Das Interessante daran war nun, dass es sich bei allen drei Ortschaften um Städte einer einzigen Rechtsstufe handelte, um so genannte ‚Städte latinischen Rechts‘. Dieses latinische Recht wiederum war der Forschung zwar durchaus auch vorher ein Begriff: Man wusste schon lange, dass damit in der römischen Kaiserzeit ganz allgemein eine Art Vorstufe des römischen Bürgerrechts gemeint war. Weit weniger Kenntnisse hatte man freilich über die rechtlichen Einzelheiten, und es ist genau dieser Punkt, in dem die Entdeckung der *lex Irnitana* wirklich weiterführend gewesen ist: „Aufgrund der *lex Irnitana* war es zum ersten Mal möglich, sich ein Bild von Inhalt und Bedeutung des latinischen Rechtes in der Kaiserzeit zu machen" (H. Galsterer, DNP).

Aufgaben zum Selbsttest

- Nennen Sie die wichtigsten Publikationen für griechische und römische Inschriften.
- Beschreiben Sie die Aufgaben eines Epigraphikers.
- Anhand welcher Merkmale einer Inschrift ist eine Datierung möglich?

Literatur

Allgemeine Einführungen und Hilfsmittel:
L. Robert, **Die Epigraphik der klassischen Welt**, Bonn 1970.
F. Bérard/D. Feissel/P. Petitmengin/D. Rousset/M. Sève, **Guide de l'Épigraphiste**, 3. Aufl., Paris 2000.
J. Bodel (Hg.), **Epigraphic Evidence. Ancient History from Inscriptions**, London/New York 2001.

Zur Griechischen Epigraphik:
W. Larfeld, **Handbuch der griechischen Epigraphik**, 3 Bde., Leipzig 1902–1907.
W. Larfeld, **Griechische Epigraphik**, 3. Aufl. München 1914.
G. Klaffenbach, **Griechische Epigraphik**, 2. Aufl., Göttingen 1966.
A.G. Woodhead, **The Study of Greek Inscriptions**, 2. Aufl., Cambridge u.a. 1981.
B. F. Cook, **Greek Inscriptions**, 2. Aufl., London 1990.
B. H. McLean, **An introduction to Greek epigraphy of the Hellenistic and Roman periods from Alexander the Great down to the reign of Constantine**, Ann Arbor 2002.

Zur Lateinischen Epigraphik:
R. Cagnat, **Cours d'Épigraphie latine**, ND Rom 1964.
L. Schumacher, **Römische Inschriften**, Stuttgart 1988.
K. Almar, **Inscriptiones Latinae. Eine illustrierte Einführung in die lateinische Epigraphik**, Odense 1990.
L. Kepling, **Understanding Roman Inscriptions**, London 1991.
Ernst Meyer, **Einführung in die lateinische Epigraphik**, 3. Aufl., Darmstadt 1991.
M. G. Schmidt, **Einführung in die lateinische Epigraphik**, Darmstadt 2004.

Zu wichtigen Inschriftenpublikationen und Übersetzungen → Kap. 3.2.5.
Zur EDV-gestützten Recherche → Kap. 3.4.1.

Exkurs

Inschrift befragt

Mitten im Zentrum Roms, zwischen Kolosseum und Circus Maximus, steht der berühmte Konstantinsbogen. Von den noch erhaltenen antiken Triumphbögen der Stadt Rom – auf dem Forum befinden sich noch der Titusbogen und der Bogen des Septimius Severus – ist er der größte und prächtigste: Er ist etwa 21 Meter hoch, beinahe 26 Meter breit und über 7 Meter tief. Der Konstantinsbogen überspannt einen großen Mitteldurchgang und zwei kleinere Seitendurchgänge, und er ist geschmückt mit Reliefs und Skulpturen, die teilweise eigens für ihn angefertigt wurden, zum Großteil aber von älteren Kaisermonumenten des 2. Jh.s n.Chr. stammen. An verschiedenen Stellen des Bogens ist die Inschrift CIL VI 1139 (= ILS 694) eingemeißelt. Der Hinweis im Haupttext der Inschrift auf das zehnjährige Regierungsjubiläum Konstantins, die so genannten Dezennalien, datiert das Bauwerk. Konstantin war im Jahre 306 n.Chr. zum Kaiser ausgerufen worden, und die Feiern zu seinem zehnjährigen Jubiläum fanden nach römischem Brauch im Sommer 315 statt.

Exkurs

Der Haupttext der Inschrift ist weithin sichtbar auf der Vorder- und Rückseite aufgebracht worden, hinzu kommen eine kurze Inschrift im Mitteldurchgang und zwei knappe Notizen auf den Außenseiten:
Imp(eratori) Caes(ari) Fl(avio) Constantino maximo | p(io) f(elici) Augusto
s(enatus) p(opulus)q(ue) R(omanus), | quod instinctu divinitatis mentis |
magnitudine cum exercitu suo | tam de tyranno quam de omni eius |
factione uno tempore iustis | rempublicam ultus est armis, | arcum tri-
umphis insignem dicavit.
(*Intra fornicem:*) Liberatori urbis – Fundatori quietis.
(*In lateribus:*) Votis X (solutis), votis XX (nuncupatis). – Sic X (solutis), sic XX
(nuncupatis).

Abb. 17

*Konstantinsbogen in
Rom. Rechts ist das
Kolosseum zu erken-
nen.*

Die deutsche Übersetzung der Inschrift lautet: „Dem Imperator Caesar
Flavius Constantinus, dem größten, frommen (und) glücklichen Augustus, haben Senat und Volk von Rom, da er, auf Eingebung einer Gottheit,
mit tiefer Einsicht und zusammen mit seinem Heer den Staat gleichzeitig
an dem Tyrannen und an seiner gesamten Parteiung in einem gerechten
Waffengang gerächt hat, diesen mit Triumphen geschmückten Bogen ge-
weiht."
(*Im Mitteldurchgang steht:*) „Dem Befreier der Stadt – dem Begründer von
Ruhe und Frieden."
(*Auf den Außenseiten steht:*) „Die Gelübde zum zehnjährigen Regierungsjubiläum (wurden eingelöst und neue) Gelübde für die kommenden zehn
Jahre (abgelegt). – Ebenso (wurden die Gelübde) zum Zehnjährigen (ein-
gelöst), ebenso (die Gelübde) für die nächsten zehn Jahre (abgelegt)."

Damals befand sich das Reich in einer Umbruchphase. Nachdem es zwischenzeitlich sogar sechs verschiedene Kaiser gleichzeitig und bürgerkriegsartige Kämpfe gegeben hatte, war im Jahre 315 die Herrschaft im Imperium zwischen Konstantin im Westen und Licinius im Osten aufgeteilt. Beide waren offiziell gleichrangig und gaben vor, das Reich einträchtig zu regieren. Die Beziehungen zwischen ihnen gestalteten sich aber alles andere als spannungsfrei: Konstantin erhob einen Führungsanspruch, da er schon länger als Licinius Kaiser war, und genau dies wird wohl durch die Formulierung *maximus Augustus* (der „größte Augustus") in den ersten beiden Zeilen der Inschrift ausgedrückt. Der brüchige Frieden zwischen Konstantin und Licinius sollte noch neun weitere Jahre halten, bis 324.

Das eigentliche Thema der Inschrift – wie auch der für den Bogen neu angefertigten Reliefs – sind freilich die Ereignisse des Jahres 312 n. Chr., als Konstantin in einem kurzen Feldzug von Gallien aus Italien eroberte und den von den anderen damaligen Kaisern nicht anerkannten Maxentius besiegte, der hier seit 306 geherrscht hatte. Am Vorabend der entscheidenden Schlacht an der Milvischen Brücke vor den Toren Roms soll Konstantin eine christliche Erscheinung zuteil geworden sein, die ihn aufforderte, ein christliches Symbol auf die Schilde seiner Soldaten aufzumalen. In diesem Zeichen, so die Verheißung, werde er siegen. In der Tat verlor Maxentius am 28. Oktober 312 dann trotz zahlenmäßiger Überlegenheit nicht nur die Schlacht, sondern auch das Leben, und Konstantin konnte als neuer Herrscher in Rom einziehen. In diesem Zusammenhang verzichtete Konstantin darauf, den Tempel des Iuppiter auf dem Kapitolshügel zu besuchen, und schon kurze Zeit später begann er, die christliche Kirche massiv zu begünstigen. Dieser Schritt, der gemeinhin als **Konstantinische Wende** bekannt ist, hat den Siegeszug der christlichen Religion in Europa und darüber hinaus eingeleitet, und angesichts der großen Bedeutung des Vorganges erstaunt es nicht, dass man in der Forschung immer wieder leidenschaftlich um die neue Religionspolitik Konstantins gestritten hat. Unter anderem ging es dabei natürlich um die Motive, die Konstantin dazu veranlasst haben könnten, sich dem Christentum zuzuwenden, und des weiteren um die Frage, welche religionspolitischen Ziele er zu welchem Zeitpunkt jeweils verfolgte. Ziemlich klar ist jedenfalls, dass sich die Bekehrung des Kaisers nicht so abgespielt haben dürfte wie behauptet, denn die berühmte Vision vor der Schlacht ist nur ganz unsicher überliefert. Insbesondere der Kirchenhistoriker Eusebius von Caesarea kannte sie in seiner „Historia Ecclesiae" von 313 noch nicht, sondern erst in seiner Biographie Konstantins, die er zwischen 337 und 340 verfasste. – An diesem Punkt kommt die Inschrift des Konstantinsbogens als zeitnahe Darstellung der Geschehnisse von 312 ins Spiel. Dass Maxentius im Text nicht namentlich genannt, sondern als ‚Tyrann' bezeichnet wird, ist seinem Status als Usurpator geschuldet; es sollte deutlich gemacht werden, dass ihm, im Unterschied zu Konstantin, der ja das Recht auf seiner Seite hatte (*iustis ... armis*), jegliche Legitimität fehlte. In dieselbe Richtung geht die Erwähnung einer *factio*, einer Parteiung von Anhängern. Dieser stets negativ konnotierte Begriff sollte zum Ausdruck bringen, dass Maxentius eben nicht im Interesse des Gemeinwohls regiert hatte, und natürlich auch nicht mit Zustimmung aller; eine Clique hatte ihn gestützt, in ihrem Interesse hatte er geherrscht, und mit ihrem Ende gab es auch keine Anhänger des Maxentius mehr in Rom – nicht zuletzt diesen Aspekt galt es für Senat und Volk von Rom zu betonen!

Am wichtigsten für die Forscher, die nach der **konstantinischen Religionspolitik** fragen, ist jedoch die Formel *instinctu divinitatis* in Zeile 3 der Inschrift. Diese Anspielung auf eine Gottheit, die den Kaiser geleitet habe, gehört nicht unbedingt zum Formular eines solchen Textes. Auch ist bemerkenswert, dass der Name der Gottheit nicht genannt wird. Die ältere Forschung nun deutete dies als klaren Beleg dafür, dass Konstantin die Hinwendung zum Christentum vielleicht bereits 312, spätestens aber 315 deutlich und für alle erkennbar vollzogen habe. Mit den Worten *instinctu divinitatis* sei die Geschichte der christlichen Siegesverheißung gemeint, deren Authentizität deswegen auch durch die Inschrift bestätigt werde. Die Tatsache, dass weder die Reliefs, noch die Inschrift des Bogens einen positiven Hinweis auf den Christengott enthalten, erklärte man damit, dass die römischen Senatoren als Auftraggeber des Monumentes die Religionswende nicht wahrhaben oder wenigstens herunterspielen wollten; schließlich blieb der Senat von Rom noch bis zum Ende des 4. Jh.s n. Chr. ein Hort der alten Kulte. – Heute teilt man diese Meinung nicht mehr. Die jüngere Forschung geht überwiegend davon aus, dass Konstantin selbst für die vorsichtigen Formulierungen in der Inschrift verantwortlich war. Dies führt freilich dazu, ihm eine ganz anders geartete Religionspolitik zuzubilligen, als man früher annahm: „Die Wortwahl verrät die bewusste Absicht, eine genaue Identifizierung dieser hilfreichen Gottheit zu vermeiden, um allen Lesern der Inschrift die Möglichkeit zu belassen, den Text auf eine Gottheit ihrer Wahl zu beziehen. Mag Konstantin auch – woran kein Zweifel bestehen kann – persönlich seit 312 eine Präferenz für das Christentum gehegt haben, so hat er auf der politischen und offiziösen Ebene jedenfalls in manchen Fällen eine entsprechende Akzentuierung vermieden und bewusst den paganen Kulten gegenüber ein gewisses Maß an Toleranz walten lassen" (Hartwin Brandt).

Literatur

Hartwin Brandt, **Geschichte der römischen Kaiserzeit. Von Diokletian und Konstantin bis zum Ende der konstantinischen Dynastie**, Berlin 1998, S. 27 ff., S. 128 ff., v. a. S. 133 – 135.
Leonhard Schumacher, **Römische Inschriften**, Stuttgart 1988, S. 194 f.

Die Papyrologie | 2.4

Der Gegenstand des Faches | 2.4.1

Die Papyrologie ist in manchem mit der Epigraphik vergleichbar. Beide beschäftigen sich mit schriftlichen Quellen, die aus ihrer Zeit im Original erhalten sind. Entscheidend für die Zuordnung ist die Substanz des beschriebenen Stoffes: Gegenstand der Papyrologie sind Schriftstücke, die auf **Papyrus** (Pl.: Papyri) geschrieben sind, einer aus dem Mark der Papyrus-Staude hergestellten blattförmigen Unterlage. Diese zunächst nur formale Abgrenzung geht mit gewichtigen inhaltlichen und methodischen Besonderheiten parallel.

Info

Die Herstellung von Papyrus

► Zur Herstellung eines Papyrusblattes wurden die ca. 1–3 Meter hohen Papyrusstauden entrindet, das freigelegte Mark in dünne Streifen geschnitten und Abschnitte von gleicher Länge parallel zueinander ausgelegt. Eine zweite Lage von Markstreifen wurde quer darüber ausgerichtet und beides miteinander verpresst. Während des Trocknens klebte das stärkehaltige Gewebe zu einer stabilen Unterlage zusammen. Anschließend wurde das Blatt geglättet und poliert.

Ein derart hergestelltes Blatt hatte eine Höhe von ca. 20–40 cm. Verschiedene Blätter konnten zu einer Buchrolle aneinandergeklebt werden. Diese besaß im Durchschnitt eine Länge von ca. 5–7 Meter, konnte im Einzelfall jedoch auch deutlich darüber hinausgehen. Der Umfang einer solchen Buchrolle findet sich in der Bücherzählung antiker Werke wieder. In der Spätantike ging man verstärkt dazu über, die Blätter zu einem Buch zu binden, dem **CODEX**.

CODEX, latein. = Baumstamm; ursprünglich für die mit Wachs überzogenen und beschrifteten Holztafeln.

Die Seite mit der horizontalen Anordnung der Markstreifen (= *recto*) wurde beim Schreiben bevorzugt, und schon bei der Herstellung nahm man für diese Seite die feineren Fasern. Die Rückseite (= *verso*) mit den vertikal angeordneten Streifen bot dem Pinsel oder der Feder deutlich mehr Widerstand: Sie diente für Ergänzungen oder Notizen. Wegen des keineswegs billigen Grundmaterials wurde sie zumeist aber noch genutzt. Wenn beide Seiten eines Papyrus beschrieben sind, war die *verso*-Seite in aller Regel die später abgefasste.

Geschrieben wurde mit einem Pinsel bzw. später überwiegend mit einem angeschnittenen Schilfrohr. Die Tinte bestand aus Asche, Wasser und Gummi und hatte in der Regel eine schwarzbraune Farbe. Wenn einzelne Blätter von der Tinte gereinigt und abermals beschriftet wurden, spricht man von einem **PALIMPSEST**.

PALIMPSEST, von griech. *palin* = wieder, neuerdings und *psaein* = reiben.

Die Herstellung von Papyrus erfolgte in räumlicher Nähe zu den Papyrusstauden, um diese frisch verarbeiten zu können. Obwohl die Pflanze auch außerhalb Ägyp-

Info

Herstellung eines Papyrusblattes

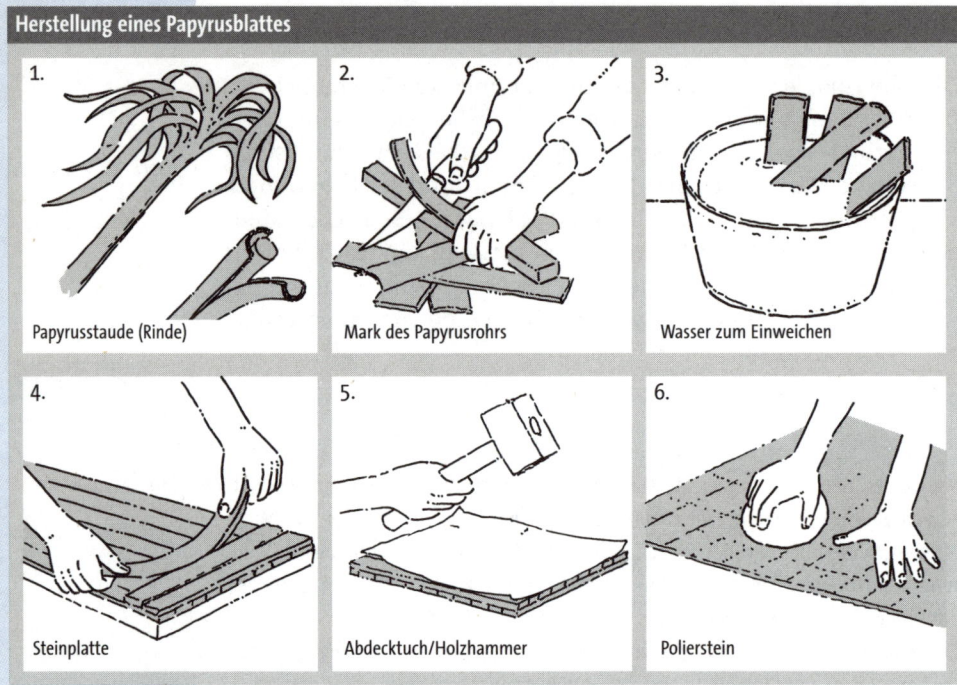

1. Papyrusstaude (Rinde)	2. Mark des Papyrusrohrs	3. Wasser zum Einweichen
4. Steinplatte	5. Abdecktuch/Holzhammer	6. Polierstein

Abb. 18

Die Herstellung von Papyrus.

tens verbreitet war, ist die Produktion von Papyri nur für Ägypten nachgewiesen. In hellenistischer und römischer Zeit war die Herstellung von Papyri ein staatliches Monopol: Die Regionen außerhalb des Landes blieben von den ägyptischen Exporten abhängig.

2.4.2 Regionale und soziale Verbreitung

So haben Papyri – im Gegensatz zu den Inschriften auf Stein oder Metall – als organisches Material nur äußerst schlechte Chancen, über Jahrhunderte oder gar Jahrtausende erhalten zu bleiben und dem Zerfall zu entgehen. Möglich ist dieses nur unter ganz bestimmten klimatischen Bedingungen, in einem heißen und sehr trockenen Milieu; überdies sollten die Papyri vor Licht geschützt sein. Derartig ideale Bedingungen bietet der Wüstensand. So überrascht es nicht, dass die Masse aller erhaltenen Papyri aus Ägypten stammt. Allerdings gibt es auch andernorts durchaus bedeutende Papyrusfunde: Aus Dura Europos am Euphrat ist der umfangreiche

Schriftverkehr dort stationierter Truppen erhalten, unter den Funden Palästinas besitzen die so genannten Qumran-Rollen vom Toten Meer eine weit über die Theologie hinausreichende Berühmtheit, und in jüngerer Zeit sind Papyri aus dem nabatäischen Petra bekannt geworden. Stets sind es jedoch nur ganz bestimmte Orte, aus denen Papyrusfunde vorliegen. Dies gilt selbst für Ägypten. Die Mehrzahl der Papyri kommt aus Mittelägypten – und eben nicht vom feuchten Nildelta oder aus Alexandria –, und dort wiederum konzentrieren sie sich nur auf einige **wenige Fundplätze**: Neben dem Fayyum mit gleich mehreren Ortschaften zählen Memphis und Oxyrhynchos zu den bedeutendsten Fundorten. Aus dem wieder deutlich fundärmeren Oberägypten wäre noch Theben, aus dem südlichen Grenzland Elephantine zu nennen: Von der tatsächlichen Verwendung der Papyri in der gesamten antiken Welt können die heutigen Fundorte keinen Eindruck mehr vermitteln.

Eine zweite Besonderheit resultiert daraus, dass Papyri der Beschreibstoff für den Alltag waren. Die Mehrzahl der Texte wurde für einen vorübergehenden Gebrauch abgefasst, und auch die urkundlichen Texte hatten jedenfalls keinen Denkmalcharakter wie die auf Stein oder Metall verfertigten Inschriften. Dieser **Alltagscharakter** bringt es mit sich, dass Absender und Adressaten auch aus solchen sozialen Schichten vor uns stehen, die in der sonstigen Überlieferung kaum zu greifen sind. Dies hat auch Auswirkungen auf den Inhalt der Papyri, die eine ausgesprochen bunte Vielfalt von weitschweifigen Ausführungen bis zu knappen Notizen, von Redundantem und Dringendem, von Bedeutendem und Trivialem, von Öffentlichem bis zum Privatesten zeigen.

Zeitrahmen und Repräsentativität

2.4.3

Die Papyrologie beschäftigt sich mit den Texten ab hellenistischer Zeit. Grundsätzlich liegen Papyri bereits seit der Mitte des 3. Jahrtausends v. Chr. vor. Die Sprach- bzw. Schriftgrenze entscheidet hier abermals über die wissenschaftsorganisatorische Zuordnung: Da die pharaonischen Papyri in altägyptischer Schrift beschrieben sind – in **HIEROGLYPHEN** bzw. **HIERATISCHER** oder **DEMOTISCHER** Schrift – fällt ihre Lesung in den Zuständigkeitsbereich der Ägyptologie. Kehrseite dieser pragmatisch gesetzten Grenzlinie ist, dass sie antike Zusammenhänge zerschneidet und aus der Perspektive der Papyri die Zäsur zwischen dem pharaonischen und dem ptolemäi-

HIEROGLYPHEN, von griech. *hieros* = heilig und *glyphein* = eingravieren; ,heilige Schrift'. Eine nur noch wenigen verständliche altertümliche Bilderschrift. Vereinfachte Varianten waren die ,priesterliche' (**hieratisch**) und die ,volkstümliche Schrift' (**demotisch**: von griech. *demos* = Volk).

schen Ägypten größer erscheinen lässt, als sie in Wirklichkeit war. Die ersten griechisch beschriebenen Papyri setzten mit der Einnahme Ägyptens durch Alexander d.Gr. (332 v.Chr.) ein, in späteren Jahrhunderten folgten etwa noch hebräische, lateinische oder koptische. Die meisten Papyri sind aus der Zeit von den späteren Ptolemäern bis in das mittlere Römische Kaisertum erhalten. Im 3.Jahrhundert n.Chr. ist dann ein deutlicher Qualitätsverlust der Papyri feststellbar. Ihre Nutzung als Schriftträger hielt zwar im östlichen Mittelmeerraum bis in die Zeit der Araber an und die Papstkanzlei nutzte Papyri sogar bis ins 11.Jahrhundert, doch nach und nach wurde Papyrus durch Hadernpapier und Pergament abgelöst.

Abhängig vom erhaltenen Material beschäftigt sich die Papyrologie zum überwiegenden Teil mit **ägyptischen Dokumenten**. Wegen dieses regionalen Schwerpunkts zählt sie auch die im Land gefundenen Inschriften auf Tonscherben, die so genannten **OSTRAKA**, auf Holz- und Wachstafeln bzw. auf Pergament mit zu ihrem Tätigkeitsbereich, deren Lesung andernorts in den Zuständigkeitsbereich der Epigraphik fällt. Eine in der Forschung immer wieder diskutierte Frage ist, in wie weit die durch Papyri gewonnenen und durch deren ,dichte Überlieferung' teils sehr detailgenauen Aussagen Geltung auch über Ägypten hinaus beanspruchen dürfen. Sind etwa die hier feststellbaren Wirtschafts- und Verwaltungsstrukturen auch auf andere hellenistische Teilreiche oder, für die Römische Kaiserzeit, auf andere Provinzen des Römischen Reiches übertragbar? Gegenüber einer Hervorhebung spezifischer, nicht zuletzt durch besondere naturgeographische Bedingungen vorgegebener und traditionell bewahrter wirtschaftlicher, administrativer und sozialer Strukturen entwickelt sich in jüngerer Zeit eine Auffassung, wonach die Feststellung eines Sachverhalts für Ägypten zumindest nicht automatisch besage, dass es andernorts nicht genauso gewesen sein könnte.

OSTRAKON, pl. Ostraka: griech. = Tonscherbe. Scherben zerbrochener Gefäße wurden für kurze Notizen als Beschreibstoff benutzt.

2.4.4 | Gliederung des Materials

Um ihren divergierenden Inhalten und den unterschiedlichen Forschungsinteressen annähernd gerecht zu werden, unterteilt man die Papyri zunächst in zwei vergleichsweise deutlich abzugrenzende Gruppen: Die ,literarischen Texte' sowie die ,dokumentarischen Papyri' oder ,Urkunden'.

Die nach Autoren geordneten **literarischen Texte** genießen das besondere Interesse der Philologie. Glanzstück unter den literarischen

Werken, deren Erhalt sich allein papyrologischer Überlieferung verdankt, ist die *„Athenaion Politeia"* (oder: „Staat der Athener"), eine dem Aristoteles zugeschriebene eingehende Beschreibung der Verfassung Athens. Sie wurde 1889 auf einem Papyrus des Britischen Museums entdeckt. Kaum weniger bedeutend sind die von einem nicht identifizierten Autor verfassten *„Hellenika"* von Oxyrhynchos, eine Fortsetzung des Geschichtswerkes des Thukydides aus dem 4. Jh. v. Chr., von welcher die Beschreibung der Ereignisse der Jahre 409 und 407 sowie 396 – 395 erhalten sind. Hinzu treten die *Epitome* der Livius-Bücher 37 – 55, oder Werke der Dichter Bakchylides, Menander und Kallimachos. Doch auch für Texte, die bereits aus handschriftlicher Überlieferung bekannt sind, bieten die Papyri als älteste Zeugnisse wertvolle Hilfen bei der Wiedergewinnung des Urtextes (→ Kap. 2.2.2) – selbst wenn eingeschränkte Texttreue und sprachliche Besonderheiten der in Ägypten verfertigten Abschriften manche Grenze setzen. Bemerkenswerte Aufschlüsse bietet aber ebenso die Häufigkeit des Vorkommens bestimmter Texte auf den Papyri: Sie zeigt spezifische Vorlieben für Autoren und Werke in den verschiedenen Zeitabschnitten und ihre Nutzung als Schullektüre an.

Zu den besonders spektakulären Funden literarischer Papyri zählen jene karbonisierten Papyrusrollen, die bereits 1752 unter den Lavamassen von **Herculaneum** als Bestandteil einer Bibliothek entdeckt wurden: In regelmäßigen Abständen rufen sie Schlagzeilen hervor, neue naturwissenschaftliche Verfahren würden bald eine Lesung der verkohlten Rollen ermöglichen und die Altertumswissenschaften durch die Vorlage teils verschollen geglaubter, teils völlig neuer literarischer Werke revolutionieren.

Die gegenüber den literarischen Papyri weitaus größere Gruppe der Urkunden wird im Allgemeinen nach ‚öffentlichen' und ‚privaten' vorsortiert – eine erste Hilfe für ihre Nutzbarmachung, auch wenn diese Zuordnung längst nicht immer eindeutig zu treffen ist.

Zu den **öffentlichen Urkunden** zählen Inventare und Steuerlisten, amtliche Verordnungen, Eingaben und Gerichtsurteile, oder auch die umfangreiche Korrespondenz ziviler und militärischer Stellen. Sie geben einen detaillierten Einblick in die Binnengliederung des Landes, in Verwaltungsordnung und Verwaltungshandeln, insbesondere auch auf der sonst schwer greifbaren, weil in der Geschichtsschreibung kaum bezeugten Lokalebene. Charakteristisch sind Einzelvorgänge; große Reichsgeschichte spiegelt sich in den öffentlichen Urkunden in aller Regel nicht. Herausragende Ausnahmefälle sind allerdings der so genannte „Gnomon des Idios Logos", ein Auszug aus der Dienstanweisung an den höchsten Finanzbeamten des kaiserzeitlichen Ägypten, andererseits ein möglicherweise der „Constitutio Antoniniana" entstammendes Bruchstück, jener Erklärung, mit der Caracalla im Jahr 212 n. Chr. allen frei geborenen Einwohnern des Imperium Romanum das römische Bürgerrecht verlieh. Das betreffende Textfragment ist auf einem Papyrus erhalten, der sich heute in der Universität Gießen befindet.

Die **privaten Urkunden** sind für die Wirtschafts- und Sozialgeschichte von herausragendem Wert: Pacht- und Kaufverträge, Aufzeichnungen über Darlehen, Pfänder oder Bürgschaften, Quittungen und Zahlungsanweisungen geben intime Einblicke in wirtschaftliche Organisationsformen, sie nennen Preise und Löhne, illustrieren Besitz- und Lebensverhältnisse. Ehe-, Erbschafts- oder Ausbildungsverträge verbinden Rechts- und Sozialgeschichte, Papyri mit religiösen Inhalten oder solche mit Zaubersprüchen geben nicht nur Auskünfte über Priesterschaften und Tempelorganisation sondern dokumentieren auch Glauben und Aberglauben. Nicht weniger genau lässt sich in den Papyri die Ausbreitung des Christentums in Ägypten verfolgen. Schließlich sind unter den privaten Urkunden noch die wirklichen und eben nicht für die Veröffentlichung gedachten Privatbriefe zu nennen, die an Familienangehörige, an Freunde oder an den Patron gesandt wurden. Dazu kommt die Masse der Notizzettel, Rechtschreibübungen von Schülern und dergleichen mehr. Auch für die vielfältigen neueren kulturwissenschaftlichen Fragestellungen, für Alltags- oder Familiengeschichte, für die Untersuchung von Mentalitäten oder Gender bieten die Papyri daher ein kaum zu erschöpfendes Potenzial.

2.4.5 | Aufgaben der Papyrologie

Vor der inhaltlichen Auswertung steht für die Papyrologie zunächst die handwerkliche Ebene der **Textentzifferung**. Die Papyri liegen heute zumeist stark beschädigt vor. Viele von ihnen sind in der Antike sekundär verwendet worden, die nicht mehr gebrauchten Schriftstücke waren vor allem als Mumienkartonage beliebt. Andere wurden als Abfall weggeworfen. Entsprechend sind die Papyri zunächst vom Dreck und von Verkrustungen zu reinigen und die miteinander verklebten Lagen zu lösen. Für die so gewonnenen Fragmente gilt es festzustellen, ob sie sich zu einem größeren Blatt oder gar ausführlicheren Text zusammenfügen lassen. Erst dann wird mit der Lesung und Ergänzung verbleibender Lücken begonnen. Um das tatsächlich Erhaltene bzw. Sichtbare zu dokumentieren, sind für die papyrologischen Veröffentlichungen die dann auch von der Epigraphik übernommenen diakritischen Zeichen des ‚Leidener Klammersystems' entwickelt worden (→ Kap. 2.3.7).

Die Papyrologie ist ein relativ junges und kleines Fach. Innerhalb der althistorischen Grundlagenwissenschaften genießen Papyrologen noch einmal den Ruf ganz besonderen Spezialistentums. Wegen der nicht nur sprachlichen und grammatischen, sondern wegen ihrer inhaltlichen Heterogenität auch begrifflichen und die Fächergrenzen oft überschreitenden Schwierigkeiten der Lesung bzw. Ergänzung beschädigter Stellen erfolgt die Entzifferung der Papyri in besonderer Weise interdisziplinär und ‚öffentlich': Mehr noch als ansonsten in der Altertumswissenschaft dienen die Publikationen dazu, Vorschläge zur Diskussion zu stellen. Auf diese Erstveröffentlichung folgende Verbesserungen und Ergänzungen sind fester Bestandteil des wissenschaftlichen Prozesses. Angesichts der Vielzahl unveröffentlichter Papyri ist es ein zentrales Anliegen, wichtige Papyri zunächst überhaupt bekannt zu machen. Das bedeutet nicht, dass die Quantität vor Qualität der Veröffentlichung geht, aber es gilt einen Weg zu finden, der im **interdisziplinären und internationalen Zusammenspiel** höchstmögliche Effizienz in der Vorlage neuer Quellen sichert.

Aufbewahrung und ‚Archive' | 2.4.6

In eigenartigem Gegensatz zu ihrer regional begrenzten Herkunft steht die heute weltweit gestreute Aufbewahrung der Papyri. Die Mehrzahl stammt nicht aus systematischen archäologischen Ausgrabungen, sondern hat, aus unterschiedlichen Quellen gespeist, insbesondere während des 19. und frühen 20. Jahrhunderts Ägypten im Gepäck von Reisenden oder über den Handel verlassen. Zahlreiche Papyri haben die **FELLACHEN** aus Abfallhügeln hervorgeholt, die sie zunächst nur als Dünger abbauen wollten. Als man den Wert der Papyri erkannt hatte, setzte ein schwunghafter Handel ein. Da der Inhalt eines Papyrus selbst für Experten nicht sofort zu erschließen ist, konnte sich der Preis der Papyri im Prinzip nur an Textlänge und Erhaltung orientieren. Bei Händlern und Zwischen-

FELLACHE, arab. = Bauer.

händlern wurde das Material einheitlicher Fundorte auseinander-
gerissen und fand seinen Weg in entgegengesetzte Weltregionen.
Nicht selten kam es sogar vor, dass Papyri zerschnitten und an
unterschiedliche Interessenten verkauft wurden.

Heute treiben die großen Papyrussammlungen mehr oder weniger intensiv die Veröffentlichung des von ihnen verwahrten Materials voran. Die breite Streuung ursprünglich zusammengehören-
der Papyri erschwert eine kontextbezogene Auswertung. Zwar sind
die meisten der heute bekannten Papyri alleinstehende Zeugnisse,
doch es gibt auch solche, die alle auf einen bestimmten Vorgang
oder eine Person zurückgehen. Diese Papyri spricht man als **Archiv**
an. Unabhängig vom Aufbewahrungsort der Papyri geht dann das
Bestreben dahin, Zusammenhänge wiederherzustellen und die Papyri nach Möglichkeit gemeinsam zu veröffentlichen: Berühmt sind
etwa die Zenon-Papyri. Zenon war Gutsverwalter des Apollonios,
der wiederum Finanzminister (Dioiket) des Königs Ptolemaios II.
(285 – 246 v. Chr.) war. Die weltweit gestreuten Papyri – bekannt
sind ca. 1750 Stück, die alle an Zenon adressiert sind – werden gemeinsam als ‚Zenon-Archiv‘ publiziert. In der Summe geben sie de-
taillierteste Einblicke in die landwirtschaftliche Praxis und Verwal-
tungshierarchie. Andere bekannte ‚Archive‘ sind etwa jenes des He-
roninos aus dem 3. Jh. n. Chr. oder des Isidoros aus dem 4. Jh. n. Chr.

2.4.7 | Editionen und Zitierweise

Die Zitierweise für Papyri spiegelt die Aufbewahrungssituation:
Eher seltener sind die Papyri nach ihrem Fundort publiziert oder
können sie als Archiv zusammengestellt werden. Zumeist richtet
sich die Veröffentlichung in Form eines Sammlungskatalogs nach
dem Aufbewahrungsort. Der wird in der Regel auch namensgebend
für die Papyri. Doch ebenso kommt es vor, dass Papyri nach ihrem
Finder, teils auch nach ihrem ehemaligen oder derzeitigen Besitzer
benannt sind. Vor diesen jeweiligen Eigennamen, die in der Regel
abgekürzt wiedergegeben werden, steht dann als entscheidender
Hinweis auf eine Papyrusedition ein ‚P‘ oder ‚Pap‘ (z. B.: PLond.; Pap
Lond.; → auch Kap. 3.2.5): Dies ist für die Nutzer ein unübersehbares Sig-
nal, es hier mit einer Papyrusedition zu tun zu haben. Innerhalb
einer solchen Edition werden die publizierten Papyri dann fortlaufend gezählt; bei größeren Editionen geht dieser arabischen Zählung eine römische Bandangabe voraus. In ähnlicher Weise werden

Editionen von Ostraka zitiert und mit einem vorgesetzten ‚O' abge-
kürzt, Editionen von Holz- bzw. Wachstäfelchen (= *tabulae*) mit
einem ‚T'.
Bedeutende Papyrussammlungen befinden sich heute in
– Wien;
– Berlin, Leipzig, Köln und Heidelberg;
– Oxford und London;
– Straßburg und Paris;
– Genf;
– Florenz;
– Berkeley, Yale oder Ann Arbor.
Die Zahl der publizierten Papyri liegt derzeit bei ungefähr 50 000
Stück. Aber: Allein in der Wiener Nationalbibliothek werden rund
140 000 Papyri aufbewahrt.

Viele Papyri werden zunächst nur in **Zeitschriftenveröffentlichungen**
vorgestellt. Um die Orientierung zu erleichtern, sind alle außerhalb
der großen Editionen veröffentlichten Papyri noch einmal im so genannten **Sammelbuch** verzeichnet. Es erscheint seit 1915 und ist zur
Erschließung der zahlreichen verstreuten Einzeleditionen ein unschätzbares Hilfsmittel. Dort publizierte Papyri können als ‚Sb' mit
der entsprechenden Bandangabe und Textnummer zitiert werden:
F. Preisigke/E. Kießling/H.-A. Rupprecht (Hgg.), Sammelbuch griechischer Urkunden aus Ägypten, 1915 ff. (= Sb).
Für Nachweise über Neulesungen, Berichtigungen oder Ergänzungen dient die **Berichtigungsliste**:
F. Preisigke/P. W. Pestmann/H.-A. Rupprecht (Hgg.), Berichtigungsliste der Griechischen Papyrusurkunden aus Ägypten, Berlin/Leip-
zig 1922 ff.

Die **Checklist** schließlich bietet wichtige Hilfen für das Auffinden der
Papyri und legt für sämtliche Werke die Zitierweise fest. Sie wird
elektronisch kontinuierlich aktualisiert und erweitert:
J. F. Oates/R. S. Bagnall/W. H. Willis/K. A. Worp, A Checklist of Editions
of Greek and Latin Papyri and Ostraca and Tablets, 5. Aufl., Atlanta
2001 (elektronisch: http://scriptorium.lib.duke.edu/papyrus/texts/
clist.html).
    So gibt die Papyrologie vielfältige Hilfen, die auch Anfängern
schon nach kurzer Zeit in einer zunächst fremd anmutenden Disziplin die Orientierung ermöglichen.

Literatur

Einführungen:
L. Mitteis/U. Wilcken, **Grundzüge und Chrestomathie der Papyruskunde**, 2 Bde. in 4, Leipzig/
Berlin 1912 (ND Hildesheim 1963).
W. Schubart, **Einführung in die Papyruskunde**, Berlin 1918 (ND 1980).
H. C. Youtie, **The Textual Criticism of Documentary Papyri. Prolegomena**, 2. Aufl., London 1974.
E. G. Turner, **Greek Papyri. An Introduction**, 2. Aufl., Oxford 1980.
I. Gallo, **Greek and Latin Papyrology**, London 1986/87.
H.-A. Rupprecht, **Kleine Einführung in die Papyruskunde**, Darmstadt 1994.
R. S. Bagnall, **Reading Papyri, Writing Ancient History**, London/New York 1995.

Spezielle Hilfsmittel:
F. Preisigke/E. Kießling, **Wörterbuch der griechischen Papyrusurkunden aus Ägypten**, 4 Bde.,
Berlin 1925 – 1993 (= WB). Dazu Supplementum I – III.
R. Seider, **Paläographie der griechischen Papyri**, 3 Bde., Stuttgart 1967 – 1990.
R. Seider, **Paläographie der lateinischen Papyri**, 3 Bde., Stuttgart 1972 – 1981.

Bibliographien:
Bibliographie papyrologique, 1932 ff. (auf Vollständigkeit angelegte Bibliographie. Sämtliche
Jahrgänge wurden 2004 auf der CD-ROM „Subsidia Papyrologica 2.0" zugänglich gemacht
(→ http://www.ulb.ac.be/philo/cpeg/bp.htm).

Zu wichtigen Papyruseditionen und Übersetzungen → Kap. 3.2.5.
Zur EDV-gestützten Recherche → Kap. 3.4.1.

Quelle

Zensuserklärung aus Ägypten ▶ Beispielhaft für die genaue Dokumentation der römischen Verwaltung in Ägypten ist ein Papyrus, auf dem sich die Steuererklärung eines Achilles, der auch Apollonios genannt wurde, erhalten hat. Alle 14 Jahre fand in Ägypten ein derartiger Zensus statt. Bei ihm mussten die Hausbesitzer den Behörden gegenüber ihre Häuser sowie die darin wohnenden Familienangehörigen bzw. Mieter namentlich angeben. Filiation und Verwandtschaftsbeziehungen – ggf. auch der Verweis auf ältere aktenkundige Vorgänge – dienten der Identifizierung sowie Klärung des Rechtsstands, Geschlecht und Alter der Feststellung der Kopfsteuerpflichtigkeit. Kopfsteuerpflichtig waren in Ägypten die männlichen Bewohner (Freie und Sklaven) vom 14. bis zum 62. Lebensjahr, ab dem Ende des 2. Jahrhunderts wurde die Grenze auf das 65. Lebensjahr angehoben. Von den individuellen Einkommensverhältnissen sah die Kopfsteuer ab: Jeder zahlte in seinem Steuerbezirk den gleichen Betrag. Innerhalb des Römischen Reiches war allerdings die Kopfsteuerpflichtigkeit sowohl in Bezug auf die betroffenen Personen als auch in Bezug auf die Höhe der Abgaben höchst unterschiedlich geregelt. Achilles persönlich war als Katoike – ein Bürger, dessen Vorfahren noch unter den Ptolemäern ein Landstück zugewiesen wurde, um sich dort für den Militärdienst

bereitzuhalten – von den Kopfsteuern befreit. Seine Erklärung erfolgte gegenüber drei verschiedenen Verwaltungsebenen und wurde dort jeweils gegenge-
zeichnet. Datiert werden kann sie auf
den 27. August 189 n. Chr.

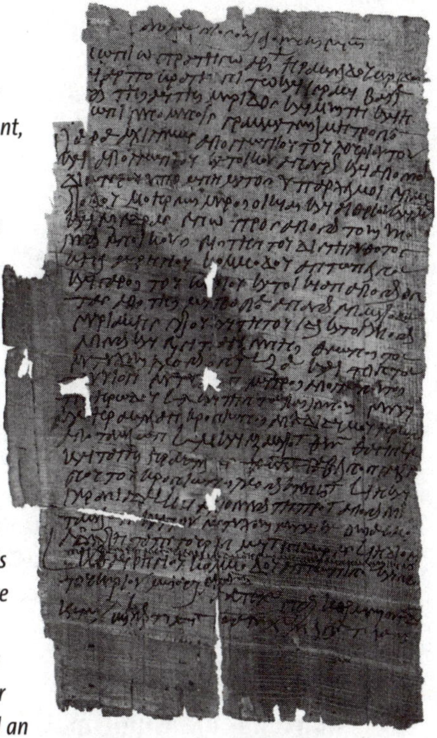

Abb. 19

*Der Papyrus Tebtunis
322.*

Pap. Tebtunis 322:
Erste Hand:
*Apollonios, auch Diogenes genannt,
hat unterzeichnet.*
Zweite Hand:
*An Ammonios, den Strategen des
Heraklideischen Teilbezirkes des
Arsinoitischen Gaues, und Har-
pokration, auch Hierax
genannt, den kaiserlichen
Schreiber des gleichen Bezirkes,
und an Mystes und Heron,
Schreibern des Gauhauptortes.
Von Achilles, dem Sohne des
Apollonios, Enkel des Lurios, auch
Apollonios genannt, registriert als
Katoikos und bereits durch andere
Aktennotiz (am Ort) gemeldet:
Ich besitze im Stadtviertel Moeris
einen Anteil an einem Haus, einer
offenen und bedeckten Halle und an
einem Hofraum. Für diese melde ich weiterhin die unten verzeichneten
Bewohner für den Haushaltszensus des vergangenen 28. Herrschaftsjahres unse-
res Kaisers und Herrn, des Aurelius Commodus Antoninus: Sie gehören zum Gau-
hauptort und sind im Syrischen Stadtviertel registriert, wo sie bereits beim Haushaltszensus des 14. Jahres gemeldet wurden. Es sind:
Pasigenes, Sohn des Theon und Enkel des Eutyches, kopfsteuerpflichtig, Eselstreiber,
61 Jahre alt;
dessen Sohn Eutychus von der Mutter Apollonous, Tochter des Herodes, 30 Jahre alt;
Herakleia, die Ehefrau des Pasigenes und Tochter des Kronion, Freigelassene des
Didymos, Sohn des Heron, vom Stadtviertel des Schatzhauses, 40 Jahre alt;
Thasis, die Tochter beider, 5 Jahre alt;
die Kinder der Herakleia:*

Quelle

Sabinus, Sohn des Sabinus und Enkel des Kronion, kopfsteuerpflichtig, Wollkämmer, 18 Jahre alt;

Sarapis, 22 Jahre alt, gemeldet bei dem vorherigen Zensus im Stadtviertel des Schatzhauses;

Tapesuris, die Frau des Eutyches, seine Schwester von Vatersseite her und Tochter der Isidora, 18 Jahre alt.

Ich erstatte in Übereinstimmung damit diese Meldung.

Vermerk von dritter Hand:

Tapesuris besitzt im Stadtviertel Moeris ein Sechstel Hausanteil, ein Erbteil von ihrer Mutter.

Vermerk von zweiter Hand:

Im 29. Jahr unseres Kaisers und Herrn Aurelius Commodus Antoninus, am 27. August.

Vermerk von vierter Hand:

Eingetragen bei dem Strategen im 29. Jahr, am 27. August.

Vermerk von fünfter Hand:

Eingetragen beim kaiserlichen Schreiber am gleichen Tag.

Vermerk von sechster Hand:

Eingetragen bei den Schreibern der Stadt am gleichen Tag.

Dank der Papyri ist das römische Steuersystem in Ägypten weitaus besser bekannt als für andere Teile des Römischen Reiches. Einen illustrativen Einblick in die Verwandtschaftsverhältnisse und die ‚Heiratspolitik‘ bietet eine Rekonstruktion der familiären Beziehungen aus diesem Papyrus.

2.5 | Münzen – die Numismatik

2.5.1 | Der Gegenstand der Numismatik

NUMISMATIK, von griech. *nomisma* = Brauch, Sitte, Gesetz; latein. *nummus* = Geld, Münze.

Die **NUMISMATIK** definiert sich ähnlich wie die Papyrologie zunächst durch die Beschäftigung mit einer bestimmten Materialgruppe: Sie stellt die Untersuchung von Münzen ins Zentrum ihrer Forschungen und verfolgt die von ihnen ausgehenden Fragestellungen. Die Menge des zur Verfügung stehenden Materials, die Vielfältigkeit der teils nur durch Münzen zu treffenden Aussagen haben die antike Numismatik zu einem gewichtigen Forschungsbereich werden lassen, der auch die Methodendiskussion in der Numismatik insgesamt wesentlich vorangetrieben hat.

Neben ihrer äußeren **Form** als kleines, stabiles und hochtransportables Objekt mit Bild und Schrift heben sich die Münzen vor allem durch ihre **Funktion** als Geld hervor. Aus dieser Doppelnatur resultieren zwei grundverschiedene Betrachtungsweisen bei der Interpretation von Münzen: Man kann sie **IKONOGRAPHISCH** deuten oder zum Gegenstand **wirtschaftsgeschichtlicher Fragestellungen** machen.

Welches Objekt als **Geld** angesprochen werden kann, definiert sich nicht über die äußere Form, sondern über die Funktion: Die allgemeine Akzeptanz als Tausch- und Zahlungsmittel; die Fähigkeit, mit Hilfe dieses Gegenstands Werte auszudrücken und so die Dinge vergleichbar zu machen (= Preisausdrucksmittel); schließlich die Eignung als Wertbewahrungsmittel: Auch in einer ferneren Zukunft kann die in Geld aufgehobene Tauschkraft jederzeit und in vollem Umfang wieder aktualisiert werden.

Die Funktionen des Geldes sind nicht an die Form der Münze gebunden. Als in anderen Kulturen etablierte **Geldformen** kann auf Eisenstäbe oder Bronzeringe, auf Kaurischnecken, Federarten oder das berühmte Steingeld von der Südseeinsel Yap verwiesen werden; in unserer Gegenwart gibt es außer Münzen Papierscheine und Kreditkarten. Frühe, bis ins 3. Jahrtausend v. Chr. zurückzuverfolgende Geldformen sind Gerste, Kupfer und Zinn, vor allem aber Gold und das weit verbreitete Silber. Die kulturübergreifende Hochschätzung, Wertkonzentration und äußere Stabilität machten die Edelmetalle als Geld besonders geeignet. Unter den verschiedenen Geldformen sind die Münzen eine späte, dann jedoch besonders erfolgreiche Erscheinung, die nahezu überall Verbreitung gefunden hat.

Die äußere Form einer Münze ergibt sich einerseits durch die Substanz, andererseits durch die Prägebilder. Die antiken Münzen waren aus Gold (seltener: Elektron, einer Legierung aus Gold und Silber), aus Silber oder aus Buntmetallen. Metallart und Gewicht bestimmten den Wert der Münzen, die von Anfang an in präzise genormten Stückelungen ausgebracht wurden. Noch in der ganzen Antike gilt zumindest für die Edelmetalle als Grundregel, dass der Wert des geprägten Metalls sich im Prinzip nicht von dem des ungeprägten Metalls unterscheiden sollte. Bild und Schrift einer Münze verwiesen auf den verantwortlichen Prägeherrn, der unvermischte Qualität des Metalls und korrektes Gewicht verbürgte: Sein Wappen bzw. ‚guter‘ Name und die Substanz der Münzen waren unauflösbar aneinander gebunden.

IKONOGRAPHIE, von griech. *eikon* = bildliche Darstellung und *graphein* = schreiben, hier: die wissenschaftliche Bestimmung von Bildnissen.

2.5.2 | Eigenschaften der Münzen

Münzen sind im besten Sinne **Primärquellen**, da sie sich im Original aus der Antike erhalten haben. Ein weiteres Spezifikum ist ihre **Massenhaftigkeit**: Jedes einzelne Münzbild ist zehn-, wenn nicht hunderttausendfach geprägt worden. Schätzungsweise 99 % aller jemals geprägten Münztypen aus der Antike liegen uns heute in mindestens einer erhaltenen Münze vor: Keine andere Quellengruppe ist so dicht und so geschlossen dokumentiert. Nimmt man die Typen zum Maßstab, so kann man von einer Materialgrundlage sprechen, die die antike Prägetätigkeit nahezu vollständig wiedergibt.

Weiterhin zeichnet die Münzen aus, dass **Herkunftsort** und **Herstellungszeit** in aller Regel sehr genau bestimmbar sind. Mehrere hundert Städte und Gemeinwesen prägten in griechischer Zeit Münzen, und

---

Info

Der Prägevorgang ▶ Zur Münzprägung wurde ein im Gewicht bereits genormter Metallschrötling zwischen einen Unterstempel (Avers der Münzen) und einen frei beweglichen Oberstempel (Revers der Münzen) gelegt. Beim Prägevorgang formten sich im Schrötling die negativ geschnittenen Münzbilder von Unter- und Oberstempel erhaben ab, der damit zur Münze wurde.

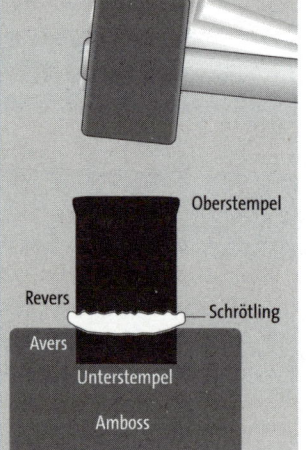

Je nach Art des ausgeprägten Metalls, Durchmesser und Dicke des Schrötlings bzw. Prägetechnik konnten bis zum Verschleiß eines Stempelpaars zwischen ca. 5000 bis 20 000 Münzen hergestellt werden. Genaue Beobachtung ermöglicht es festzustellen, welche Münzen aus demselben Stempelpaar bzw. einem gemeinsamen Ober- oder Unterstempel hergestellt wurden (= ‚stempelidentisch‘; stempelvergleichende Methode).

Für die Ausprägung eines bestimmten Münzmotivs wurden im Regelfall mehrere Stempelpaare hergestellt, weil nur so eine – entsprechend ihrer Geldfunktion – ausreichend große Zahl von Münzen angefertigt werden konnte. Als handwerkliche, nicht mechanisierte und in der Regel von mehreren Stempelschneidern durchgeführte Arbeit unterschied sich jeder Stempel minimal, selbst wenn die Vorgaben oder Vorlagen, gewissermaßen die ‚Blaupausen‘ der Münzmotive (= Münztyp)

Abb. 20 |

Prägen einer Münze.

für alle Stempelschneider gleich waren. **Münztyp**, **Stempel** und **Münze** – als absteigende Folge von der Bildidee bis zum heute konkret vorliegenden Zeugnis – sind grundlegende Begriffe in der Numismatik, die das Material auf unterschiedlichen Ebenen vorsortieren und so für verschiedene Fragestellungen bereithalten.

Info

Tetradrachmen
Athens:
Verschiedene
Stilstufen

▶ Auf den Vorderseiten der Silbermünzen ist jeweils die Stadtgöttin Athena mit atti-
schem Helm und Ohrring nach rechts zu sehen, auf den Rückseiten die Eule als ihr
Wappentier. Links von der rechts stehenden, doch frontal schauenden Eule ist ein
Olivenzweig mit Blättern, rechts von ihr ist die Legende AΘE zu lesen.
Charakteristisch für die archaischen Stücke sind die großen und frontal ausgeführten
Augen der Athena und der Eule. In klassischer Zeit ist die Ausführung beider Seiten –
trotz dieses noch beibehaltenen Stilelements – in hohem Relief weitaus feiner und
lebendiger. In hellenistischer Zeit folgt auch Athen dem allgemeinen Trend zur breiteren und dünneren Ausführung des Schrötlings: Der Helm der jetzt im echten Profil
gezeigten Athena wird dreifach gebuscht ausgeführt; die Eule im Revers steht auf
einer Ölamphore und wird von einem Olivenkranz umgeben. Beizeichen, Beamtennamen und Monatszählungen füllen nun jeden verbliebenen Raum des Münzbildes.

Abb. 21	**Abb. 22**	**Abb. 23**
Athenische Tetradrachme, archaisch (ca. 500 – 485 v. Chr.).	*Athenische Tetradrachme, klassisch (ca. 450 – 410 v. Chr.).*	*Athenische Tetradrachme, hellenistisch (ca. 164 – 150 v. Chr.).*

jede wählte für sich ein unverwechselbares und im Polis-übergrei-
fenden Verkehr sofort identifizierbares Bild. Kehrseite dieses ‚Wap-
pencharakters' war allerdings, dass sich die Münzbilder kaum veränderten und chronologische Differenzierungen sich vielfach nur auf
stilistische Entwicklungen stützen können. In der römischen Kaiserzeit hingegen wechselten die Bilder ständig, und gemeinsam mit der

LEGENDE, von latein.
legere = lesen; das zu
Lesende, hier: die Bei-
schrift auf einer Münze.

zumeist ausführlichen Kaisertitulatur in der **LEGENDE** kann der Prä-
gezeitpunkt in günstigen Fällen bis auf wenige Tage eingegrenzt
werden. In Verbindung mit der hohen Repräsentanz aller jemals geprägten Münzen ist so am Originalmaterial eine einzigartig dichte
Nachzeichnung wirtschaftlicher oder politischer Vorgänge möglich.

2.5.3 | Münzgeschichte

Die **Anfänge der Münzprägung** liegen in Lydien im westlichen Kleinasien. In der zweiten Hälfte des 7. Jahrhunderts v. Chr. wurden dort
Elektronklümpchen in verschiedenen Stückelungen ausgebracht,
die im Gewicht genormt und mit einem Bild versehen waren, wie
man es bis dahin vor allem von den Siegeln kannte. Vermutlich
wurde das in dieser Region natürlich vorkommende Elektron von
Anfang an durch Silberbeimischung auf einen einheitlichen Standard gebracht, als Grundlage für Vergleich- und Tauschbarkeit.
Möglicherweise war es dieser Metallstandard, für den das Siegel in
erster Linie garantierte. Die Stücke selbst standen unverkennbar in
der Tradition des in Barrenform gehandelten Edelmetallgelds aus
Gold und Silber, das – bei akzeptierter Metallqualität – zur Werter-
mittlung im Tauschverkehr noch stets gewogen wurde. Die äußere
Form der Elektronprägung, die Normierung von Standard und Gewicht sowie die Siegelung, brachten eine entscheidende Neuerung.
Normierung und Siegelung schufen Voraussetzungen, dass die Stücke im Umlauf nicht mehr auf ihre Metallsubstanz überprüft und
gewogen, sondern einfach nur noch **gezählt** werden brauchten. Aus
dem Vertrauen in die Stücke konnte sich eine Massengewohnheit
der Annahme entwickeln, die auch eine gewisse Überbewertung
des geprägten Metalls im Vergleich zum ungeprägten zuließ, quasi
als Prägegebühr und Schutz vor Einschmelzung. Als später auch
noch Münzen aus Kupfer(-legierungen) zur Versorgung mit einem
handlicheren Kleingeld aufkamen, war vielfach akzeptiert, dass ihr
Wert durch die Autorität des Ausbringers der Münze in Kombination mit festgelegten Wechselkursen ausreichend abgesichert war.

Die in Kleinasien gefundene Form wurde schon bald von den
griechischen Poleis auf das dort für Tauschzwecke weit verbreitete
Silber übertragen. Ab der Mitte des 6. Jahrhunderts v. Chr. nahmen
die Städte des griechischen Festlands und die Kolonien nach und
nach eine eigene Münzprägung auf. Das Grundgewicht der Münzen
folgte mit seinen Unterteilungen dem jeweils lokal vorhandenen Ge-

▶ Die im Nordwesten Siziliens gelegene chalkidische Kolonie Himera begann in der zweiten Hälfte des 6. Jahrhunderts v. Chr. mit einer eigenen Münzprägung in Silber. Auf den Vorderseiten der frühesten Münzen war ein Hahn zu sehen, während die bildlosen Rückseiten eine quadratische Vertiefung trugen, wie sie in den Anfängen der Münzprägung üblich war (= *quadratum incusum*, hier in Form eines Windflügelmusters). Später, als auch die anderen Städte zu einer zweiten Bildseite übergingen, gesellte man dem Hahn auf den Aversen eine Henne auf den Reversen bei.

Nach einiger Zeit wurde die Henne auf dem Revers plötzlich durch die Abbildung einer Krabbe abgelöst. Die Krabbe repräsentierte in der Münzprägung die Stadt Akragas. Unverkennbar reagiert das neue Münzbild auf die Einnahme der Stadt Himera durch den Tyrannen Theron von Akragas um 483/82 v. Chr. Gleichzeitig erfolgte ein Wechsel im Gewichtsstandard der Münzen Himeras, vom chalkidschen zum attischen Münzfuß, wie er bereits vorher in Akragas eingeführt worden war.

Als 472 v. Chr. Thrasydaios, der Sohn des Theron, aus Himera vertrieben wurde, endete auch die Hahn/Krabbe-Prägung. Den attischen Münzfuß, der in der griechischen Welt immer weitere Verbreitung gewann, behielt man in Himera jedoch bei.

| Abb. 24
Didrachme von Himera,
ca. 530 – 520 v. Chr.
(vergrößert).

| Abb. 25
Didrachme von Himera,
ca. 520 – 510 v. Chr.
(vergrößert).

| Abb. 26
Didrachme von Himera,
ca. 483/82 – 472 v. Chr.
(vergrößert).

| Abb. 27
Didrachme von Akragas,
ca. 490 – 483/82 v. Chr.
(vergrößert).

wichtssystem (= **Münzfuß**) und blieb entsprechend heterogen. Die gewählten Bilder verwiesen wie die ‚Eulen' in Athen, die ‚Pegasoi' von
Korinth oder die ‚Schildkröten' von Ägina wappenartig auf die für die
Prägung verantwortliche Stadt. Schon von Anfang an half vielerorts
ein als Legende beigegebenes Monogramm, die ausprägende Stadt zu
identifizieren. Die einmal eingeführten Bilder wurden in aller Regel
beibehalten; grundsätzliche Änderungen zeigen oft politische Wechsel in den innen- oder außenpolitischen Beziehungen an (→ S. 99). Po-
lisübergreifende Zusammenhänge lassen sich auch aus der Entwicklung der Münzfüße gewinnen, wo zunehmende Angleichungen en-
gere wirtschaftliche oder politische Kontakte anzeigen. So resultierte aus der Vorherrschaft Athens im Attischen Seebund eine weite
Verbreitung des attischen Münzfußes im gesamten Ägäis-Raum.

Mit dem Siegeszug Alexanders des Großen verbreitete sich der
attische Münzfuß schließlich in die gesamte **hellenistische Welt**. Auch
in anderer Hinsicht spiegelt die Münzprägung den Übergang zum
Territorialstaat: Die Städteprägungen wurden von einer Reichsprä-
gung zurückgedrängt. Die neuen Münzen zeigen in der Regel auf
der Vorderseite das Porträt des Herrschers, in dem sich die Reichs-
idee verkörperte; auf der Rückseite ist zumeist das Bild der ihm persönlich verbundenen Gottheit zu sehen. Neben den individuell gehaltenen, keineswegs stets idealisierenden Porträts nennen die Legenden den Namen des jeweiligen Herrschers und seine Stellung
als Basileus (= König).

Rom prägte die ersten Münzen erst am Ende des 4. Jahrhunderts
v. Chr., und damit rund zwei Jahrhunderte später als die griechischen Städte Süditaliens und Siziliens. In üblicher Weise zeigten die
Münzen Roms Bilder, die wappenartig auf die Stadt verwiesen. Der
Prägeumfang der anfangs sogar außerhalb der Stadt geprägten
Münzen blieb noch bis in die Mitte des 3. Jahrhunderts v. Chr. so ge-
ring, dass man eher von einer Aufnahme der Münzprägung als Zeichen der **Selbsthellenisierung** – also der kulturellen Teilhabe – spricht,
als dass ihr eine wirtschaftlich bedeutendere Rolle zugekommen
wäre. Dies änderte sich erst mit Roms kontinuierlicher Expansion
über den gesamten Mittelmeerraum nach dem Zweiten römisch-
karthagischen Krieg (218 – 201 v. Chr.). Jetzt wurden die römischen
Prägungen nicht nur zur dominierenden Münze im gesamten
Mittelmeerraum, sondern auch die **Bilder** änderten sich: Die für die
Prägung verantwortlichen Magistrate entwarfen in immer schnel-
lerem Wechsel Motive, welche die Geschichte Roms mit jener der

eigenen Familie verbanden. Am Anfang ihrer politischen Karriere stehend verwiesen sie so auf die Verdienste ihrer *gens* für die Stadt. In den Münzbildern spiegelt sich nicht nur die Desintegration der römischen Führungsschicht, wie sie dann bei den Gracchen zum Ausbruch kam, sondern auch die römische Expansion: Aufgrund der zunehmenden **Konkurrenzlosigkeit** der römischen Münzen hatten die Bilder ihre Funktion für eine Identifizierung nach außen, also für die Zuweisung des Prägeherrn, verloren. Konsequent konnten die wappenartigen Bilder aufgegeben und der freigewordene Platz für eine Ansprache nach innen eingesetzt werden. Selbst ihren Namen setzten die Münzmeister in immer ausführlicherer Form auf die Münzen und verdrängten so den Namen der Stadt.

Mit dem Beginn der Prinzipatszeit endete auch die Münzmeisterprägung. Auf den Aversen der Münzen war von nun an das **Bild des Kaisers** oder eines seiner Angehörigen zu sehen, während sich die Reverse in hervorgehobener Weise seinen Taten und Tugenden widmeten. Regelmäßig wurden von nun an auch Goldmünzen ausgeprägt. Die Bilder, mit teils ausführlichen Legenden auf Vorder- und Rückseite, wechselten schnell.

Neben der zentralen Münzstätte, in der frühen Kaiserzeit im gallischen Lugdunum und in der Hauptstadt Rom, ab Nero schließlich allein in Rom, gab es im Imperium Romanum noch über 300 selbstständig prägende Städte: In eigener Verantwortung prägten sie die Münzen aus unedlen Metallen und entlasteten so die reichsrömische Münzstätte von der Herstellung des **Kleingelds**. Dessen Umlauf blieb ohnehin lokal begrenzt. Als allerdings im Verlauf des 3. Jahrhunderts n. Chr. der Prägebedarf auch für Gold- und Silbermünzen signifikant anwuchs, kam es zur Neugründung zahlreicher Münzstätten, die Edelmetallmünzen im Reichsstandard herstellten und neben die Münzstätte Rom traten.

Zum Gegenstandsbereich der antiken Numismatik zählen ebenso die Münzen der keltischen Gebiete Nordeuropas, der Perser, Parther und Sassaniden; auch die der Graeco-Baktrer, der Kushan oder der Karthager – um nur die wichtigsten zu nennen. Durchgehend nahmen die an der Peripherie der griechisch-römischen Welt lebenden Gemeinwesen ihre Münzprägung unter griechisch-römischem bzw. lydischem Einfluss auf: Die Wurzeln lassen sich sowohl in der Bildidee, die teils direkt übernommen wurde und – wie bei den Kelten – erst allmählich eigenes Verständnis und Gestaltung gewann, als auch im Gewichtssystem, also metrologisch wiederfinden.

2.5.4 | **Forschungsgebiete**

Innerhalb der Geschichtswissenschaft gibt es verschiedene Forschungsbereiche, für welche die Münzen zentrale, teilweise die einzigen Quellen sind. Einige Themenbereiche haben sich angesichts der Fülle des zur Verfügung stehenden Materials wieder zu Teildisziplinen eigener Spezialisten entwickelt.

Der älteste und wohl immer noch verbreitetste Forschungsansatz innerhalb der Numismatik ist die **ikonographische Interpretation** der Münzbilder. Zumeist geht sie vom vorliegenden Einzelstück aus und bemüht sich um Verständnis und historische Bewertung des in Bild und Schrift Dargestellten. Die Dechiffrierung bedient sich der Methoden einer kunsthistorisch arbeitenden Klassischen Archäologie, indem sie inhaltliche und formale Traditionen aufdeckt, Anspielungen und Symbole identifiziert, den Zeitbezug herstellt und nach den hinter einer Bildidee stehenden Absichten sowie den Möglichkeiten der Wahrnehmung fragt.

Eigenes Gewicht kommt innerhalb dieser Fragestellung der Erforschung der **Porträts** zu. Erste Individualporträts von Lebenden finden sich bereits ab dem 5. Jahrhundert auf den Münzen persischer Satrapen. Im Hellenismus und in der römischen Kaiserzeit wird die Darstellung der jeweiligen Herrscher sowie von Angehörigen des Herrscherhauses zur Regel. Durch beigegebene Legenden sind die Porträts nicht nur zweifelsfrei identifizierbar, sondern Belegdichte und unabhängig feststellbare chronologische Folge zeichnen auch Entwicklungen nach, etwa von idealisierenden zu naturalistischen oder veristischen Porträts, und machen Porträtstufen einzelner Personen teils jahrgenau datierbar. Viele vollplastische Porträts sind für die Archäologie überhaupt erst durch den Vergleich mit Münzbildern ansprechbar geworden.

Antike Münzen werden vielfach als **antike Tageszeitungen** bezeichnet, vor allem unter dem Eindruck der späteren römischen Republik und Kaiserzeit. Die in schneller Folge wechselnden Reverse zeigen innen- und außenpolitische Ereignisse, Jubiläen und Feste, Kulte und religiöse Präferenzen. Als aus ihrer Zeit erhaltene Quellen sind Münzen oft ein authentisches Zeugnis für Vorgänge, die bereits aus anderen Quellen bekannt geworden sind. Von manchen historisch-politischen Ereignissen wissen wir überhaupt nur durch ihre Abbildung auf Münzen, wie etwa von der Einsetzung eines Quadenkönigs durch Antoninus Pius im Vorfeld des Markomannenkrieges (→ Abb. 28). Einen spektakulären Einblick in das Verhältnis Konstantins d.Gr. zum Christentum bietet ein **SILBERMEDAILLON** aus dem Jahre 315, auf dem im Stirnjuwel Konstantins das Christusmonogramm zu sehen ist. Nicht weniger informativ ist die abwechslungsreiche **Städteprägung** in der römischen Kaiserzeit, die Motive aus dem privaten, politischen und religiösen Alltag der jeweiligen Kommunen zeigt und Kaiserbesuche oder das Verhältnis zur Reichszentrale dokumentiert. Freundschaftliche Beziehungen und agonale Konkurrenz der Städte untereinander sind ein weiteres hervorgehobenes Thema.

MEDAILLON, Schaumünze; nicht für den Umlauf vorgesehene Prägung in Münzform.

Abb. 28

Sesterz des Antoninus Pius: REX QUADIS DATUS (vergrößert).

Abbildungen von öffentlichen Gebäuden, Tempeln und Altären, von Ehrendenkmälern oder Götterbildern liefern schließlich nicht nur den heutigen Archäologen dort konkrete Anschauung, wo oft nur eine literarische Erwähnung oder ein archäologisch aufgedeckter Grundriss vorliegen. Sie geben detailreiche Vorstellungen von für uns Verlorenem, auch wenn spezielle Konventionen der Darstellung und auf das Münzrund Rücksicht nehmende Abkürzungen bei der Auswertung zu berücksichtigen sind.

Schließlich tragen die Münzen schon seit ihren Anfängen in aller Regel **Schrift**. Die Legenden werden zu Unrecht etwas nachrangig behandelt: In ihnen sind Verbreitung von sprachlichen Spezifika wie Dialekte feststellbar; Wechsel der Buchstaben von Koppa zu Kappa, verschiedene Formen des Lambda etc. zeigen Entwicklungen in der Schrift, teils sind sie aber auch bewusst archaisierend. Personennamen und Ämter, Titulaturen der Herrscher und ihrer Angehörigen bieten wesentliche Grunddaten für Prosopographie, Chronologie und Verwaltungsgeschichte (→ auch Kap. 4.1 und 4.3).

Info

Die Curia Iulia

▶ Die Münze Octavians zeigt auf der Rückseite die Curia Iulia, deren Errichtung noch von Caesar geplant war und die im Jahre 29 v. Chr. von seinem Adoptivsohn Octavian eingeweiht wurde. Aus diesem Anlass dürfte auch das Münzmotiv entworfen und die Münze in den Umlauf gebracht worden sein.

Die im Nordosten des Forum Romanum stehende Curia Iulia zählt zu den noch heute fast vollständig erhaltenen Gebäuden aus römischer Zeit – auch wenn es sich dabei nicht mehr um den originalen caesarischen Bau, sondern einen Wiederaufbau Diokletians handelt. Hinter einer Säulenfront ist der große Mitteleingang auf der Münze ebenso gut zu erkennen, wie die drei frontalen Fenster im oberen Geschoß. Im Innenraum der Kurie stand eine Victoria auf dem Globus, als Zeichen der römischen Weltherrschaft. Um auch das Standbild mit in die Aufmerksamkeit des Betrachters zu ziehen und überdies das abgebildete Gebäude eindeutig ansprechbar zu machen, wählten die Stempelschneider den Weg, die Statue als Giebelschmuck darzustellen.

Abb. 29

Denar des Octavian.

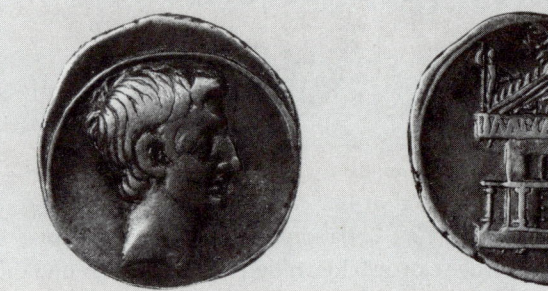

In der modernen Forschung wird immer wieder die Frage aufgeworfen, ob Münzbilder von den Zeitgenossen überhaupt wahrgenommen wurden bzw. ob sie einem breiteren Publikum verständlich waren. Hier sind aber zwischenzeitlich doch viele Beispiele herausgearbeitet worden, die eine breite bewusste Wahrnehmung der Münzbilder in der Antike dokumentieren. Vermutlich wurde von den für die Prägung Verantwortlichen in der Kaiserzeit sogar eine Ansprache ganz konkreter sozialer Gruppen vorgenommen, die sich über die Nominale und den Wert der Münzen steuern ließ. Münzbilder und Legenden waren ein Medium der **zeitgenössischen Kommunikation**: Sie dienten nicht als Geschichtszeugnis. Der interpretierende Zugang der Historiker heute ist von der zeitgenössischen Wahrnehmung und erhofften Wirkung zu trennen.

Auch bei einer ikonographischen Interpretation ist der **Prägekontext** stets zu berücksichtigen, da eine Münze erst in ihrem Prägezusammenhang zu einem ‚Text' wird. In der griechischen Welt haben sich etwa mehrfach verschiedene Städte zu einem Bund zusammengeschlossen, zu dem auch eine gemeinsame Währung gehörte. Reservierung einer Münzseite für ein Motiv des Bundes, während die zweite Seite den autonom gewählten Bildern der beteiligten Städte vorbehalten blieb, war eine Möglichkeit, die Identität als Polis und als Bund zum Ausdruck zu bringen. Noch kaum erreicht ist für die Massenprägung der römischen Kaiserzeit die Rekonstruktion des Prägeverlaufs, der so genannten **EMISSIONEN**: Die derzeitigen Münzkataloge geben zwar hervorragende Übersichten zu den ausgeprägten Münztypen: Die Herausarbeitung der Prägestruktur und Identifizierung von Serien, in denen sich gemeinsam geprägte Münztypen zu einer Aussage fügen, ist jedoch noch weitgehend ein Desiderat.

EMISSION, von latein. *emissio* = herausschicken; die gemeinsam herausgebrachte Münzgruppe.

Die **Wirtschaftsgeschichte** sieht die Münzen in erster Linie als Geld. Grundlegende Fragen sind, wer bzw. welche Städte oder politische Gemeinwesen überhaupt Münzen prägten – und warum sie dieses taten. Dienten die von den staatlichen Autoritäten ausgeprägten Münzen allein zur Bezahlung eigener Aufwendungen, oder aber sah man die Notwendigkeit, die private Wirtschaft mit den nötigen Umlaufmitteln zu versorgen? Eng verbunden damit ist, ob es in der Antike vielleicht eine Unterversorgung mit Münzen gab, die das wirtschaftliche Wachstum bremste. Wichtige Voraussetzung zur Beantwortung vergleichbarer Fragestellungen ist, den Rhythmus der Prägungen zu ermitteln – der in der Antike sehr unregelmäßig und alles andere als jahresgebunden war –, dazu die hergestellten Münzen in den jeweiligen Zeitabschnitten zu quantifizieren. Verfügbare Metalle und ausgeprägte Nominale, Qualität und Vollwertigkeit der Gold- und Silbermünzen, das Verhältnis von Staatseinnahmen, Staatsausgaben und Münzprägung, die Entwicklung von Preisen und Löhnen, Veränderungen von Wechselkursen innerhalb einer Währung, Bereiche von Geldwirtschaft und Naturalwirtschaft, von stärker und weniger stark monetarisierten Gebieten, die Rolle der Banken und Kredite, Geldhortung, Umlaufgeschwindigkeit und bargeldloser Zahlungsverkehr, die Untersuchung des Anteils der verschiedenen Gesellschaftsschichten am Geldverkehr: all dieses sind Untersuchungsgegenstände, die von den Münzen ausgehend über die Wirtschafts- weit in die Sozialgeschichte bzw. die Geschichte der Institutionen hineinragen.

Info

Devaluation

▶ Die Graphik zeigt den durchschnittlichen Silbergehalt römischer Denare zwischen 14 und 253 n. Chr. Signifikant ist eine kontinuierliche Abnahme des Silberanteils. In einer ersten großen Stufe beginnt sie unter Nero (64 n. Chr.), sie beschleunigt sich – trotz zwischenzeitlicher Bemühungen zur erneuten Anhebung des Standards – vor allem aber ab 193 n. Chr. Die Verringerung des Silberanteils pro Münze erlaubte es, aus den vorhandenen Edelmetallmengen eine größere Anzahl von Münzen zu prägen. Die Phasen der Legierungsverschlechterungen lassen sich unmittelbar mit Zeiten steigender Staatsausgaben verbinden. Schon die neronische Reduktion des Standards ist eine Maßnahme nach dem Brand Roms, die der Erschließung von Ressourcen für den großzügigen Neuaufbau der zerstörten Stadtviertel diente.
Lange Zeit wurde die durch Metallanalysen feststellbare Legierungsverschlechterung unmittelbar mit gesunkener Kaufkraft der Münzen und einer sich beschleunigenden Inflation gleichgesetzt. Neuere Untersuchungen zeigen jedoch, dass die

Abb. 30

Die Entwicklung des Silbergehalts römischer Denare zwischen 14 und 253 n.Chr.

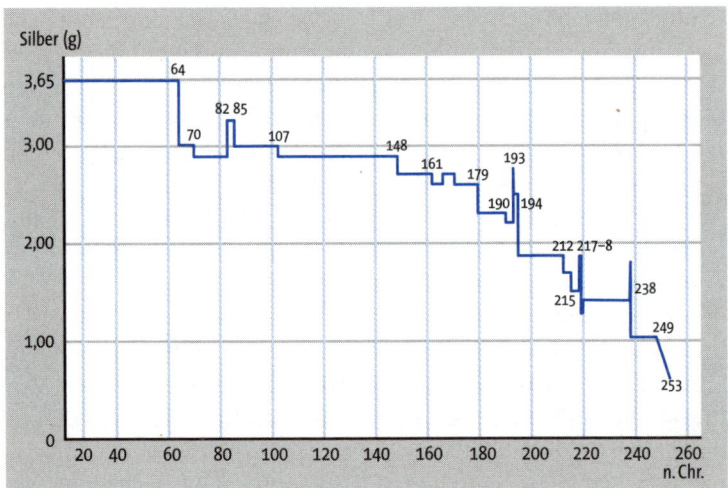

monetäre Krise erst am Ende des 3. Jahrhunderts auftrat, ohne lange Vorläufer. Die Massengewohnheit der Annahme und das Vertrauen in die staatliche Wertgarantie konnten offensichtlich bis dahin nicht durch die Verschlechterung der Substanz der Münzen erschüttert werden. Das drastisch gewachsene Geldvolumen wiederum wurde durch eine immer noch zunehmende Vebreitung des Geldes auch bis in die äußeren Reichsteile aufgefangen und wirkte sich deshalb lange Zeit nicht preistreibend aus.

Zu einer eigenen Unterdisziplin innerhalb der Numismatik hat sich die Analyse von **Fundmünzen** entwickelt. Grundinstrument ist die Erfassung und Bestimmung aller Fundmünzen, die dann in Verbreitungskarten und verschiedenen Graphiken zur Anschauung gebracht werden. In der Streuung der Münzen spiegeln sich Kontakte zwischen verschiedenen Regionen, die datiert und in den einzelnen Zeitstufen quantifiziert werden können. Kartierungen unterscheiden monetarisierte von weniger **MONETARISIERTEN REGIONEN**; teils lassen sich auch die In-Umlauf-Setzung von Münzen – die keineswegs von der Prägestätte ausgehen muss – und deren weitere Verbreitung erkennen. Griechische Fundmünzen auf der Krim oder in Ägypten, römische Fundmünzen in Skandinavien, dem Ostseeraum oder in Indien weisen **Fernverbindungen** nach, wobei die heute gemeldeten Münzen nur die Spitze eines Eisbergs weitaus umfassenderer wirtschaftlicher und teils auch politischer Kontakte – wie z. B. die Zahlung von Subsidien – in der Antike sind. Aber auch in „vertikaler" Perspektive erfüllen die Fundmünzen eine wichtige Funktion: Die möglichst präzise **chronologische Bestimmung** einzelner Fundkomplexe oder Schichten. Als Objekte, auf denen oft sogar das Datum selbst angegeben ist, erweisen sich die Münzen typologischen, aber auch den meisten naturwissenschaftlichen Datierungen gegenüber überlegen.

Etabliert hat sich die Differenzierung zwischen Münzhorten, Einzel- oder Streufunden und Siedlungsfunden. Aus den jeweiligen **Fundkategorien** resultieren unterschiedliche Methoden und Möglichkeiten der Auswertung. So kann in der zeitlichen Streuung der in einer Siedlung verlorenen Münzen der Besiedlungsverlauf in Dauer und Intensität nachvollzogen werden. Horizonte von Hortfunden, die bewusst niedergelegt wurden, zeigen hingegen oft Regionen und Zeiträume stärkerer Unruhen an. Dabei ist nicht festzustellen, ob aus Angst mehr Geld versteckt wurde – aber eine größere Zahl von Besitzern hatte aufgrund von Vertreibung oder Tod keine Chance mehr, das angelegte Depot zu einem späteren Zeitpunkt wieder zu heben.

MONETARISIERTE REGION, von latein. *moneta* = Münze; Gegend, in der Münzen als Zahlungsmittel eingeführt waren.

Bereitstellung des Materials: Zitierwerke   2.5.5

Aufgaben der Numismatik als Wissenschaft sind die **Bereitstellung** des Materials und dessen **Auswertung** mit den ihr eigenen Methoden. Die Münzen selbst werden in großen Corpora vorgelegt, die das Material für bestimmte Epochen bzw. Räume erfassen, systematisch ordnen, beschreiben und zum Teil einer ersten Auswertung zuführen. Grundlegend für den Nutzer numismatischer Quellen ist das ‚Zitat', der Verweis auf eine Münzbeschreibung in einem etablierten Referenzwerk, die dem vorliegenden oder diskutierten Münztyp entspricht. In diesem Referenz- oder **Zitierwerk** sind dann auch Prägeort und Prägeherr der Münze, der Zeitpunkt der Prägung sowie eine detaillierte Beschreibung beider Münzseiten zu finden, ggf. ergänzt um eine Abbildung und Hinweise zur Bildinterpretation.

Vorzüglich aufbereitet ist diesbezüglich die Münzprägung der römischen Republik, für die „Crawford" das Standardwerk ist (→ Kap. 3.2.5. Es zeichnet sich durch Genauigkeit und zahlreiche Hilfen aus. Die Münzen der römischen Kaiserzeit werden nach **Roman Imperial Coinage** bestimmt, das nach jahrzehntelanger Arbeit vollständig vorliegt. Für die autonome Prägung unter römischer Herrschaft (*„Roman Provincials"*; mit stärkerem Blick auf den griechischen Raum auch *„Greek Imperials"* genannt), ist mit dem sehr ambitionierten Werk *„Roman Provincial Coinage"* begonnen worden: Die vorliegenden Bände machen ein äußerst heterogenes Material sehr kompakt und in hoher Qualität zugänglich.

Zitierwerke vergleichbarer Geschlossenheit und Qualität gibt es für die griechische Münzprägung nicht. Die letzte und beste Zusammenfassung ist immer noch Heads *„Historia Numorum"* von 1911. Eine Überarbeitung ist begonnen worden, liegt bislang aber erst für die Prägungen der griechischen Städte Italiens vor (Rutter). Allerdings gibt es zahlreiche Monographien zur Münzprägung einzelner griechischer Poleis. In deren Materialerschließung wird die Vorstellung der einzelnen Stempel immer mehr zum Standard. Exemplarisch für die dazu erforderliche Materialbewältigung sei auf die Studie von Wolfgang Fischer-Bossert zu den Didrachmen von Tarent hingewiesen. Wo keine vergleichbaren Monographien vorliegen, wird das Zitat durch den Bezug auf eine der veröffentlichten größeren Sammlungen gewonnen: Vollständig publiziert ist die umfangreiche Sammlung griechischer Münzen im Britischen Museum; eine hohe Qualität in Münzbeschreibung und Abbildung haben die Bände der *„Sylloge Nummorum Graecorum"*.

Der Stand der Materialerschließung ist für die verschiedenen Randgebiete wie Kelten, Perser, Parther, Sassaniden oder Kushan unterschiedlich, die Zitierweise folgt jedoch grundsätzlich den selben Regeln. Die entsprechenden Zitierwerke sind in den Einführungswerken zur antiken Numismatik und in den Bibliographien verzeichnet.

Aufgrund der ausführlichen Materialerfassung sind auch ältere Zitierwerke weder überholt noch überflüssig. Für vertiefte Studien ist jedoch eine Berücksichtigung der jüngeren Untersuchungsliteratur, etwa in den einschlägigen Fachzeitschriften, unumgänglich. Deutlich zeigt sich dieses in der Datierung: Für die Münzen der römischen Republik brachte das Werk von Crawford gegenüber dem nur 20 Jahre älteren Katalog von Sydenham grundlegende Neudatierungen. In der Chronologie der griechischen Münzen kam es in den 1970er Jahren zum so genannten **Downdating**: Insbesondere die Münzen archaischer und frühklassischer Zeit wurden aufgrund neuer Funde teils erheblich jünger datiert. Eine nützliche Hilfe zur Überprüfung und Aktualisierung älterer Zitierwerke bietet der „Griechische Münzkatalog" von Eva und Wolfgang Szaivert, dessen Datierungen den neuen Forschungsstand wiedergeben.

In ähnlicher Weise werden die Fundmünzen vorgelegt. Die griechischen Münzhorte sind im *„Inventory of Greek Coin Hoards"* (M. Thompson/O. Mørkholm/C.M. Kraay, New York 1973) zusammengestellt, für die Funde aus der Zeit der Römischen Republik hat Michael Crawford (*„Roman Republican Coin Hoards"*, London 1969) eine nützliche Übersicht vorgelegt. Die Masse der Funde stammt jedoch aus der Römischen Kaiserzeit: Vorherrschend sind regionale Kataloge, die von den einzelnen Fundplätzen ausgehend das jeweils gefundene Münzspektrum dokumentieren. Ein besonders ambitioniertes Unternehmen ist das in den 50er Jahren in der Bundesrepublik begonnene Projekt „Die Fundmünzen der römischen Zeit in Deutschland". In nach Bundesländern und Regierungsbezirken geordneten Bänden werden die in den Grenzen Deutschlands gefundenen römischen Münzen dokumentiert. In vielen europäischen Nachbarstaaten, den Niederlanden und Luxemburg, der Schweiz und Österreich, in Polen, Slowenien, Kroatien hat das Unternehmen direkte, in anderen wie Frankreich, Großbritannien oder Italien eine vergleichbare Nachahmung gefunden. Der Fundmünzennumismatik wird so nach und nach eine hervorragende Materialbasis für unterschiedlichste Fragestellungen zur Verfügung gestellt.

Aufgaben zum Selbsttest

● Erläutern Sie die Begriffe ‚Münztyp', ‚Stempel' und ‚Münze'.
● Für welche Forschungsbereiche der Alten Geschichte können Münzen nutzbar gemacht werden?

Literatur

Allgemeine Einführungen:
R. Göbl, **Antike Numismatik**, 2 Bde., München 1978.
M. R.-Alföldi, **Antike Numismatik**, 2 Bde., Mainz 1978 (Bd. 2: 2. erw. Aufl. 1982).
C.- J. Howgego, **Geld in der Antiken Welt. Was Münzen über Geschichte verraten**,
Darmstadt 2000.

Zu Abbildungen und zur ikonographischen Interpretation:
Vorzügliche Abbildungen bieten:
P. R. Franke/M. Hirmer, **Die griechische Münze**, München 1964.
J. Kent./B. Overbeck/A. Stylow, **Die römische Münze**, München 1973.
M. R.-Alföldi, **Bild und Bildersprache der römischen Kaiser. Beispiele und Analysen**,
Mainz 1999.

Münzen und schriftliche Quellen:
J. R. Melville Jones, **Testimonia Numaria. Greek and Latin Texts concerning Ancient Greek
Coinage.** Vol. I.: Texts and Translations, London 1993.
W. Szaivert/R. Wolters, **Löhne, Preise, Werte. Quellen zur römischen Geldwirtschaft**,
Darmstadt 2005.

Numismatik und Geldgeschichte:
C. M. Kraay, **Archaic and Classical Greek Coins**, London 1976.
O. Mørkholm, Early Hellenistic Coinage. **From the Accession of Alexander to the Peace of
Apamea (336 – 188 B. C.)**, Cambridge u. a. 1991.
A. M. Burnett, **Coinage in the Roman World**, London 1987.
M. H. Crawford, **Coinage and Money under the Roman Republic. Italy and the Mediterranean
Economy**, London 1985.
R. A. G. Carson, **Coins of the Roman Empire**, London/New York 1990.
R. Wolters, **Nummi Signati. Untersuchungen zur römischen Münzprägung und Geldwirtschaft**,
München 1999.
W. Fischer-Bossert, **Die Chronologie der Didrachmenprägung von Tarent (510 – 280 v. Chr.)**,
Berlin/New York 1999.

**Einen aktuellen Zugang zu den verschiedenen Fundmünzenunternehmungen
und ihren Publikationen öffnet:**
R. C. Ackermann/H. R. Derschka/C. Images (Hgg.), **Selbstwahrnehmung und Fremdwahrnehmung
in der Fundmünzenbearbeitung. Bilanz und Perspektiven am Beginn des 21. Jahrhunderts**,
Lausanne 2005.

Bibliographien:
Grundlegend ist der „Survey", eine systematische und auf Vollständigkeit angelegte Bibliogra-
phie, die jeweils zum alle 5 – 7 Jahre abgehaltenen „Internationalen Numismatischen Kongress"
herausgegeben wird. Zusammengestellt ist jeweils die seit dem letzten Kongress erschienene
Literatur:
C. Morrisson/B. Kluge (Hgg.), **A Survey of Numismatic Research 1990 – 1995**, Berlin 1997.
C. Alfaro/A. Burnett (Hgg.), **A Survey of Numismatic Research 1996 – 2001**, Madrid 2003.

Zu Katalogen und Zitierwerken → Kap. 3.2.5. Zur EDV-gestützten Recherche → Kap. 3.4.1.

Materielle Überreste – die Archäologie | 2.6

Bereits Thukydides sprach von einer **ARCHAIOLOGIA** und meinte damit die „Kunde von den vergangenen Dingen". Gegenstand der Archäologie war für ihn die gesamte Vergangenheit in all ihren Äußerungen. Spätestens als sich die Alte Geschichte und die Klassische Archäologie aus der Philologie lösten und als eigene Fächer etablierten (→ Kap. 1.4.1), konkretisierte sich die besondere Zuständigkeit der Archäologie: In Abgrenzung zu den sich ausschließlich oder überwiegend auf die schriftliche Überlieferung stützenden Disziplinen wurden die materiellen, visuell erfassbaren Zeugnisse vergangener Gesellschaften ihr besonderer Kompetenzbereich.

Seither hat sich die Archäologie zu einem bedeutenden altertumswissenschaftlichen Fach entwickelt, das an allen größeren Universitäten vertreten ist. Die von den **Menschen geformten Überreste** als zu behandelnde Gegenstände – Topographie und Architektur, Plastik, Porträts und Reliefs, Vasen und Vasenmalerei, Kleinkunst, Gemälde und Mosaike, Tracht und Schmuck – sind vielfältig, und entsprechend breit ist das inhaltliche und methodische Spektrum. Dies hat zu einer **Ausdifferenzierung in archäologische Teilfächer** beigetragen, die freilich meistens einer eher geographischen und zeitlichen Spezialisierung Rechnung tragen. Es gibt also heute neben der Klassischen Archäologie noch viele andere Archäologien: Die Prähistorische Archäologie, die Vorderasiatische und Ägäische, die Biblische und Christliche oder auch die Provinzialrömische Archäologie. Die Vielfalt unter einheitlichem Namen verweist indes auf gemeinsame Methoden, deren Anwendung vom konkreten Raum oder Zeitabschnitt unabhängig ist. Gleichzeitig hat die große und wachsende Zahl der in der Archäologie angewandten Vorgehensweisen auch zu **methodischen Spezialisierungen** geführt, und Teilbereiche wie Unterwasserarchäologie, Luftbildarchäologie, die verschiedenen Zweige der naturwissenschaftlichen Archäologien oder der Archäometrie konnten sich bereits als mehr oder weniger selbständige Disziplinen etablieren. Gegenüber diesen methodisch-pragmatischen Einteilungen ist das Verdienst der auf Kulturräume bezogenen Archäologien, dass sie den inneren Zusammenhang und die verschiedenen Äußerungen einer Kultur als Einheit bewahren und dadurch einen Anknüpfungspunkt für die Zusammenarbeit mit den jeweils benachbarten philologischen und historischen Fächern bieten: Denn zumindest für die historischen Zeiten ist ein Ge-

ARCHAIOLOGIA, von griech. *archaios* = alt und *logos* = Wort, Kunde.

samtbild einer Kultur nur durch die gemeinsame Berücksichtigung von materieller und schriftlicher Hinterlassenschaft zu erreichen.

In der Alten Geschichte hat man es vorrangig mit der **Klassischen Archäologie**, also der Archäologie des griechisch-römischen Kulturraums zu tun, und sie ist mit ihrer spezifischen Kompetenz für die materiellen Quellen komplementär und unverzichtbar. In den der griechisch-römischen Zivilisation vorangehenden Phasen bzw. an den äußeren Grenzen dieser Kultur kommt man auch immer wieder mit den anderen Archäologien in fruchtbaren Austausch. Besondere Bedeutung hat das von der Archäologie erschlossene Quellenmaterial für die griechische und etruskisch-römische Frühgeschichte, für die so gut wie keine schriftlichen Quellen aus der Zeit selbst vorhanden sind. Doch auch für Zeitabschnitte, aus denen wir eine überdurchschnittliche literarische Überlieferung zur Verfügung haben, kann die Archäologie unsere Kenntnisse erheblich intensivieren: Exemplarisch sei auf die Zeit des Augustus verwiesen, wo in den letzten Jahrzehnten Alte Geschichte und Klassische Archäologie gemeinsam zu einer besonders dichten Nachzeichnung der tief greifenden gesellschaftlichen und kulturellen Wandlungen gelangt sind, die mit den politischen Veränderungen einhergingen.

2.6.1 Archäologie als Grabungswissenschaft

In der Öffentlichkeit wird das Bild der Archäologie weitgehend durch **spektakuläre Ausgrabungen** und sensationelle Funde bestimmt. Der Prototyp der dafür erforderlichen Forscherpersönlichkeit war in Deutschland lange Zeit der besessene Außenseiter Heinrich Schliemann, für die auch medial globalisierte jüngere Generation sind Indiana Jones und Lara Croft in diese Rolle nachgerückt. Es geht jedoch, auch bei der Grabungswissenschaft, keineswegs um Schatzsucherei!

Bei ihren Ausgrabungen holt die Archäologie ganze **Lebenskontexte** wieder ans Licht, im Maßstab 1 : 1 und am originalen Ort. Ihren Gegenständen ist nicht nur eine besondere Anschaulichkeit zu eigen, sondern sie sind zugleich authentisch: Ägyptische Tempelanlagen und Gräber, die Paläste von Knossos, Festos oder Malia, die Burgen von Tiryns, Troia oder Mykene, Heiligtümer wie Olympia, Delphi und Epidauros, Städte wie Milet, Ephesos, Ostia, nicht zuletzt das unter den Lavamassen begrabene Pompeii oder Hercu-

Info

Delphi

▶ Das Apollon-Heiligtum von Delphi war eine der bedeutendsten und einflussreichsten Kultstätten Griechenlands. Einerseits fanden hier – ähnlich wie in Olympia – regelmäßig Spiele statt, worauf das in dieser Zeichnung nicht sichtbare Stadion im Nordwesten der Anlage verweist. Andererseits erhofften sich viele griechische Städte und führende Einzelpersonen vom dort beheimateten Orakel der Pythia für ihre Unternehmungen Rat und Unterstützung: Sie dankten es durch großzügige Weihgaben, die den gesamten Tempelbezirk rund um den Apollontempel füllten. Schon in früher Zeit errichteten die mächtigeren Städte für ihre Stiftungen eigene Schatzhäuser innerhalb des Tempelbezirks. In der Vielzahl der Stiftungen und der verschiedenen Bauphasen lassen sich Geschichte und wechselnde Bedeutung des Heiligtums allein aus archäologischer Perspektive zum Teil sehr genau nachzeichnen.

Abb. 31

Delphi in der Antike (Rekonstruktionszeichnung).

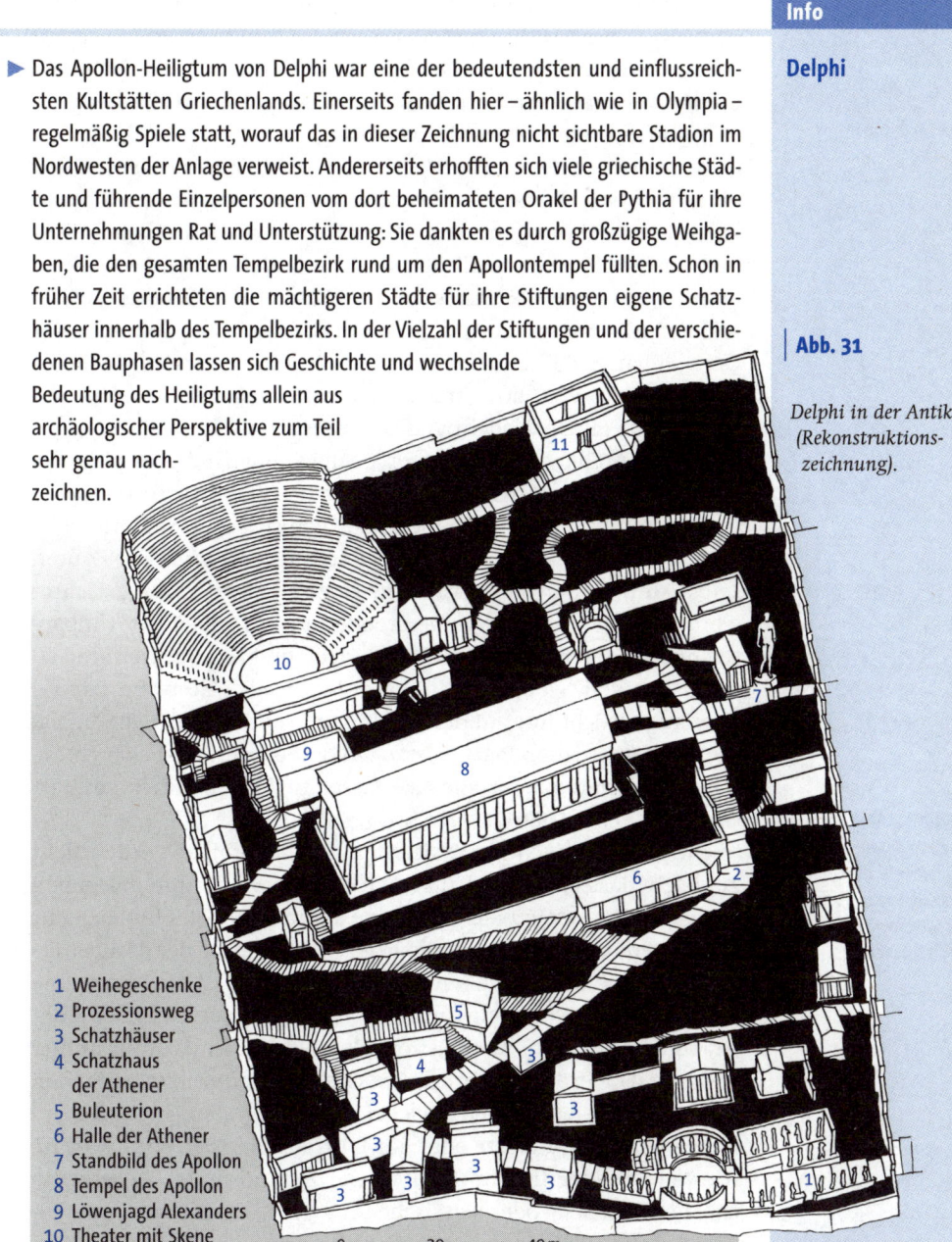

1 Weihegeschenke
2 Prozessionsweg
3 Schatzhäuser
4 Schatzhaus
   der Athener
5 Buleuterion
6 Halle der Athener
7 Standbild des Apollon
8 Tempel des Apollon
9 Löwenjagd Alexanders
10 Theater mit Skene
11 Lesche der Knidier

0   20   40 m

laneum: Die Einbindung der Orte in die Landschaften, benutzte Bauweisen und -techniken oder auch die funktionale und repräsentative Anordnung der Gebäude lässt sich an diesen Orten detailliert verfolgen. Ein Gang durch die ausgegrabenen Überreste ermöglicht ein sehr direktes Nacherleben.

Hinzu treten die Funde: Neben den Architekturelementen, die oft sehr aufwändig gestaltet wurden, genießen die wertvollen und künstlerisch überragenden **Einzelobjekte**, wie sie dann in den Vitrinen unserer Museen zu finden sind, besondere Aufmerksamkeit: Statuen und Reliefs, Porträtköpfe und Statuetten, Mosaike und Gemälde, Gefäße aus Edelmetall, Bronze, Ton oder Glas, Schmuck aus Gold, Silber und Elfenbein. Einen Einblick in die gesamte Lebenswirklichkeit bieten auf ganz andere Art Alltagsgegenstände und Werkzeuge, Fibeln, Nadeln, Äxte oder medizinisches Gerät.

Für die Archäologie wichtiger als die Funde sind allerdings die **Befunde**, mithin Kontexte und Deutungen. Bezüglich Topographie und Architektur stellt sich die Frage, wie sich eine Siedlung ausdehnte und neue Plätze in Besitz genommen wurden. Die Bauten selbst sind in aller Regel nicht in einer einzigen Phase errichtet worden: Abriss und komplette Erneuerung am selben Ort, Umbauten und Erweiterungen, Teilzerstörungen und Reparaturen sind zu unterscheiden, wobei das Jüngere das jeweils Ältere horizontal überlagert. Nicht nur auf die Architektur, sondern auch auf die Geschichte eines jeden Platzes bezogen, gilt es, derartige Schichtenfolgen zu differenzieren. Sie zu erfassen und zu dokumentieren ist

STRATIGRAPHIE, von latein. *stratum* = das Hingebreitete, die Grundlinie und griech. *graphein* = schreiben, beschreiben; Schichtenkunde.

Gegenstand der **STRATIGRAPHIE** (auch Kap. 4.1).

Die Bewusstmachung stratigraphischer Abfolgen verdeutlicht zugleich, dass jedes Vordringen zu einer weiter unten gelegenen Schicht – oder der Versuch, hier eine ältere Schicht zu finden – nur um den Preis einer zumindest partiellen Zerstörung der darüber liegenden Schichten zu haben ist. **Jede Ausgrabung ist** also auch eine nicht wieder rückgängig zu machende **Zerstörung**. Was bei einer Grabung selbst nicht zweifelsfrei dokumentiert wird, ist für immer verloren. Die Problematik der von Grabungsleitern zu treffenden Entscheidungen zeigt sich etwa bei Siedlungsgrabungen, wenn ein Platz über Jahrhunderte oder gar Jahrtausende bewohnt war: Inwieweit ist es legitim, mittelalterliche, byzantinische, kaiserzeitliche, hellenistische oder klassische Schichten abzuräumen, um darunter nach jeweils noch älteren Schichten zu suchen? Nicht zuletzt solche Überlegungen haben dazu beigetragen, dass heute im Regelfall nicht mehr großflächig ausgegraben wird, sondern eher punktuell oder sektoral, um Auskunft über genau definierte Fragestellungen zu erhalten.

Die in ihrer **relativen Abfolge** unterschiedenen Schichten gilt es sodann absolut zu datieren. Die Funde innerhalb der Schichten – insbesondere Keramik, Fibeln, Münzen – können mit je wechselnder Genauigkeit Auskunft darüber geben, dergleichen andere Merkmale wie etwa Bautechniken. Da aus den oben genannten Gründen zumeist nur noch einzelne **Grabungsschnitte** vorgenommen werden, müssen diese zuletzt synchronisiert werden, d.h. man muss sie horizontal und vertikal vernetzen. Grabungspläne dokumentieren dies. Bei ihrer Durchsicht und Interpretation ist entsprechend sorgfältig darauf zu achten, welche Befunde gesichert, und welche, an nicht ergrabenen Stellen, durch Interpolation gewonnene Rekonstruktionen sind.

Die in einer Grabung gemachten Funde helfen daneben bei Funktionsbestimmungen und bieten Informationen über kulturelle Hintergründe. Aus dem Gesamtbild der Funde sind Rückschlüsse auf die kulturelle und soziale Zugehörigkeit eines Platzes zu erzielen. Doch auch für die Bewertung von Funden selbst ist es im Gegenzug wichtig, wo sie gemacht worden sind: In Wohnhäusern, in Tempeln oder einem Grab, als antiker unbeabsichtigter Verlust oder als bewusste Niederlegung: Nicht in jedem Kontext hat ein Objekt dieselbe Funktion oder Bedeutung.

Ein weiträumiger **Vergleich** von Herkunft und Verbreitung vorgefundener Formen, von direkten Überlagerungen, Importen oder Nachahmungen zeigt kulturelle Kontakte, groß- und kleinräumige Wirtschaftsbeziehungen oder politische Vorgänge an. **Akkulturationsprozesse** wie Hellenisierung und Romanisierung oder die Ausbreitung von Religionen lassen sich in den archäologischen Funden oft sehr detailliert nachvollziehen. Gegenüber einer früher weit verbreiteten direkten ethnischen Zuweisung bestimmter Objekte und Formen – mit oft weit reichenden Folgen für die Rekonstruktion der Ereignisgeschichte – ist in jüngerer Zeit jedoch zu Recht erhebliche Zurückhaltung geübt worden: Man kann Völker nicht ohne weiteres ,ausgraben'!

Gerade für derartige Fragestellungen beschäftigt sich die Archäologie keineswegs nur mit museumswürdigen Objekten, sondern auch die massenhaft vorkommende, oft unspektakuläre **Keramik** kann diesbezüglich eine wichtige Quellengruppe sein. Denn ein

Vorteil der gebrannten Keramik ist ihre ausgesprochene Langlebig-
keit und damit Repräsentativität eines aufgefundenen Spektrums:
Weder zersetzen sich die weggeworfenen Scherben eines zerbro-
chenen Gefäßes, noch lassen sie sich – wie Metalle – als wertvoller
Rohstoff weiterverwenden. Bezeichnenderweise ist die Masse der
römischen **Bronzegefäße** nicht innerhalb des Römischen Reiches,
sondern jenseits der Grenzen im Norden Europas gefunden worden: Dort dienten sie als Grabbeigaben und waren derart vor einem
Einschmelzen geschützt. Erst eine Verwendung als Grabbeigaben
sicherte auch das massenhafte Überdauern der griechischen **Vasen** –
auch in diesem Fall nicht im heimischen, sondern im fremden Kontext. Denn die Mehrzahl der heute unbeschädigt auf uns gekom-
menen Gefäße stammt nicht aus Griechenland, sondern aus Etrurien, wo die Einheimischen die wertvollen Importe den Toten mit-
gaben: Die Benutzung der Gefäße durch die Lebenden hat im archäologischen Befund deutlich weniger Spuren hinterlassen.

Aus ähnlichen Gründen weiß die Archäologie schließlich auch
Abfallgruben und **Kloaken** zu schätzen: Sie sind oft wahre Schatzgru-
ben für die ansonsten schwer nachweisbaren organischen Überreste und können zumindest einen ungefähren Eindruck von dem archäologisch sonst nicht Sichtbaren geben. Mit Hilfe naturwissenschaftlicher Untersuchungen und Methoden ist es aber möglich,
aus den Abfällen Lebensmittelreste zu analysieren und Auskunft
über Flora und Fauna, über Essgewohnheiten und Ernährungs-
möglichkeiten zu erhalten.

Für die Archäologie als Grabungswissenschaft hat die **Ur- und
Frühgeschichte** (oder: Prähistorische Archäologie), die sich für ihre
Analysen ja *per definitionem* nicht zusätzlich auf schriftliche Quellen
stützen kann, ganz besondere Kompetenzen entwickelt und die inhaltliche und methodische Ausdifferenzierung weit vorangetrieben.
Die Fülle der aus materiellen Objekten, aus Funden und Befunden
zu ziehenden Kenntnisse und Erkenntnisse kann hier nicht einmal
angedeutet werden. Aber gerade für den Alltag, für die sonst
schwer zu fassenden niedrigeren sozialen Schichten, aber auch für
das Wirtschaftsleben stellt die Archäologie oft ein singuläres Quellenmaterial bereit.

Heute sind Ausgrabungen in aller Regel hoch organisierte **Groß-
unternehmen**, an denen sich eine Vielzahl von Spezialisten beteiligt.
Längst sind es nicht mehr nur auf Architektur oder bestimmte Artefakte spezialisierte Archäologen, ergänzt um Numismatiker oder

Epigraphiker, sondern es sind Forscher aus Geologie, Botanik und Zoologie, aus der Vielfalt der technischen und naturwissenschaftlichen Fächer, die ihr Wissen zu jeder größeren Grabung beisteuern: Unverkennbar ist allerdings auch, wie mit dem Fortschritt der Methoden sich die Fragestellungen ebenfalls erweitern und den Anteil der Spezialisten von Mal zu Mal vergrößern. Auch hier sollte der Blick fürs Ganze darüber nicht verloren gehen.

Archäologie als ‚Bildwissenschaft‘

2.6.2

Abb. 32

Die so genannte „Chigi-Vase" datiert um 640 v.Chr. und zeigt im mittleren Band eine Schlacht, in der die Kämpfer in geschlossener Reihe gegeneinander antreten. Es ist die früheste Darstellung einer Hoplitenphalanx. Die neue Kampfweise machte eine Beteiligung breiterer Schichten an der Kriegsführung erforderlich und führte dadurch letztlich auch zu politischen Veränderungen.

Auf der anderen Seite steht die Klassische Archäologie als Wissenschaft von den Formen und Bildern, ihrer Beschreibung, Ordnung und Dechiffrierung. Historische Wurzel ist das Verständnis der Archäologie als Kunstwissenschaft bzw. Kunstgeschichte. Im Gegensatz zu früher wird ein derartiger Ansatz heute weder allein auf die so genannten „Kunstwerke" bezogen, noch beschränkt er sich auf die Kategorien von Form, Stil, Struktur oder Qualität: Auch die von der **Ikonographie** bzw. der Untersuchung der gestalteten Lebensräume kommende Archäologie nähert sich ihrem Gegenstand derzeit weitestgehend historisch und bettet ihn in wirtschafts- und sozialgeschichtliche, kultur- und religionsgeschichtliche oder in den weiten Bereich der historisch-anthropologischen Kontexte ein (→ Kap. 4.4). Von der Vorstellung der Kunst als einer autonomen Erscheinung wird dabei Abstand genommen. Denn weder lässt sich, wie gerade die neuzeitlichen Erweiterungen des Kunstbegriffs gezeigt haben, Kunst von Nichtkunst abgrenzen, noch ist irgendein Objekt unabhängig von seinem Kontext.

In ihren Fragestellungen hat die von der Kunst kommende Archäologie vielfach gleiche Interessen wie die Alte Geschichte entwickelt. Mit ihren **Bildquellen** ist sie in der Lage, manche Fragen besser zu beantworten, als dieses allein auf der Grundlage der schriftlichen Überlieferung möglich wäre. Insbesondere für den Bereich der visuellen Kommunikation, für die „intentionalen Gestaltungen der Lebensräume, Bauten und Bildwerke, in denen eine Gesellschaft sich vor der Mit- und Nachwelt repräsentiert" (Borbein/Hölscher/ Zanker), hat sie hohe Kompetenzen und einen besonders scharfen Blick entwickelt.

Viele gestaltete oder gemalte archäologische Objekte – wie Vasen und Reliefs, Gemälde oder Mosaike, Skulpturen oder Gemmen – sind für den Historiker zunächst als aus der Antike selbst erhaltene Artefakte von Gewinn. Neben ihrer eigenen Form tragen sie darüber hinaus oft **Abbildungen**, die antike Gegenstände, vergangene Ereignisse oder aber Vorstellungswelten wiedergeben: Zu sehen sind Landschaften, Architektur und Inventar; Kleidung oder Schmuck; Szenen aus Alltag und Krieg oder auch religiöse und mythologische Ideen. Über die Einzelabbildung hinaus lassen sich Vorlieben für bestimmte Darstellungsformen oder Themen zeigen, die ihrerseits Aufschlüsse über wichtige historische Entwicklungen geben können. So lässt sich beispielsweise in der Vasenmalerei recht gut verfolgen, wie der Theseus-Mythos, der zunächst gemeingriechisches Sagengut war, zunehmend von Athen vereinnahmt und benutzt wurde, um dann ab dem frühen 5. Jahrhundert v. Chr. die Führungsstellung der Stadt unter den griechischen Poleis legitimieren zu helfen.

Andere Monumente wurden bereits eigens für das Festhalten und Bewahren von Ereignissen erstellt: Die **historischen Reliefs**, wie sie beispielsweise auch an Triumphbögen angebracht wurden, geben ihre Perspektive des vergangenen Geschehens wieder. Verschiedene Kriegsepisoden werden auf der Traians- und der Marcussäule detailliert erzählt. Hinzu kommt die Gestaltung ganzer

Räume als Erinnerungslandschaft: Auf öffentlichen Plätzen wie der Agora von Athen wurde durch Neubauten oder aktuell aufgestellte Denkmäler Vergangenes und Gegenwärtiges sukzessive eng vernetzt und auf neue Bedeutungsebenen gehoben. Ein breit gespanntes **ideologisches Programm** begleitete die Umgestaltung des Forum Romanum unter Caesar und Augustus; das Forum des Augustus oder das Forum Traians waren schließlich genauestens durchgeplante Anlagen, welche die Ideologie der Zeit erfassten und zugleich prägen sollten.

Abb. 33

Forum Romanum, heutiger Zustand. In der Bildmitte rechts der Triumphbogen des Septimius Severus.

Für die Auswertung ist zu berücksichtigen, dass diese Bilder, Bauten oder Lebensräume zunächst ihre Funktion im **zeitgenössischen Kontext** hatten. Auch wenn sie intentional – und daher gewiss auch mit Blick auf eine Nachwelt – geschaffen wurden, so geschah dieses doch nicht als Quelle für die späteren Historiker. Die Objekte selbst sind auf Vorbilder und Einflüsse, auf Möglichkeiten des Ausdrucks und die schließlich gewählten Formen, auf Intentionen und Wirkungen zu befragen. Über die ereignisgeschichtliche, politische, ideologische oder etwa religiöse Deutung der Einzelobjekte hinaus kann die Archäologie so für bestimmte Zeitabschnitte zu einer Dechiffrierung der je spezifischen Bildsprache gelangen, mithin bis zur Erfassung von Mentalitäten vorstoßen.

Info

Augustus von Primaporta

▶ Der so genannte Augustus von Primaporta wurde 1863 in der Villa der Livia, der Frau des Augustus, vor den Toren Roms gefunden. Es dürfte sich um die Marmorkopie eines Bronzestandbilds handeln, dass noch unter Augustus an einem zentralen öffentlichen Platz aufgestellt war.

Die Panzerstatue entspricht im Standmotiv dem Zentralwerk des griechischen Künstlers Polyklet aus dem 5. Jahrhundert v. Chr., dem so genannten Doryphoros (= Speerträger). Die Wahl dieser äußeren Form verweist auf den normativen Status, den die griechische Kunst der Hochklassik im augusteischen Rom einnahm. Der reich geschmückte Panzer des Augustus zeigt in seiner zentralen Szene einen bärtigen Barbaren rechts, der dem ihm links gegenüberstehenden römischen Kriegsgott Mars ein Feldzeichen überreicht: Angespielt wird auf die Rückgabe der 53 v. Chr. von Crassus an die Parther verlorenen römischen Feldzeichen, deren Wiederaushändigung Augustus auf diplomatischem Wege im Jahre 20 v. Chr. gelang. Neben dieser Szene

Abb. 34

Die Statue des Augustus von Primaporta.

befinden sich Personifikationen unterworfener Völker, links mit dargebotenem Schwert vermutlich Dalmatia, rechts – bereits entwaffnet – mit Eberstandarte ein keltisches Land, wohl Kantabrien. Darunter verweisen der auf einem Greif reitende Apoll sowie Diana mit dem Hirsch auf andere entscheidende Siege des Octavian/Augustus: Apoll steht für den Sieg über Marcus Antonius und Kleopatra bei Actium im Jahr 31 v. Chr., Diana für den Sieg über Sextus Pompeius bei Naulochos im Jahr 36 v. Chr. Im oberen Feld rechts trägt Aurora, die Göttin der Morgenröte, die mit dem Attribut der Fackel kenntlich gemachte Nacht davon; aus dem linken Feld heraneilend folgt ihr Sol in der Quadriga. Beide stehen nicht nur für den Beginn eines neuen Tages, sondern für ein neues Zeitalter. Denn über ihnen breitet Saturn, der Gott des Goldenen Zeitalters, seinen Mantel aus. So liegt dann am unteren Ende des Panzers in entspannter Haltung Tellus, die Erde: Füllhorn, Ähren und Kinder deuten auf Wohlergehen und Fruchtbarkeit. Die politisch-militärischen Leistungen des Augustus, der Herrschaftsanspruch Roms und das Glück des ganzen Erdkreises werden so zu einem Gesamtbild geformt, das in Augustus nicht nur seinen Ursprung, sondern auch seinen Garanten hat.

New Archaelogy und Experimentelle Archäologie | 2.6.3

Als besondere Zweige der Archäologie haben sich in jüngerer Zeit die so genannte ‚New Archaeology‘ sowie die ‚Experimentelle Archäologie‘ herausgebildet. Die **New Archaeology** versucht, vor allem über die konsequente Anwendung naturwissenschaftlicher und statistischer Verfahren sowie durch weit gespannte Vergleiche und Modellbildungen zur Analyse vergangener Gesellschaften vorzustoßen. Besonders wichtig sind hier ethnologische Erkenntnisse. Im Vergleich dazu sehr praktisch und konkret ist dagegen der Zugriff der **Experimentellen Archäologie**: Sie hat etwa mit dem Nachbau einer attischen Triere auf sich aufmerksam gemacht; zahlreiche andere Experimente gelten dem Bereich des römischen Heeres. Hier geht es nicht nur um die Überprüfung technischer Lösungen für Geräte oder Ausrüstung; auch das Nacherleben als Ruderer oder das Tragen einer Legionärsausrüstung bieten sonst nicht zu gewinnende Einblicke in Lebensumstände und Alltag früherer Zeiten.

Archäologie und Alte Geschichte | 2.6.4

Besonderes Charakteristikum der Archäologie ist einerseits, dass sie die zur Verfügung stehenden Quellen ständig vermehrt – und dabei auch Quellen für jene Zeiten und Räume zur Verfügung stellt, aus denen wir sonst keine andere Überlieferung haben –, andererseits ist es ihre besondere Anschaulichkeit. Mit ihrer **Bildorientierung** scheint sie den Bedürfnissen der Gegenwart besonders entgegenzukommen.

Historiker sollten sich allerdings nicht damit begnügen, die archäologischen Quellen nur als Illustration für Sachverhalte zu benutzen, die sie bereits anderweitig erschlossen haben: Dies wird dem Rang der Archäologie nicht gerecht. Vielmehr gilt es, auch unter Einbringung der spezifischen historischen Kompetenzen, Fragestellungen zu entwerfen und die **Aussagemöglichkeiten** des Materials auszuloten. Auf der anderen Seite ist jedoch ebenso zu berücksichtigen, dass archäologische Quellen nicht ‚aus sich selbst‘ sprechen, sondern gedeutet und erklärt werden müssen. Die Anordnung des Materials und die Art seiner Verknüpfung ist Sache des deutenden Forschers und somit stets hinterfragbar. Wenn es dann darum geht, historische Folgerungen zu ziehen, sind es oft wieder erst die literarischen Quellen, die Zusammenhänge herstellen.

Aufgaben zum Selbsttest

● Skizzieren Sie den Forschungsbereich der Klassischen Archäologie.
● Wie hängen Stratigraphie und Datierung zusammen?

Literatur

Zur Archäologie als Grabungswissenschaft:
M. K. H. Eggert, **Prähistorische Archäologie. Konzepte und Methoden**, Tübingen/Basel 2001.
Th. Fischer (Hg.), **Die römischen Provinzen. Eine Einführung in ihre Archäologie**, Stuttgart 2001.
B. Hrouda (Hg.), **Methoden der Archäologie. Eine Einführung in ihre naturwissenschaftlichen Techniken**, München 1978.
R. C. A. Rottländer, **Einführung in die naturwissenschaftlichen Methoden in der Archäologie**, Tübingen 1983.
I. Hodder, **The Archaeological Process: An Introduction**, Oxford 1999 (New Archaeology).
D. Carmichael/R. Rafferty, **Excavation**, Oxford 2003 (zur Technik der Ausgrabung).

Einführungen in die Klassische Archäologie:
U. Hausmann (Hg.), **Allgemeine Grundlagen der Archäologie. Begriff und Methode, Geschichte, Problem der Form, Schriftzeugnisse** (= Handbuch der Archäologie VI 1), München 1969.
H. G. Niemeyer, **Einführung in die Archäologie**, 4. Aufl., Darmstadt 1995.
J. Bergemann, **Orientierung Archäologie. Was sie kann, was sie will**, Hamburg 2000.
U. Sinn, **Einführung in die Klassische Archäologie**, München 2000.
A. H. Borbein/T. Hölscher/P. Zanker (Hgg.), **Klassische Archäologie. Eine Einführung**, Darmstadt 2000.
F. Lang, **Klassische Archäologie. Eine Einführung in Methoden, Theorie und Praxis**, Tübingen 2002.
T. Hölscher, **Klassische Archäologie. Grundwissen**, Darmstadt 2002.

Archäologie als Bildwissenschaft:
P. Zanker, **Augustus und die Macht der Bilder**, München 1987.
L. Giuliani (Hg.), **Meisterwerke der antiken Kunst**, München 2005.

Hinweis: Die Zitierweise ist in der Archäologie durch die Richtlinien des Deutschen Archäologischen Instituts (DAI) sehr streng reguliert und die meisten archäologischen Fachzeitschriften und Verlage folgen diesen Vorgaben. Sie weichen von dem in der Alten Geschichte oder Klassischen Philologie üblichen Standard häufiger ab.

Arbeitstechniken und Darstellungsformen | 3

Sich für die Vergangenheit interessieren und über sie reden kann jeder. Der entscheidende Unterschied, der die Beschäftigung mit Geschichte ,wissenschaftlich' macht, besteht darin, dass man die eigenen Fragen an die Vergangenheit, das eigene Vorgehen und selbstverständlich auch die eigenen Ergebnisse offen legt, sie für jedermann nachvollziehbar macht und sich damit einer Diskussion stellt. Wer eine wissenschaftlich haltbare Untersuchung durchführen will, muss sich deshalb an bestimmte Regeln des wissenschaftlichen Arbeitens und der Darstellung halten. Voraussetzung dafür ist zunächst, sich alle erforderlichen Informationen für eine bestimmte Fragestellung verschafft und diese umfassend ausgewertet zu haben. Die folgenden Bemerkungen gliedern sich entsprechend dieser Leitlinien: Wie findet man in der Alten Geschichte zu einer bestimmten Fragestellung die dafür wichtigen Quellen, wie findet man die erforderliche Literatur, was gilt es bei der Bearbeitung des so recherchierten Materials zu bedenken und welche Konventionen gibt es bei der Darstellung? Bevor diese Fragen in Angriff genommen werden, soll allerdings zuerst darauf eingegangen werden, wie eine historische Untersuchung überhaupt abläuft und warum dies so ist.

Einleitung: die historische Untersuchung | 3.1

Wie es eigentlich gewesen | 3.1.1

Oben ist bereits verschiedentlich angedeutet worden, wie wichtig bei der historischen Arbeit Fragestellungen sind, unter deren Maßgabe das Quellenmaterial einer Interpretation unterzogen wird.

Dieser Gedanke mag freilich bei manchen Studienanfängern auf Unverständnis stoßen, denn er steht in einem deutlichen Kontrast zu dem, was man sich normalerweise unter ‚Geschichte' vorstellt. Die gängige Meinung darüber lautet bekanntlich auch heute noch, dass Geschichte doch einfach identisch ist mit der Vergangenheit. Man sagt, Geschichte ist „das, was war", und versteht darunter eine Ansammlung von Daten und Fakten aus früheren Zeiten. Die Aufgabe der Historiker besteht aus dieser Warte lediglich darin, diese Daten und Fakten darzustellen, ihnen Raum zu geben und damit die ‚objektive Vergangenheit' gewissermaßen zu rekonstruieren. Der preußische Historiker Leopold von Ranke (1795 – 1886) hat diese Auffassung auf die viel zitierte Formel gebracht, es gehe darum, zu „zeigen, wie es eigentlich gewesen."

3.1.2 | Fakten und (Be)deutung

Man findet heutzutage indes nur wenige Geschichtswissenschaftler, die sich Ranke vorbehaltlos anschließen würden. Das hängt allerdings nicht so sehr mit den grundsätzlichen Einwänden zusammen, die man hier erheben könnte, etwa der Frage danach, was eine Tatsache denn ist, oder ob es **eine objektive Wahrnehmung und Realität überhaupt gibt**. Zwar sollte diese eher ‚philosophische' Dimension durchaus im Blick behalten werden, wenn darüber nachgedacht wird, was Geschichte ist. Um entscheiden zu können, ob Ranke Recht hat mit dem von ihm propagierten landläufigen Verständnis von Geschichte, ist es aber nicht unbedingt nötig, einen Ausflug in das weite und hoch komplizierte Feld der Erkenntnistheorie zu unternehmen. Es genügt, genau zu betrachten, was die Geschichtsschreibung und die Geschichtswissenschaft tatsächlich machen, und warum dies so ist.

Wer dies tut, wird feststellen, dass es praktisch niemanden gibt (und auch niemals gab), der stehen bleiben würde bei der puren Präsentation von so genannten Fakten, also zum Beispiel von Ereignissen, Sachverhalten oder auch Gegenständen. Ranke selbst hat sich natürlich ebenso wenig damit begnügt, und das hat seinen guten Grund. Wer sich mit Geschichte befasst, will nämlich üblicherweise viel mehr wissen als das bloße Faktum: Uns interessieren **Ursachen und Folgen von Ereignissen,** wir stellen Zusammenhänge her, mit einem Wort, wir wollen die Vergangenheit **verstehen**, damit wir sie uns **erklären** können. Darüber hinaus halten wir auch längst nicht alles aus der Vergangenheit für gleichermaßen wichtig und erheblich; meistens finden wir nur ganz bestimmte Fakten interessant und beschränken uns dann auf diese. Edward Hallett Carr hat in diesem Zusammenhang treffend unterschieden zwischen Fakten der Vergangenheit, also dem, was war, und so genannten historischen Fakten: Nicht jedes Faktum der Vergangenheit ist ein historisches Faktum; historische Fakten sind nur diejenigen Tatsachen der Vergangenheit, mit denen sich die Historiker auch beschäftigen. Man trifft also als Historiker eine **Auswahl an Fakten**, und entscheidend daran ist nun, dass diese Auswahl keineswegs deshalb vorgenommen wird, weil, wie es so oft heißt, die Fülle an Tatsachen dazu zwingen würde. Die Arbeitsökonomie mag vielleicht im einen oder anderen Fall eine Rolle spielen, aber grundsätzlich gilt, dass niemand etwas Wichtiges weglassen darf. Umgekehrt heißt das: Die Faktenauswahl des Historikers hängt in erster Linie davon ab, was er für bedeutend hält.

Material und Interpretation   3.1.3

All diese Punkte nun, Kausalzusammenhänge und Bedeutung sowie die damit in Verbindung stehende Auswahl liegen jedoch nicht in den Tatsachen selbst begründet, und sie werden auch nicht vorgegeben durch einen ‚objektiven‘ Faktenbestand. Sie sind vielmehr das Ergebnis von Denkoperationen, genauer gesagt von **Deutungen**, die ihrerseits einem **Erkenntnisinteresse** folgen, das man immer schon mitbringt – und genau dieser Prozess ist es, der oben gemeint war: Wer sich mit Geschichte beschäftigt, der will etwas wissen, und diese **leitende Fragestellung** führt zu einem Material, zu bestimmten, ‚ausgewählten‘ Fakten der Vergangenheit, die auf diese Weise in den Rang von historischen Fakten erhoben werden. Die Antworten, um die es hierbei geht, muss man dem Material freilich erst noch entlocken. Das aber ist nur durch **Interpretation** möglich! Carr resümiert folglich: „Der Glaube an einen festen Kern historischer Fakten, die objektiv und unabhängig von der Interpretation des Historikers bestehen, ist ein lächerlicher, aber nur schwer zu beseitigender Trugschluss".

   In der Tat ist Carr auch in letzterer Einschätzung zuzustimmen; immer wieder wird auch in der Geschichtswissenschaft so getan, als sprächen die Tatsachen für sich selbst, als ergäben sich bestimmte Schlussfolgerungen geradezu zwingend und objektiv. Machen wir deshalb die Gegenprobe: Wie würde denn eine pure Darstellung von Daten und Fakten aussehen? Ist es überhaupt möglich, Interpretation gänzlich auszuklammern? – Um mit der zweiten Frage zu beginnen: Wahrscheinlich ist dies nicht möglich. Aber wenn wir auch hier – etwas vergröbernd – die sich ergebenden erkenntnistheoretischen Schwierigkeiten ausklammern, können wir sagen: Es gibt solche Darstellungen von Daten und Fakten durchaus, oder zumindest Werke, die dem ziemlich nahe kommen. Zu denken ist in diesem Zusammenhang etwa an den Befundkatalog einer archäologischen Publikation, der in der Regel nur Beschreibungen und Abbildungen von Objekten umfasst, oder an so genannte Prosopographien, also im wesentlichen unkommentierte Zusammenstellungen von Quellenbelegen zu Personen (→ dazu Kap. 4.3). Natürlich enthalten auch derartige Materialvorlagen stets nur eine Auswahl an Fakten, und insofern lässt sich das Problem der selektiven Wahrnehmung je nach beigemessener Bedeutung wohl kaum gänzlich umgehen. Aber immerhin zeigen die Beispiele, worum es im Kern geht: Eine reine Materialvorlage fordert förmlich dazu heraus, interpretierend bearbeitet zu werden, denn für sich genommen sind die meisten Fakten nicht besonders interessant.

3.1.4 | Die Zeitgebundenheit von Fragestellungen

Die historischen Fakten machen demzufolge nur die eine Hälfte einer historischen Untersuchung aus. Sie sind das Material, das der Historiker interpretiert, also das, was oben als Quellen bestimmt wurde (→ Kap. 2.1). **Woher aber stammen die Fragen**, auf die uns die Quellen eine Antwort geben sollen? Wieder hilft ein Blick auf die Praxis der Geschichtsforschung und der Geschichtsschreibung: Es ist kein Zufall, dass Theodor Mommsen die Eroberung Italiens durch die Römer als einen Prozess der nationalen Einigung verstanden und beschrieben hat (→ S. 32) – Mommsen verfasste seine berühmte „Römische Geschichte" bekanntlich zwischen 1850 und 1856, mithin in einer Zeit, in der die Frage der nationalen Einheit gerade in Deutschland viele Gemüter bewegte.

Es ist ferner kein Zufall, dass sich Robert von Pöhlmann 1893 mit der „Geschichte des antiken Kommunismus und Sozialismus" befasste (in der 3. Auflage von 1925 dann publiziert als zweibändige „Geschichte der sozialen Frage und des Sozialismus in der antiken Welt") – das „Kommunistische Manifest" von Karl Marx und

Friedrich Engels war damals noch keine fünfzig Jahre alt, die Bismarck'schen Sozialgesetze gab es seit knapp einem Jahrzehnt.

Schließlich und endlich ist es alles andere als ein Zufall, dass in jüngerer Zeit Abhandlungen zur antiken Geschlechtergeschichte, zur Kulturgeschichte, zur Generationengeschichte und sogar zur Umweltgeschichte erschienen sind (→ Kap. 1.3.3). Die Fragestellungen, welche die Historiker an ihr Material herantragen, sind also ganz offensichtlich die **Fragestellungen ihrer eigenen Zeit**, mit anderen Worten: Geschichte ist, wie Jacob Burckhardt sich ausdrückte, „der Bericht darüber, was eine Zeit von einer anderen aufzuschreiben für würdig befindet".

Geschichte und Gegenwart   3.1.5

Diese **Gegenwartsorientierung von Fragestellungen** wird oft als neumodisch belächelt, und zuweilen sogar scharf kritisiert; man spricht von „Bindestrichgeschichten" (Kultur-, Umwelt-, Frauen- etc.) und suggeriert damit, es gäbe einen stabilen Kernbereich der ‚eigentlichen' Geschichte (gemeint sind zumeist die Politikgeschichte sowie die Wirtschafts- und Sozialgeschichte), um den sich exotische, einem kurzlebigen Zeitgeist geschuldete Forschungsgegenstände gruppieren (können). Solche Ansichten sind indes nur schwer sachlich zu begründen, denn es zeigt sich ja, dass letztlich alle Historiker mit Fragestellungen arbeiten und dass alle Fragestellungen von einem **außerhalb der Forschung liegenden Erkenntnisinteresse** abhängen. Unterschiedliche Interessen sind aber – wenigstens gedanklich – als grundsätzlich gleichberechtigt einzustufen, und das heißt, dass im Prinzip alle Fragestellungen gleich legitim sind. Man wird allenfalls feststellen müssen, dass das vorhandene Quellenmaterial manchmal nicht für alle Fragestellungen gleichermaßen auskunftsfreudig ist. – Der Umstand, dass Geschichte durch immer neue Fragen und Ideen vorangetrieben wird, führt freilich zugleich zu einer ganz anderen, für die Historikerzunft (und nicht zuletzt für die Althistoriker) höchst erfreulichen Feststellung: **Geschichte hört nie auf**, sie ist niemals abschließend und erschöpfend dargestellt, auch wenn sich in einem bestimmten Bereich oder in Bezug auf einen bestimmten Zeitabschnitt das Quellenmaterial nicht mehr wesentlich vermehrt. Auch die Alte Geschichte ist, entgegen anders lautender Vorurteile, noch lange nicht am Ende, jedenfalls nicht, so lange uns noch Fragen an sie einfallen.

3.1.6 | Interpretation und Wissenschaftlichkeit

Wir können nun mit Moses I. Finley die **historische Untersuchung** begrifflich bestimmen als „eine **Zusammenstellung von Antworten auf Fragen**", die man an ein geeignetes Material stellt. Um die erwünschten Antworten zu bekommen, muss dieses Material interpretiert werden, und das wiederum bedeutet im Grunde genommen, dass es sich bei den Ergebnissen, die man auf diese Weise gewinnt, in überwiegendem Maße um Deutungen handelt, und damit um Meinungen. Meinungen aber kann natürlich jeder haben, und die Zahl der kursierenden Meinungen ist stets Legion. Es drängt sich daher an diesem Punkt die Frage auf, wie wir der – im Übrigen nicht nur bei der Beschäftigung mit Geschichte drohenden – Gefahr der Beliebigkeit entrinnen können. Leider fällt die Antwort hierauf eher ernüchternd aus: Es gibt keine objektiven Maßstäbe, die es erlauben würden, die ‚Wahrheit' zweifelsfrei zu ermitteln. Trotzdem ist es so, dass man zwar verschiedener Meinung sein kann zu einem bestimmten Punkt, dass aber nur selten alle Meinungen gleich gut sind: Einige überzeugen mehr, andere weniger, und dies hängt aller Erfahrung nach davon ab, wie gut sie jeweils begründet sind. Es kommt also darauf an, **alles zu begründen**, was man behauptet, und den eigenen Gedankengang, wenn möglich, minutiös zu belegen – und zwar mit Verweisen auf die Anhaltspunkte, durch die man auf die Meinung gebracht wurde, die man vertritt. Dieses Vorgehen erhöht die Überzeugungskraft einer Interpretation ungemein, denn es versetzt andere in die komfortable Lage, die betreffende Argumentation nachvollziehen zu können und dann, in Form eines Gedankenexperimentes, zu überprüfen, ob sie zu denselben Schlussfolgerungen kommen.

3.1.7 | Die wissenschaftliche Methode

Anders formuliert: Unser Ausweg aus der Falle der Beliebigkeit ist eine Art Diskussionsprozess im großen Stil, in dessen Verlauf Interpretationen vorgebracht und dann im Hinblick auf ihre Überzeugungskraft beurteilt werden. Im Laufe der Zeit haben sich hierfür eine Reihe von **Prinzipien und Regeln der Kommunikation** eingebürgert, sowohl was die Arbeits-, als auch was die Darstellungsweise einer Untersuchung anbelangt. Die Einhaltung dieser Regeln verbindet man gemeinhin mit dem Prädikat der Wissenschaftlichkeit, die daher im Bereich der Geschichte (und nicht nur dort) in erster Linie mit einer bestimmten Methode verbunden ist. Zusammengefasst geht es dabei um folgende Punkte:

(1) Oberstes Gebot ist die Nachvollziehbarkeit der eigenen Gedanken. Daraus ergibt sich die Forderung nach unbedingter Transparenz, Klarheit, logischer Folgerichtigkeit und Präzision.

(2) Bereits die Fragestellung einer historischen Untersuchung muss offen gelegt und begründet werden.

(3) Ferner muss deutlich werden, welches Material hierfür wichtig ist und warum, und auf welche Vorarbeiten anderer man sich stützen kann. Dieses Material, die Quellen, muss vollständig recherchiert werden, ebenso wie besagte Vorarbeiten, die so genannte Sekundär- oder Forschungsliteratur (→ Kap. 2.1.1).

(4) Fakten und Interpretationen müssen klar voneinander unterschieden werden. Interpretationen sind logisch zu begründen und durch Belege und Verweise auf Fakten überprüfbar zu machen.

(5) Natürlich müssen abschließend die Antworten auf die leitenden Fragen zusammengestellt und der diesbezügliche Erkenntnisfortschritt klargemacht werden.

Nach diesen Prinzipien und Regeln, aus denen sich vor allem in Bezug auf die Darstellungsweise noch eine ganze Reihe mehr oder weniger verbindlicher Konventionen entwickelt haben (→ Kap. 3.6), geht das wissenschaftliche Arbeiten im Bereich der Geschichte, aber auch in vielen Nachbardisziplinen vonstatten. Konkret verläuft diese Arbeit oft ‚dialektisch': Häufig nähert man sich mit einem noch eher allgemeinen Vorverständnis einer noch eher unbestimmten Materie und gelangt erst in einem längeren Prozess von Wechselwirkungen zwischen forschendem Subjekt und Forschungsgegenstand zu einer abgerundeten historischen Untersuchung; erst mit der Zeit und im Dialog mit dem Material bildet man präzisere Fragestellungen aus, gewinnt dann umgekehrt einen klareren Blick dafür, welche Quellen und welche Forschungsliteratur relevant sind, und kann schließlich immer deutlicher die Ergebnisse absehen. Gedanklich lassen sich die hierbei mehrmals wiederholten und sich gegenseitig beeinflussenden Arbeitsschritte allerdings übersichtlich in drei große Komplexe zerlegen: in die **Recherche**, die **Materialbewältigung** und die **Präsentation**, und diese drei Schritte sollen die Richtschnur sein, nach der sich die folgenden Ausführungen gliedern.

3.2 | Quellenrecherche

Die meisten Quellen im Bereich der Alten Geschichte sind, anders als etwa bei neu- oder gar zeithistorischen Untersuchungen, bei denen man häufig in Archiven arbeitet, bereits in publizierter Form zugänglich. Das heißt, dass man in der Alten Geschichte die für eine Fragestellung relevanten Quellen in der Regel der einschlägigen Sekundärliteratur entnimmt und daher eigentlich zunächst diese finden muss, bevor man mit ihrer Hilfe Quellen recherchieren kann. Insofern ist in diesem Kapitel der zeitlich spätere Schritt vorgezogen worden. Dies erklärt sich daraus, dass aus sachlichen Gründen ein Thema zuerst aus den Quellen erarbeitet werden sollte, und erst dann aus der Sekundärliteratur. Außerdem sind die Quellen der Alten Geschichte durch **HANDBÜCHER**, Lexika und spezielle Quellensammlungen so gut aufgearbeitet und erschlossen, dass es sich stets empfiehlt, bei der Quellenrecherche zusätzlich zu den für das eigene Thema wichtigen Monographien oder Aufsätzen auch noch diese ‚ersten Anlaufstellen‘ zu konsultieren. Wer ein Thema bearbeitet, zu dem es (noch) keine Sekundärliteratur gibt, muss ohnehin diesen Weg gehen.

HANDBUCH, Gesamtdarstellung, die zumeist in monographischer Form den Stand der Forschung zusammenfasst.

3.2.1 | Hauptquellen für größere Zeitabschnitte

Hauptquellen für größere Zeitabschnitte, also zum Beispiel antike Geschichtswerke, die sich insgesamt mit der betreffenden Zeit befassen, werden oftmals in **Handbüchern** zur politischen und ‚allgemeinen‘ Geschichte aufgeführt. An erster Stelle stehen hier die Bände der Reihe „Handbuch der Altertumswissenschaft" (HdA) und die der *„Cambridge Ancient History"* (CAH), die derzeit in 2./3. Auflage erscheint. Obwohl einige dieser Bücher durchaus älteren Datums sind, eignen sie sich, wie auch die älteren Nachschlagewerke (s. u.), immer noch sehr gut zur Auffindung vor allem literarischer Quellen, da deren Bestand sich seit rund einhundert Jahren kaum mehr dramatisch vergrößert hat. Die Exemplare der Reihe „Handbuch der Altertumswissenschaft" listen neben den in Form von Anmerkungen notierten Einzelbelegen zusätzlich jeweils im Vorspann der einzelnen Kapitel die Hauptquellen zum betreffenden Zeitabschnitt auf.

Außer den in Handbüchern zusammengestellten Verweisen gibt es für einzelne Zeitabschnitte der römischen und griechischen Geschichte auch **spezielle Quellensammlungen**, die im Regelfall den Quellentext selbst (im Original und/oder Übersetzung) bieten, deswegen aber (aus Platzgründen) jeweils immer nur eine Auswahl der wichtigsten Quellen präsentieren können.

Wichtige Handbücher und Quellensammlungen für die **Quellenrecherche in der griechischen Geschichte** sind:

- H. Bengtson, Griechische Geschichte, HdA III 4, 5. Aufl., München 1977.
- CAH 2./3. Aufl., Bde. II bis VII.
- G. F. Hill/R. Meiggs/A. Andrewes, Sources for Greek History between the Persian and Peloponnesian Wars, Oxford 1962.

Wichtige Handbücher und Quellensammlungen für die **Quellenrecherche in der römischen Geschichte** sind:

- H. Bengtson, Grundriß der römischen Geschichte mit Quellenkunde I: Republik und Kaiserzeit bis 284 n. Chr., HdA III 5.1, 3. Aufl., München 1982.
- CAH 2./3. Aufl,. Bde. VII bis XII.
- A. H. J. Greenidge/A. M. Cary/E. W. Gray, Sources for Roman History 133 – 70 BC, 2. Aufl., Oxford 1986.
- V. Ehrenberg/A. H. M. Jones, Documents illustrating the Reigns of Augustus and Tiberius, 2. Aufl., Oxford 1976.
- E. M. Smallwood, Documents illustrating the Principates of Caius, Claudius and Nero, Cambridge 1967.

Wichtige Handbücher für die **Quellenrecherche in der spätantiken Geschichte** sind:

- A. Demandt, Die Spätantike. Römische Geschichte von Diocletian bis Justinian 284 – 565 n. Chr., HdA III 6, München 1989.
- CAH 2./3. Aufl. Bde. XIII und XIV.
- A. H. M. Jones, The later Roman Empire, 3 Bde., Oxford 1964.

Hauptquellen und Quellensammlungen für spezielle Themenbereiche

3.2.2

Für spezielle Gebiete abseits der Politikgeschichte geht man bei der Quellensuche entsprechend vor: Wieder finden sich die Hauptquellen in den umfangreicheren jeweiligen Handbüchern, so z.B. **Quellen zur frühchristlichen Kirche** im „Handbuch der Kirchengeschichte" Bde. I, II 1 und II 2 (hrsg. von H. Jedin, Freiburg 1962 ff.) oder im „Lehrbuch der Geschichte der Alten Kirche" von K.S. Frank (3. Aufl.,

Paderborn u. a. 2002), **Quellen zur römischen Sozialgeschichte** bei G. Alföldy, Römische Sozialgeschichte, 3. Aufl. Wiesbaden 1984, und **Quellen zur römischen Landwirtschaft** bei D. Flach, Römische Agrargeschichte, HdA III 9, München 1990 etc. (eine Auswahl der wichtigsten für die Quellensuche geeigneten Handbücher findet sich im Anhang).

Darüber hinaus gibt es natürlich auch für spezielle Themenbereiche besondere Quellensammlungen, z. B. Texte zur Religionsgeschichte, zur Sozialgeschichte oder Zusammenstellungen von Gesetzen und Verträgen. Beispiele hierfür sind:

Im Bereich **Religionsgeschichte**:
- P. Guyot/R. Klein, Das frühe Christentum bis zum Ende der Verfolgungen, 2 Bde., Darmstadt 1994.
- V. Keil, Quellensammlung zur Religionspolitik Konstantins des Großen, Darmstadt 1989.

Im Bereich **Wirtschaft, Gesellschaft, Alltag**:
- M. Austin/P. Vidal-Naquet, Gesellschaft und Wirtschaft im alten Griechenland, München 1984.
- U. Blank-Sangmeister, Römische Frauen. Ausgewählte Texte, lat.-dt., Stuttgart 2001.
- C. Kunst, Römische Wohn- und Lebenswelten, Darmstadt 2000.

Im Bereich **Militärgeschichte**:
- B. Campbell, The Roman Army 31 B. C. – A. D. 337. A Sourcebook, London/New York 1994.

Im Bereich **Kunstgeschichte**:
- J. J. Pollitt, The Art of Ancient Greece. Sources and Documents, 2. Aufl., Cambridge 1990.
- J. J. Pollitt, The Art of Rome B. C. 753 – A. D. 337. Sources and Documents, Cambridge 1983.

Im Bereich **Geschichtliche Landeskunde**:
- H.-W. Goetz/K.-W. Welwei, Altes Germanien, 2 Bde., Darmstadt 1995.
- J. Herrmann u.a., Griechische und lateinischen Quellen zur Frühgeschichte Mitteleuropas bis zur Mitte des 1. Jahrtausends u. Z., 4 Bde., Berlin 1988 – 92.

Im Bereich **römische Gesetzgebung**:
- M. H. Crawford/J. D. Cloud, Roman Statutes, 2 Bde., London 1996.

– D. Flach, Die Gesetze der frühen römischen Republik, Darmstadt
1994.
– Fontes Iuris Romani Anteiustiniani (FIRA), hgg. v. S. Riccobono,
J. Baviera, V. Arangio-Ruiz, 3 Bde., 2. Aufl., Florenz 1940 – 43.

Im Bereich **Staatsverträge**:
– H. Bengtson u. a. (Hgg.), Die Staatsverträge des Altertums II: Die
Verträge der griechisch-römischen Welt von 700 bis 338 v. Chr.
(bearb. von H. Bengtson), 2. Aufl., München 1975.
– H. Bengtson u. a. (Hgg.), Die Staatsverträge des Altertums III: Die
Verträge der griechisch-römischen Welt von 338 bis 200 v. Chr.
(bearb. von H. H. Schmitt), München 1969.

Quellen für Einzelfragen | 3.2.3

Wie oben angedeutet, besteht der übliche Weg der Quellensuche
für ein Einzelproblem darin, die Quellenbelege der einschlägigen
Sekundärliteratur (Monographien oder Aufsätze) zu exzerpieren
und zusammenzustellen. Das Auffinden von Sekundärliteratur
wird unten in Kap. 3.3 „Literaturrecherche" erläutert. Oft ist es aber
möglich, ein Thema in lexikalische Stichwörter aufzutrennen. In
diesem Fall empfiehlt es sich, in den wichtigsten althistorischen
Nachschlagewerken unter dem jeweiligen Eintrag nach Quellenbelegen zu suchen. Als Faustregel darf dabei gelten: Je umfangreicher die
Lexikonartikel sind, desto vollständiger ist die Zusammenstellung.
   Die wichtigsten Lexika hierbei sind, in der Reihenfolge ihrer Bedeutung für die Quellensuche:
– A. Pauly/G. Wissowa, **Realencyclopädie der klassischen Altertumswissenschaft**, Stuttgart 1893ff. (= RE oder PW) (dazu „Info: Die Realencyclopädie").
– Th. Klauser (Hg.), **Reallexikon für Antike und Christentum**, Stuttgart
1950 ff. (= RAC).
– H. Beck/D. Geuenich/H. Steuer (Hgg.), **Reallexikon für Germanische Altertumskunde**, 2. Aufl., Berlin 1968 ff. (= RGA oder auch „Hoops" abgekürzt, nach dem Herausgeber der Erstauflage).

Unter Vorbehalten können folgende ‚kleinere' Nachschlagewerke
für die Quellensuche empfohlen werden:
– C. Andresen u. a. (Hgg.), **Lexikon der Alten Welt**, Zürich 1965 mit ND
(= LAW).

- H. Cancik/H. Schneider (Hgg.), **Der Neue Pauly**, Stuttgart/Weimar 1996 ff. (= DNP).
- S. Hornblower u. a. (Hgg.), **The Oxford Classical Dictionary**, 3. Aufl., Oxford 1996 (= OCD).
- K. Ziegler u. a. (Hgg.), **Der Kleine Pauly**, 5 Bde., Stuttgart 1962 ff. (= KlP).

3.2.4 | Vom Quellenbeleg zur Quelle: die Abkürzungen

Die Quellensuche ergibt im Allgemeinen eine Zusammenstellung von Quellenbelegen, d. h. (bibliographische) Angaben, die auf eine Veröffentlichung verweisen, in der die jeweilige Quelle zu finden ist. Solche Quellenbelege werden in der Alten Geschichte zumeist nach mehr oder weniger verbindlichen Regeln abgekürzt:

Antike Autoren und ihre Werke werden nach den unten aufgeführten einschlägigen Verzeichnissen abgekürzt. Die Belegstelle wird normalerweise nicht als Seitenzahl angegeben (dafür existieren zu viele verschiedene Ausgaben), sondern in Form von Buch, Kapitel, Unterkapitel, Paragraph. Dabei lehnt man sich, wenn möglich, an eine vom Autor selbst oder wenigstens noch in der Antike vorgenommene Einteilung an (z. B. bei Livius). Bei manchen Autoren (etwa bei Platon oder Aristoteles) werden zusätzlich oder sogar ausschließlich Seitenzahlen älterer Editionen angeführt, teilweise mit Buchstaben, die für die Spalten in solchen alten, mitunter aus dem 17. oder 18. Jahrhundert stammenden verbindlichen Ausgaben stehen.

Es ist also Vorsicht geboten, denn nicht selten existieren unterschiedliche Nummerierungsweisen für ein und denselben Autor, und bisweilen wiederum weichen die Nummerierungen verschiedener Ausgaben voneinander ab! Gute neuere Ausgaben und Übersetzungen zeichnen sich dadurch aus, dass sie die – gegebenenfalls mehreren – Gliederungsweisen eines Autors im Text oder am Seitenrand (als so genannte **MARGINALIE**) vollständig und eindeutig abdrucken.

MARGINALIE, von latein. *margo* = Rand; Randbemerkung.

Bei **spätantiken Autoren**, insbesondere bei den Kirchenvätern, empfiehlt es sich aufgrund der häufig recht grobmaschigen Kapiteleinteilung in jedem Fall, ergänzend zur einschlägigen Nummerierung, in Klammer die Abkürzung der Editionsreihe, den jeweiligen Band und die betreffende Seiten- oder Spaltenzahl anzufügen.

Ähnlich wie Schriftsteller werden auch die **spätantiken Gesetzessammlungen** abgekürzt, beispielsweise der „*Codex Theodosianus*" oder das „*Corpus Iuris Civilis*": Auch hier wird zuerst das Quellenkürzel aufgeführt (CTh bzw. C.I.C., dessen einzelne Teile freilich noch eigens abgekürzt werden; die Abkürzungen für all diese Rechtsquellen finden sich in den unten genannten Verzeichnissen); die folgenden Ziffern bezeichnen die jeweiligen Untereinteilungen, die so genannten Titel, Kapitel, und Paragraphen.

Inschriften und Papyri werden wie folgt abgekürzt: Kürzel der Publikationsreihe (auch diese sind mithilfe der unten erwähnten Abkürzungsverzeichnisse aufzulösen); danach kommt gegebenenfalls die Bandnummer mit Auflage (Bände epigraphischer oder papyrologischer Reihen werden in der Regel durch römische Ziffern bezeichnet, Unter- oder Halbbände, so genannte ‚Faszikel‘, mit arabischen); zuletzt kommt – in arabischen Ziffern – eine Inschriften-/Papyrusnummer; wenn nötig folgt noch eine Zeilenangabe. Inschriften und Papyri werden innerhalb einer Publikation häufig fortlaufend nummeriert. Eher selten, etwa bei den *„Oxyrhynchus Papyri"*, wird sogar nur innerhalb der Gesamtreihe fortlaufend gezählt (in diesem Fall kann der Hinweis auf den Band entfallen).

Münzen werden (analog zu den Inschriften und Papyri) zitiert nach dem Kürzel der Publikationsreihe, eventuell mit Bandnummer; es folgt gegebenenfalls die Angabe des Prägeherren, also zum Beispiel der Name einer Landschaft/Stadt oder eines Herrschers, und zuletzt kommt – bei fortlaufender Nummerierung wie oben – die Münznummer.

Nach erfolgreicher Quellensuche gilt es also zunächst, sich die aufgefundenen, nach den oben beschriebenen Konventionen abgekürzten Belege zu ‚übersetzen‘. Hierfür können mehrere, in Einzelfällen leicht voneinander abweichende **Abkürzungsverzeichnisse** herangezogen werden:

Allgemeine Abkürzungsverzeichnisse (Autoren und Werke, epigraphische und andere Standardwerke und Reihen) finden sich in folgenden Lexika:

- LAW-Anhang, Sp. 3438 – 3486.
- KlP Bd. 1, Sp. IX – XXVI.
- DNP Bd. 1, Sp. XII – XLVII.

Tipp

Inschriften, Papyri und Münzen sind nicht immer in Standardwerken oder Editionsreihen publiziert; dies ist ja auch bei den antiken Schriftstellern oft nicht der Fall. Manchmal werden sie im Rahmen einer wissenschaftlichen Untersuchung (Monographie, Artikel) vorgelegt. Dann besteht der Quellenbeleg einfach in einer entsprechenden bibliographischen Vollangabe, was freilich vor allem dann zu berücksichtigen ist, wenn man bei der Darstellung eigene Quellenbelege ‚herstellen‘ muss (→ Kap. 3.6.4).

Speziell für **griechische Autoren** und deren Werke ist heranzuziehen:
- H. G. Liddell/R. Scott/H. S. Jones, A Greek-English Lexicon, 9. Aufl., Oxford 1968.

Speziell für **lateinische Autoren** und deren Werke sind heranzuziehen:
- I. G. W. Glare, Oxford Latin Dictionary Fasc. I, Oxford 1968.
- Thesaurus Linguae Latinae, Index, Leipzig 1904; Supplementum, Leipzig 1958.

Abkürzungen für **Inschriftenpublikationen** können aufgelöst werden mithilfe von:
- F. Bérard/D. Feissel/P. Petitmengin/D. Rousset/M. Sève, Guide de l'Épigraphiste, 3. Aufl., Paris 2000.

Papyruseditionen findet man verzeichnet in:
- J. F. Oates/R. S: Bagnall/W. H. Willis/K. A. Worp, Checklist of Editions of Greek and Latin Papyri, Ostraca and Tablets, 5. Aufl. Atlanta 2001.

Hilfreich ist ferner:
- J. S. Wellington, Dictionary of bibliographic abbreviations found in the scholarship of classical studies and related disciplines, Westport/London 1983.

3.2.5 | ## Das Auffinden von Quellenpublikationen

Ist der abgekürzte Quellenbeleg aufgeschlüsselt, muss als nächstes die betreffende Publikation aufgefunden werden. Dies geschieht üblicherweise dadurch, dass man den alphabetischen Katalog einer wissenschaftlichen Bibliothek durchsucht (als Datenbank, oder auch auf Karteikarten). Es ergibt sich eine so genannte **SIGNATUR**, die das betreffende Buch so kennzeichnet, dass man es findet – dies funktioniert je nach Bibliothek anders (→ Kap. 5.1.6).

SIGNATUR, von latein. *signare* = bezeichnen, kenntlich machen.

Die Textausgaben und gegebenenfalls modernen Übersetzungen **antiker und frühchristlicher Autoren** finden sich, wie dies bei Sekundärwerken mit Ausnahme von Einzelbeiträgen zu Sammelwerken auch der Fall ist (s. u.), alphabetisch unter dem Namen des antiken Autors im Bibliothekskatalog.

Editionen und Übersetzungen antiker und frühchristlicher Schriftsteller sind oft in Editionsreihen erschienen, die in vielen zugänglichen Bibliotheken, vor allem in den Präsenzbibliotheken (→

Kap. 5.1.6) geschlossen und alphabetisch nach Autorennamen geordnet aufgestellt sind. In diesen Fällen erübrigt sich die Suche im Katalog; wer sich einigermaßen auskennt in der betreffenden Bibliothek, kann direkt an das Bücherregal gehen.

Editionsreihen für antike Autoren:
Textausgaben:
- Bibliotheca scriptorum Graecorum et Romanorum Teubneriana (= „Teubner-Ausgabe").
- Scriptorum classicorum bibliotheca Oxoniensis (= „Oxford-Ausgabe").
Übersetzungen:
- Tusculum-Bibliothek (griech./lat.-dt.).
- Loeb Classical Library (griech./lat.-engl.).
- Edition Budé (griech./lat.-frz.).

Editionsreihen für frühchristliche Autoren:
Textausgaben:
- J. P. Migne, Patrologiae cursus completus, series Graeca (= PG; veraltet, aber z. T. noch nicht ersetzt).
- J. P. Migne, Patrologiae cursus completus, series Latina (= PL; s. o.: veraltet).
- Corpus Christianorum (= CChr).
- Corpus Scriptorum Ecclesiasticorum Latinorum (= CSEL).
- Die griechischen christlichen Schriftsteller der ersten Jahrhunderte (= GCS).
Übersetzungen:
- Bibliothek der Kirchenväter (= BKV; dt. Übersetzung).
- Sources Chrétiennes (= SChr; griech./lat.-frz.).
- The Nicene and Post-Nicene Fathers (engl. Übersetzung).

Die Textausgaben und Übersetzungen der **spätantiken Gesetzessammlungen** finden sich in Bibliothekskatalogen alphabetisch unter dem Titel der Sammlung, teilweise aber auch unter dem Namen der Herausgeber und Übersetzer.
Textausgaben:
- Corpus Iuris Civilis, ed. P. Krüger/Th. Mommsen/R. Schoell/W. Kroll, 3 Bde., Berlin 1884 – 1912 (= C.I.C.).
- Codex Theodosianus, ed. P. Krüger/P. Meyer/Th. Mommsen, 3 Bde., Berlin 1904/5 (= CTh).

Übersetzungen:

C.I.C.:

- C. E. Otto/B. Schilling u. a. (Hgg.), Corpus Iuris Civilis Iustiniani, 10 Bde., Leipzig 1830 – 1833 (dt. Übersetzung).
- O. Behrends u. a. (Hgg.), Corpus Iuris Civilis: Text und Übersetzung, Heidelberg 1995ff. (griech./lat.-dt.).

CTh:

- C. Pharr, The Theodosian Code, Princeton 1952 (engl. Übersetzung).

Inschriften, Papyri und Münzen finden sich, wenn sie im Rahmen einer Einzelpublikation vorgelegt wurden, in einem Bibliothekskatalog zumeist unter dem Namen des modernen Herausgebers (s. o.); Editionsreihen in diesen Bereichen sind im Regelfall unter der Bezeichnung der Reihe im alphabetischen Katalog einer Bibliothek zu finden, es gilt hier im übrigen das gleiche wie für Editionsreihen antiker und frühchristlicher Autoren: Die Reihen sind in zugänglichen Bibliotheken häufig geschlossen aufgestellt, was Ortskundigen die Katalogrecherche erspart.

Wichtige Inschriftenpublikationen für den griechischen Raum:

- Inscriptiones Graecae, Berlin 1873 ff. (= IG; Inschriftencorpus, d. h. Bestandsaufnahme mit dem Ziel der Vollständigkeit).
- Supplementum Epigraphicum Graecum (= SEG; regelmäßige Ergänzung zu IG).
- Sylloge Inscriptionum Graecarum, ed. W. Dittenberger, 4 Bde., 3. Aufl., Leipzig 1915 – 1924 (= Sylloge³ oder Syll³, auch SIG; Inschriftenselektion, d. h. Auswahl nach bestimmten Gesichtspunkten).
- R. Meiggs/D. Lewis (Hgg.), A Selection of Greek Historical Inscriptions, 2. Aufl., Oxford 1988 (= Meiggs-Lewis²).
- M. N. Tod (Hg.), A Selection of Greek Historical Inscriptions, 2 Bde., Oxford 1948 (= Tod).

Übersetzung:

- K. Brodersen (Hg.), Historische griechische Inschriften in Übersetzung, Darmstadt 1992 ff.

Wichtige Inschriftenpublikationen für den lateinischen Raum:

- Corpus Inscriptionum Latinarum, Berlin 1862 ff. (= CIL; Inschriftencorpus).
- L'Année Epigraphique (= AE; regelmäßige Ergänzung zu CIL).

- Inscriptiones Latinae Selectae, ed. H. Dessau, Berlin 1892 ff. (= ILS; Inschriftenselektion).

Übersetzungen:
- H. Freis, Historische Inschriften zur römischen Kaiserzeit. Von Augustus bis Konstantin, Darmstadt 1984.
- L. Schumacher, Römische Inschriften, Stuttgart 1988.

Wichtige Papyruspublikationen:
- R. A. Pack, The Greek and Latin Literary Texts from Greco-Roman Egypt, 2. Aufl., Ann Arbor 1965.
- Ägyptische Urkunden aus den königlichen (staatlichen) Museen zu Berlin. Griechische Urkunden, Berlin 1895 ff. (= BGU).
- The Oxyrhynchus Papyri, London 1898 ff. (= POxy oder PapOxy).
- R. Cavenaile, Corpus Papyrorum Latinarum, Wiesbaden 1958.
- F. Preisigke u.a. (Hgg.), Sammelbuch Griechischer Urkunden aus Ägypten, 1915 ff. (= Sb).

Übersetzungen:
- J. Hengstl, Griechische Papyri aus Ägypten als Zeugnisse des öffentlichen und privaten Lebens, griech.-dt., München 1978.
- A. S. Hunt/C. C. Edgar/D. L. Page, Select Papyri, griech./lat.-engl., 3 Bde., Cambridge, Mass./London 1932 – 1941 (ND London 1970 – 1988).

Wichtige Münzpublikationen:
- B. V. Head, Historia Numorum (= HN). A Manual of Greek Numismatics. New and Enlarged Edition, Oxford 1911 (ND 1963) (für chronologische Aktualisierungen und wegen der erweiterten Illustrationen sinnvoll zu ergänzen durch E. Szaivert/W. Szaivert/D. R. Sear, Griechischer Münzkatalog, 2 Bde., München 1980/83).
- N. K. Rutter, Historia Numorum: Italy, London 2001.
- British Museum (= BMC) – A Catalogue of the Greek Coins in the British Museum, 29 Bde., London 1873 – 1925 (ND 1963).
- Sylloge Nummorum Graecorum (= SNG: Reihe, in der die wichtigsten Sammlungen griechischer Münzen veröffentlicht werden), z. B.:
  - Sylloge Nummorum Graecorum Dänemark: The Royal Collection of Coins and Medals, Danish National Museum Copenhagen, 8 Bde., Kopenhagen 1942 – 1996, Suppl. 2002.
- M. H. Crawford, Roman Republican Coinage, 2 Bde., Cambridge/Toronto 1974.
- H. Mattingly/E. A. Sydenham et al., The Roman Imperial Coinage

(= RIC), 10 Bde., London 1923 – 1994 (Bd. I als revised Edition 1984 von C.H.V. Sutherland erschienen. Eine Konkordanz der Katalognummern bei F. Schmidt-Dick, LNV 3, 1987, 395 – 542).

- R. Göbl (Hg.), Moneta Imperii Romani (= MIR). Bislang erschienen: Bd. 2/3 Tiberius/Gaius (W. Szaivert); Bd. 18 Marc Aurel/Lucius Verus/Commodus (W. Szaivert); Bd. 28 Maximinus Thrax (M. Alram); Bd. 36; 43; 44 Valerianus I./Gallienus/Saloninus/Regalianus/Macrianus/Quietus (R. Göbl); Bd. 47 Aurelianus (R. Göbl).
- A. Burnett/M. Amandry et alii, Roman Provincial Coinage (= RPC) I: From the Death of Caesar to the Death of Vitellius (44 B.C. – A.D. 69), 2 Bde., London/Paris 1992 (Suppl. 1998); II: From Vespasian to Domitian (69 – 96 A.D.), 2 Bde., London/Paris 1999.

Tipp

Was bei der Bearbeitung der antiken Quellen, die auf die hier beschriebene Weise gefunden wurden, unbedingt berücksichtigt werden sollte, ist unten in Kap. 3.5.1 „Die Materialbewältigung" dargestellt.

Info

Die Realencylopädie (RE)

▶ Die „Realencyclopädie der klassischen Altertumswissenschaft" ist das wohl umfangreichste Nachschlagewerk im Bereich der Alten Geschichte. In über 80 so genannten ‚Halbbänden' sind tausende von Stichwörtern behandelt, einige Artikel haben den Umfang und die Qualität von Monographien. Der Umstand, dass all diese Artikel auf deutsch abgefasst worden sind, sichert der deutschen Sprache übrigens bis heute eine wichtige Rolle im Bereich der Altertumswissenschaften. Die „Realencyclopädie" wird gemeinhin als ‚RE' bezeichnet, manchmal findet sich auch die Abkürzung ‚PW' für ‚Pauly-Wissowa' (nach August Pauly, dem Herausgeber des Vorläuferlexikons [6 Bde., 1839 – 1852], und Georg Wissowa, der am Ende des 19. Jahrhunderts die Neubearbeitung in Angriff nahm).

Das Erscheinen der RE zog sich fast ein Jahrhundert hin, von 1893 bis 1978, und es hätte noch länger gedauert, wenn man nicht ab 1914 gleichzeitig mit der Bearbeitung der zweiten Hälfte des Alphabetes begonnen hätte. Da niemand die Zahl der endgültig vorliegenden Bände und Halbbände absehen konnte, wurde bei dieser zweiten Reihe die Nummerierung wieder von vorne begonnen, und zur Unterscheidung von den Bänden der ersten Reihe sind die der zweiten Reihe durch ein ‚A' gekennzeichnet (dies ist vor allem für diejenigen wichtig, die einen RE-Beleg ‚anfertigen' müssen, → Kap. 3.6.3 und 3.6.4).

Bei einem so gewaltigen Projekt blieb es freilich nicht aus, dass im Laufe der Jahre Ergänzungen und Korrekturen vorgenommen werden mussten. Daher erschienen ab 1903 so genannte ,Supplementbände', die in sich alphabetisch geordnet sind und Nachträge enthalten. Dabei handelt es sich entweder um Artikel zu Stichwörtern, die in den alphabetischen Reihen gar nicht behandelt wurden, weil sie erst später ins Bewusstsein der Forschung rückten, oder um die erneute Behandlung von Einträgen, deren erste Darstellung als unvollständig oder nicht mehr dem Forschungsstand entsprechend empfunden wurde (z. B. in Bezug auf Ortschaften, zu denen inzwischen Grabungen neues Material zutage gefördert hatten). Es gibt in der RE also teilweise mehrere Artikel zu ein und demselben Stichwort in ganz verschiedenen Bänden, und manches, das in den alphabetischen Reihen nicht zu finden ist, fehlt nur scheinbar, denn es wurde später in einem Supplementband abgehandelt. Dies führt zu der Schwierigkeit, dass es nicht auf Anhieb klar ist, ob ein bestimmtes Stichwort in der RE behandelt wurde, und wenn ja, wo und wie oft. Hier sorgen die Registerbände von 1980 und 1997 für Abhilfe.

Trotz ihres teilweise doch recht hohen Alters ist die RE auch heute noch ein Hilfsmittel ersten Ranges: Sie bietet zu manchen Sachverhalten die ausführlichsten Informationen, erschließt auf jeden Fall den älteren Forschungsstand und verzeichnet in der Regel die für ein Thema relevanten literarischen Quellen nahezu komplett.

Die Gliederung im Einzelnen:

1) Alphabetische Bände

– Erste Reihe (= erste Hälfte des Alphabets von A bis Q):
  Insgesamt 49 Halbbände von RE I 1: Aal–Alexandros (1893) bis RE XXIV: Pyramos–Quosenus (1963).

– Zweite Reihe (= zweite Hälfte des Alphabets von R bis Z):
  Insgesamt 19 Halbbände von RE I A1: Ra–Ryton (1914) bis RE X A: Zenobia–Zythos (1972).

2) Supplementbände
  Insgesamt 15 Ergänzungsbände, jeder Band alphabetisch geordnet, von RE Suppl. I: Aba–Demokratia (1903) bis RE Suppl. XV: Acilius–Zoilos (1978).

3) Registerband von 1980: Enthält alle Stichwörter der Supplementbände alphabetisch geordnet mit Bandnachweis sowie ein Autorenverzeichnis.

4) Alphabetisches Gesamtregister von 1997: Enthält auf 1158 Seiten alphabetisch geordnet alle behandelten Stichwörter (also die Artikel sowohl der alphabetischen Reihen, als auch der Supplementbände), zum Teil mit kurzer Inhaltsangabe, in jedem Fall aber mit Angabe, in welchem RE-Band und von welchem Autor das Stichwort ausgeführt wurde.

Die Persönlichkeiten der römischen Geschichte werden in der RE nicht unter ihrem Beinamen (*cognomen*) aufgeführt, sondern unter ihrem Geschlechternamen (*nomen*

Info

gentile). Cicero findet man also unter „Tullius", Tacitus unter „Cornelius". Römerinnen stehen – entgegen den Regeln des Alphabets – hinter Römern, also z. B. „Tullia" hinter „Tullius". Die Gentilnamen derjenigen Römer, die man eher unter ihren Beinamen kennt, findet man zum Beispiel in den oben bei der Quellensuche genannten ‚kleineren' Nachschlagewerken (LAW, OCD, KlP).

3.3 | Literaturrecherche

3.3.1 | Unterschiedliche Literatur...

Niemand kann sich heutzutage wirklich sicher sein, die gesamte wissenschaftliche Literatur zu einem Thema erfasst zu haben; dafür ist die Flut der Publikationen in den letzten Jahrzehnten in beinahe allen Fachbereichen einfach zu sehr angewachsen. Natürlich kämpft auch die Alte Geschichte mit diesem Problem, das sich durch die neuen Möglichkeiten einer elektronischen Veröffentlichung in den kommenden Jahren wohl noch weiter verschärfen dürfte. An dieser Stelle behilft man sich mit der mehr oder weniger stillschweigenden Konvention, die Literatur aufzuteilen in so genannte **einschlägige Titel**, die man auf jeden Fall recherchiert haben sollte, und so genannte **abgelegene Publikationen**, bei denen niemand wirklich erwarten kann, dass man auf sie gestoßen ist. – Was aber verbirgt sich genau hinter dieser Unterscheidung? Zunächst wird durch das Adjektiv ‚einschlägig' ja suggeriert, dass es sich hierbei um die für ein Thema wirklich wichtigen Veröffentlichungen handelt. Der Umkehrschluss gilt allerdings nicht: Auch abgelegen publizierte Literatur kann sich, wenn man sie dann schließlich gefunden hat, als relevant für die eigene Untersuchung herausstellen. Salopp gesprochen verhält es sich also eher so, dass einschlägige Literatur das ist, was alle kennen (und was man deswegen auch selbst berücksichtigen muss), während abgelegen Publiziertes sich dadurch definiert, dass es (fast) niemand kennt (so dass man es auch nicht kennen muss). Das klingt freilich höchst relativ und willkürlich und wäre auch vollkommen unhaltbar, wenn man die Begriffsbestimmung ‚einschlägig – abgelegen' nicht mehr weiter konkretisieren könnte. Glücklicherweise ist dies aber möglich, denn in der Praxis haben sich in den einzelnen Wissenschaftsdisziplinen sowohl bei den Veröffentlichungen als auch bei der Literaturrecherche gewissermaßen ‚erste Adressen' etabliert, die den Maßstab dafür darstellen, was ‚einschlägig' ist und was nicht. Dabei handelt es sich zum einen um bestimmte Verlage, Zeitschriften oder Veröffentlichungsreihen, die sich auf das jeweilige Fach spezialisiert haben (neuerdings kommen Internet-Kommunikationsplattformen u.ä. hinzu), und zum anderen um bestimmte so genannte **BIBLIOGRAPHISCHE** Hilfsmittel, die es sich zur Aufgabe gemacht haben, die Publikationen innerhalb der betreffenden Disziplin zu erfassen und zu notieren. Wer mit diesen gängigen Hilfsmitteln sorgfältig sucht, kann darauf vertrauen, die einschlägige Literatur zusammengestellt zu haben.

BIBLIOGRAPHIE, von griech. *biblos* = Buch und *graphein* = schreiben; Bücherliste.

… und unterschiedliche Recherche

3.3.2

Bei der Literatursuche gibt es im Grunde genommen nur zwei verschiedene Strategien: Entweder man konsultiert eigens hierfür erstellte **Literaturlisten** oder **EDV-Datenbanken** (zur EDV-Recherche → Kap. 3.4.2), die zumeist einen Anspruch auf Vollständigkeit verfolgen, oder man notiert sich beim Lesen die jeweils genannte zugrunde liegende oder weiterführende Literatur. Die erste Methode ist natürlich gründlicher und wird darum als **systematisches Bibliographieren** bezeichnet, die zweite Methode beruht stärker auf Zufälligkeiten und heißt dementsprechend **unsystematisches Bibliographieren**. Theoretisch sollte man bei der Literatursuche immer erst systematisch vorgehen, und dann mit den so gefundenen Titeln unsystematisch weitersuchen, um dadurch abgelegene Publikationen entdecken zu können, die den Herausgebern der bibliographischen Hilfsmittel eventuell entgangen sind. In der Praxis verläuft der Weg in der Regel umgekehrt, man fängt unsystematisch an. Das liegt daran, dass das unsystematische Bibliographieren nicht so zeitaufwendig ist wie die systematische Recherche, und dass es zudem der oben in Abschnitt 3.1.7 skizzierten ‚dialektischen' Arbeitsweise entgegenkommt: Am Beginn einer Untersuchung wird man zunächst so schnell wie möglich einen überschaubaren Bestand an Literatur bearbeiten wollen, um sich in das Thema einzulesen. Zumeist gewinnt die eigene Fragestellung erst dadurch deutlichere Konturen, und erst dann kann man auch einen präziseren Zugriff auf Quellen und Forschung entwickeln. Das aber bedeutet, dass sich das systematische Bibliographieren oft erst in einer späteren Arbeitsphase wirklich rentiert. Es empfiehlt sich also, die Literatursuche zu einem Thema unsystematisch zu beginnen, und deshalb soll im Folgenden zuerst diese Methode erläutert werden.

3.3.3 | Unsystematisches Bibliographieren – das ‚Schneeballsystem‘

Ausgangspunkt beim unsystematischen Bibliographieren ist ein möglichst neues Buch (Aufsatz, Artikel etc.) zum jeweiligen Thema oder Zeitraum. Die dort – in der Regel in den Fuß- oder Endnoten, manchmal auch im Text – genannten **Literaturhinweise** müssen alle herausgeschrieben und nachgeschlagen werden (dies geschieht, wie bei den Quellen auch, mithilfe eines Bibliothekskataloges, → Kap. 5.1.6). Mit den gefundenen Büchern und Aufsätzen geschieht dasselbe: Nun müssen die dort angegebenen Literaturhinweise herausgeschrieben und danach ihrerseits überprüft werden auf weitere Verweise. Wenn man diesen Arbeitsgang mehrere Male wiederholt, wird man feststellen, dass sich die Menge der auf diese Art recherchierten Literaturtitel nicht etwa unendlich vermehrt, sondern dass ab einem bestimmten Zeitpunkt nichts mehr hinzukommt. Es ist, als hätte man einen Zirkel von sich gegenseitig zitierenden Werken zutage gefördert, eine Gruppe von Meinungsäußerungen zu einem bestimmten Thema, in der jeder jeden kennt, oder zumindest die jüngste Meinung alle anderen. Genau das aber ist die so genannte **einschlägige Literatur**, die also auch durch mehrmaliges unsystematisches Bibliographieren gesammelt werden kann, vorausgesetzt, man geht von der neuesten Publikation zu einem Thema aus.

Wie aber findet man einen solchen Ausgangspunkt? In Lehrveranstaltungen wird die neueste Literatur im Regelfall vom Dozenten angegeben. Ansonsten kann man entweder systematisch nach den neuesten Titeln suchen (s. u.), oder man überprüft stichprobenartig die Neuerscheinungen in den Fachverlagen und die neuesten Lieferungen der jeweiligen Fachzeitschriften. In manchen Bibliotheken wird dies dadurch erleichtert, dass die Neuerwerbungen eine zeitlang gesondert aufgestellt sind, bevor sie an ihren endgültigen Standort kommen.

Auf jeden Fall lohnt es sich darüber hinaus, die bereits oben bei der Quellensuche genannten **Standardwerke**, also Handbücher und Lexika heranzuziehen. Allerdings ist dabei zu beachten, dass nichts so schnell veraltet wie Literaturhinweise. Aus diesem Grund kön-

nen die Bände im „Handbuch der Altertumswissenschaft", obwohl
sie neben Quellen auch Sekundärliteratur verzeichnen, für die Literatursuche nicht mehr verwendet werden. Besonders nützlich sind
dagegen die zum Teil gerade erst erschienenen Bände der „Cambridge Ancient History" (2./3. Aufl.), oder auch neuere Spezialhandbü-
cher wie zum Beispiel das bereits erwähnte „Lehrbuch der Geschichte der Alten Kirche" von Frank. An dieser Stelle darf auch verwiesen werden auf die neueren Bände der chronologisch und thematisch gegliederten Publikationsreihe
– H. Temporini/W. Haase (Hgg.), Aufstieg und Niedergang der rö-
    mischen Welt, Berlin/New York 1972 ff. (= ANRW).
Im Bereich der Nachschlagewerke schließlich sind im Zusammenhang mit der unsystematischen Literaturrecherche an erster Stelle
„Der Neue Pauly" und die Neuauflage des OCD zu nennen, des Weiteren natürlich die neueren Bände des RAC und des „Hoops" (→ Kap. 3.2.3).

Systematisches Bibliographieren | 3.3.4

Systematisches Bibliographieren besteht, wie erwähnt, darin, möglichst neue und möglichst thematisch geordnete Literaturverzeichnisse durchzusehen. Wer **Vollständigkeit** anstrebt, sollte anhand der
dort aufgeführten Publikationen unsystematisch weitersuchen
(s.o.), um auch abgelegene Publikationen zu erfassen.

Literaturlisten und -verzeichnisse finden sich in Handbüchern
oder handbuchartigen Sammelbänden, in abgeschlossenen Bibliographien und in periodisch erscheinenden bibliographischen Veröffentlichungen.

Wieder ist hier die Neuauflage der „Cambridge Ancient History" hervorzuheben, die neben Literaturhinweisen im Text der einzelnen
Kapitel jeweils am Ende eines jeden Bandes ausführliche chronologisch und thematisch gegliederte Literaturlisten bietet. Genauso
wichtig für die systematische Literatursuche sind ferner die Bände
aus der – übrigens nicht nur die Alte Geschichte abdeckenden –
Reihe „Oldenbourg Grundriss der Geschichte" (OGG); diese enthalten außer einer knappen Darstellung ohne Quellen- und Literaturverweise einen umfangreichen thematisch gegliederten Literatur-
anhang, und als Besonderheit einen zwischen Darstellung und Anhang eingeschobenen so genannten ‚Forschungsteil', der es erlaubt,
die wichtigsten Forschungsfelder und etwaige Forschungskontro-
versen zu den jeweiligen Bereichen nachzuvollziehen. Die derzeit

vorliegenden **abgeschlossenen Bibliographien** zur griechischen und zur römischen Geschichte hingegen sind eigentlich hoffnungslos veraltet und erschließen allenfalls den älteren Forschungsstand etwas detaillierter.

Die für die Antike wichtigen Bände der Reihe „Oldenbourg Grundriss der Geschichte":
- W. Schuller, Griechische Geschichte, OGG 1, 5. Aufl., München 2002.
- H.-J. Gehrke, Geschichte des Hellenismus, OGG 1a, 3. Aufl., München 2003.
- J. Bleicken, Geschichte der römischen Republik, OGG 2, 6. Aufl., München 2004.
- W. Dahlheim, Geschichte der römischen Kaiserzeit, OGG 3, 3. Aufl., München 2003.
- J. Martin, Spätantike und Völkerwanderung, OGG 4, 4. Aufl., München 2001.

Speziell für die **römische Kaiserzeit** ist außerdem von Nutzen (ähnlich aufgebaut wie OGG):
- F. Jacques/J. Scheid, Rom und das Reich in der Hohen Kaiserzeit 44 v. – 260 n. Chr., I: Die Struktur des Reiches, Stuttgart 1998.
- C. Lepelley u. a., Rom und das Reich in der Hohen Kaiserzeit 44 v. – 260 n. Chr., II: Die Regionen des Reiches, München 2001.

Abgeschlossene Bibliographien zur griechischen und römischen Geschichte:
- I. Weiler, Griechische Geschichte. Einführung, Quellenkunde, Bibliographie, 2. Aufl., Darmstadt 1988.
- K. Christ, Römische Geschichte. Einführung, Quellenkunde, Bibliographie, 3. Aufl., Darmstadt 1980.
- K. Christ, Römische Geschichte. Eine Bibliographie, Darmstadt 1976.

Umfangreiche und gegliederte Literaturverzeichnisse zu **Einzelfragen** finden sich, außer in manchen Handbüchern für spezielle Themenbereiche – wie etwa W. Pohl, Die Germanen, München 2000 – insbesondere in Form von so genannten **Spezialbibliographien**, zum Beispiel bei:
- G. Alföldy/J.-U. Krause (Hgg.), Bibliographie zur römischen Sozialgeschichte, 2 Bde., Stuttgart 1992/98.

- N. Brockmeyer, Bibliographie zur antiken Sklaverei, 2 Bde., 2. Aufl., Bochum 1983.
- D. Flach, Bibliographie zur römischen Agrargeschichte, Paderborn 1991.
- J. Wiesehöfer/U. Weber, Das Reich der Achaimeniden. Eine Bibliographie, Berlin 1996.

Meistens sind die vorhandenen Literaturverzeichnisse in Handbüchern und abgeschlossenen Bibliographien mindestens drei bis vier Jahre alt, und auch beim unsystematischen Bibliographieren ergibt sich natürlich das Problem, dass nur ‚rückwärts‘ gearbeitet wird. Wer neuere Literatur systematisch erfassen will, muss daher auf **regelmäßig erscheinende bibliographische Hilfsmittel** zurückgreifen. Im Bereich der Alten Geschichte sind dies die so genannte *„Année philologique"* (hgg. von J. Marouzeau u.a., Paris 1928 ff.; → Kap.3.3.5) und die bibliographischen Beilagen und Buchanzeigen vor allem folgender wichtiger Zeitschriften:

- **Gnomon**, hgg. von L. Curtius u. a., 1925 ff. Gnomon erscheint jährlich in acht **FASZIKELN**. In jedem zweiten Faszikel befindet sich am Ende eine so genannte bibliographische Beilage der jüngsten Publikationen, die chronologisch und thematisch geordnet ist.

    FASZIKEL, von latein. *fasciculus* = Bündelchen, Strauß; hier: Teillieferung.

- **Historische Zeitschrift** (HZ), 1859 ff. In jedem Faszikel der HZ findet sich, nach Epochen getrennt, eine Liste der eingegangenen Bücher, wodurch die deutschsprachige Forschung erfasst werden kann.
- **The Journal of Hellenic Studies** (JHS), 1880 ff. und **The Journal of Roman Studies** (JRS), 1911 ff. Im JHS und im JRS, die in der Regel erst zum Jahresende zugänglich sind, finden sich am Ende jedes Bands alphabetische Aufstellungen der eingegangenen neuesten (vor allem) englischsprachigen Literatur.

Die „Année philologique" (der ‚Marouzeau') | 3.3.5

Die **Année philologique**, nach dem ursprünglichen Herausgeber häufig auch ‚Marouzeau' genannt, erfasst nahezu alle wissenschaftlichen Veröffentlichungen (Monographien und Aufsätze), die in den klassischen Altertumswissenschaften innerhalb eines Jahres erschienen sind (daher der Titel *„Année"*). Angesichts dieses gewaltigen Unterfangens ist es natürlich nicht erstaunlich, dass sie dabei stets eine gewisse Zeit zurückliegt. Früher betrug der Abstand im Normalfall etwa zwei Jahre, das heißt, der Année-Band, der 1980 erschien, verzeichnete die Literatur von 1978 (und hieß dementsprechend „*L'Année philologique 1978*"). Die steigende Publikationsflut der letzten Jahre hat diesen zeitlichen Abstand jedoch wachsen lassen, und in den 1990ern verzögerte sich so mancher Band in seinem Erscheinen extrem. Vor kurzem wurde diese Lücke geschlossen und 2003 der Band für die 2001 veröffentlichte Literatur vorgelegt. Seither scheint der zweijährige Abstand eingehalten werden zu können. Die Gliederung im Einzelnen:

Erster Teil: Literatur zu antiken Autoren (Editionen, Übersetzungen, Kommentare, Untersuchungen etc.), alphabetisch geordnet nach den Namen der antiken Autoren. Wer also zum Beispiel neueste Literatur zu Tacitus oder Cicero suchen will, muss nur den ersten Teil des entsprechenden Bandes konsultieren.

Zweiter Teil: Sonstige Literatur, chronologisch und thematisch geordnet (zum Beispiel in Rubriken wie *Histoire Romaine*, *Civilisation Grecque* etc. eingeteilt). Leider sind diese Verzeichnisse sehr umfangreich und es ist nicht immer klar, unter welche Rubrik der „*Année philologique*" ein Thema fällt.

Um eine zeitraubende Suche abzukürzen, gibt es den

Dritten Teil: Indizes, mit deren Hilfe die in Teil 1 und vor allem in Teil 2 verzeichnete Literatur bequem aufgefunden werden kann. In den neueren Bänden der „*Année philologique*" gibt es den

Index nominum antiquorum (Index antiker Personennamen): So kann zum Beispiel Literatur zu Kleopatra gefunden werden.

Index nominum recentiorum (Index neuerer Personennamen): So kann – im Rahmen rezeptionsgeschichtlicher Fragestellungen – zum Beispiel Literatur zu Theodor Mommsen gefunden werden.

Index geographicus (Index der Orts- und Landschaftsnamen): So kann zum Beispiel Literatur zu Sparta oder Rom gefunden werden.

Index des Auteurs (Index der modernen Autoren): Dieses Register ist heranzuziehen bei der Erstellung von Publikationslisten und vor allem bei der Suche nach Rezensionen zu einem bestimmten Buch (s. u.).

Wer Literatur sucht, die sich weder auf einen antiken Autor bezieht, noch durch einen der Indizes erfassbar ist (zum Beispiel Literatur zur antiken Sklaverei), muss den mühsamen Weg gehen und die Sachrubriken des Inhaltsverzeichnisses durcharbeiten (in diesem Falle beispielsweise *Histoire sociale*). In alten Bänden gibt es nur den *Index des Auteurs* und den *Index nominum antiquorum*.

In den Indizes der alten Année-Bände wird die Literatur nach Seitenzahl verzeichnet, auf der sie erscheint. In den neueren Bänden sind die Veröffentlichungen durchnumeriert, und die Zahlen im Index bedeuten nicht die Seitenzahlen, sondern die Publikationsnummern. Außerdem findet sich am Anfang eines jeden Année-Bandes ein äußerst nützliches Abkürzungsverzeichnis für alle zitierten Fachzeitschriften.

Tipp

Bibliographieren

Wer die neueste Literatur finden will, die noch nicht über die *„Année philologique"* erschlossen werden kann, muss die bibliographischen Beilagen und Buchanzeigen in den einschlägigen Zeitschriften (→ S. 147) durchsehen.

Wissenschaftliche Buchbesprechungen in Fachzeitschriften bezeichnet man gemeinhin als **REZENSIONEN** (→ Kap. 3.6.2). Rezensionen haben den Vorteil, dass man sich relativ schnell über den Inhalt und die Bedeutung einer Publikation orientieren kann. Darüber hinaus sind Rezensionen oft der Ansatzpunkt für eine wichtige Forschungsdiskussion. Es sollte daher zur Selbstverständlichkeit werden, zusätzlich zur Lektüre einer wissenschaftlichen Monographie (denn besprochen werden zumeist nur diese) die entsprechenden Rezensionen heranzuziehen.

REZENSION, von latein. recensere = aufzählen, erzählen.

Wenn Rezensionen zu einem bereits in der *„Année philologique"* verzeichneten Buch erscheinen, so wird das Buch – normalerweise in einem späteren Band der *„Année"* – nochmals angezeigt mit einem Hinweis auf die Erstanzeige im betreffenden früheren Band, sowie mit den Angaben, wer das Buch in welcher Zeitschrift rezensiert hat. Aus Platzgründen werden diese Angaben abgekürzt, und deshalb befindet sich am Anfang eines jeden Année-Bandes ein umfassendes Verzeichnis zu den **Zeitschriftenabkürzungen**.

Sucht man also Rezensionen zu einem bestimmten Buch, so muss man zuerst über den Autorenindex des Année-Bandes aus dem Erscheinungsjahr die Erstanzeige des Werkes in der *„Année philologique"* finden. Es kann dabei manchmal vorkommen, dass schon bei dieser Erstanzeige Rezensionen des betreffenden Werkes genannt werden. Dies liegt daran, dass eine Erstanzeige in der *„Année"* teilweise ja um Jahre später erschienen ist als das Buch selbst, so dass unter Umständen schon vor der Publikation der Anzeige erste Besprechungen von der Redaktion der *„Année philologique"* erfasst werden konnten. – Danach konsultiert man die Année-

Bände der folgenden Jahre auf dieselbe Art: Wieder muss man im Autorenindex nachschlagen; wenn das Buch zwischenzeitlich rezensiert wurde, so ist es samt der Besprechungen erneut verzeichnet. Zu wichtigen Büchern erscheinen Rezensionen noch bis zu fünf Jahre nach der Publikation.

Rezensionen zu Büchern, die (noch) nicht in der *„Année philologique"* erfasst worden sind, findet man, indem man die einschlägigen Zeitschriften nach Rezensionen durchblättert. Deutsche Rezensionen finden sich vor allem in der Zeitschrift „Gnomon", wo nach Autoren und nach Rezensenten verzeichnet wird, sowie in den Zeitschriften „Klio", „Gymnasium" oder der HZ. Englische Rezensionen finden sich im JHS, im JRS oder im *„Classical Review"* (Oxford 1887 ff.).

3.4 | EDV-gestützte Recherche

In den letzten zwanzig Jahren hat sich auch im Bereich der Altertumswissenschaften der Einsatz von Computern und Datenbanken eingebürgert, und natürlich ist das Internet aus der tagtäglichen Arbeit ebenso kaum mehr wegzudenken. Insgesamt ist das Themenfeld ‚Alte Geschichte und Computer' freilich im Fluss und recht schnelllebig. Eine erschöpfende Einführung in die Welt des **virtuellen Altertums** erscheint daher weder machbar noch sinnvoll. Die hier vorgelegten Ausführungen beschränken sich dementsprechend darauf, Grundlinien zu skizzieren und die wichtigsten Hilfsmittel in Auswahl zu präsentieren. Im Folgenden werden die Bereiche ‚Recherche' und ‚e-Publikationen' dargestellt; was es darüber hinaus zum computerunterstützten Studieren zu sagen gibt, wird unten in Kap. 5.1.7 behandelt.

3.4.1 | Digitale Quellensuche
Texte:
Die schriftlichen Quellen, die für die Alte Geschichte relevant sind, liegen mittlerweile beinahe vollständig in digitaler Form vor, sei es als CD-Rom, sei es im Internet. Führend bei der Bereitstellung computerlesbarer Quellencorpora ist noch immer das amerikanische **Packard Humanities Institute**, das eine CD-Rom mit lateinischen Texten bis etwa 200 n. Chr. (PHI 5.3 *„Latin Texts and Bible Versions"*) und eine CD-Rom mit fast allen bekannten griechischen Inschriften, Papyri und Ostraka (PHI 7) anbietet. Die meisten antiken griechischen Texte und eine große Anzahl byzantinischer Autoren enthält der so

genannte TLG (= „*Thesaurus Linguae Graecae*"), der von der University of California at Irvine angefertigt wurde. Außerdem verfügbar sind mehrere CD-Rom Datenbanken mit Schriften der spätantiken Kirchenväter, die so genannte „*Bibliotheca Teubneriana Latina*" mit vielen lateinischen Autoren, die spätantiken Gesetzessammlungen sowie die „*Monumenta Germaniae Historica*" – diese umfassen allerdings hauptsächlich mittelalterliche Texte. Einige dieser Datenbanken sind auch online verfügbar, hinzu kommt eine Vielzahl von **Online-Datenbanken** zu einzelnen Autoren und Werken.

Inschriften:
Speziell zu den antiken lateinischen Inschriften kann man über das Internet gleich zwei umfangreiche Datenbanken aufrufen: zum einen die „Epigraphische Datenbank Heidelberg" (EDH; www.uni-heidelberg.de/institute/sonst/adw/edh), und zum anderen die „Epigraphische Datenbank Clauss/Slaby" (www.rz.uni-frankfurt.de/clauss).

Papyri:
Für Papyri bietet das so genannte „Heidelberger Gesamtverzeichnis der Papyrusurkunden Ägyptens" eine aktuelle Zusammenstellung aller dokumentarischen ägyptischen Papyri (HGV; http://www.rzuser.uni-heidelberg.de/~gv0/gvz.html), und über die „*Leuven Homepage of Papyrus Archives and Collections*" erhält man sowohl eine Übersicht über antike Archive, als auch einen Zugang zu den heutigen Sammlungen (LHPC; http://lhpc.arts.kuleuven.ac.be).
Schließlich haben sich die großen amerikanischen Papyrussammlungen zu einem „*Advanced Papyrological Information System*" zusammengeschlossen, das Texte, Übersetzungen und Interpretationen erschließt und vielfältige Hinweise und Hilfen enthält (APIS; http://www.columbia.edu/cu/lweb/projects/digital/apis/index.html).
  All diese Textsammlungen können nun – zum Teil mithilfe spezieller **Rechercheprogramme** – relativ einfach durchsucht werden, und deshalb hat es auf den ersten Blick den Anschein, als seien die Möglichkeiten der EDV-gestützten Quellenrecherche in der Alten Geschichte außerordentlich gut. Der Eindruck trügt jedoch! In den meisten Fällen dürfte sich eine computerisierte Suche nach Quellen als vollkommen unpraktikabel erweisen; bei althistorischen Pro- oder Hauptseminararbeiten im Studium ist dies allemal so. Das liegt

nun weder daran, dass es vereinzelt noch etwas ‚sperrige' Suchprogramme gibt – hier haben sich die Bedingungen eigentlich kontinuierlich verbessert, und außerdem gilt stets: Übung macht den
Meister! –, noch ist die leidige Kostenfrage dafür verantwortlich: In
der Regel bestehen für kostenpflichtige EDV-Angebote Seminar-
oder gar Campuslizenzen, so dass Universitätsangehörige für deren
Nutzung nicht privat bezahlen müssen.

Die grundsätzliche **Problematik** bei der Arbeit mit den digitali-
sierten Quellentexten besteht vielmehr in der **Art der Suche**: Es können nämlich in der Regel lediglich einzelne Vokabeln gesucht werden, und dies schränkt die Verwendbarkeit der einschlägigen Datenbanken doch erheblich ein. Am besten eignet sich eine auf diese
Art computergestützte Quellenrecherche für Wortfelduntersu-
chungen, möglich ist auch ein Auffinden gezielt ausgewählter Be-
legstellen. Der Versuch, einen sachlichen Zusammenhang auf die
genannte Weise aufzuhellen, ist dagegen äußerst mühsam, denn in
einem solchen Fall würde die Zahl der zu überprüfenden Suchvo-
kabeln beinahe ins Unermessliche steigen, und bereits eine einzelne Recherche kann überaus zeitaufwändig sein.

Münzen:

Neben Textdatenbanken gibt es ferner eine Vielzahl von **Bild- und vor
allem Münzdatenbanken**: An erster Stelle steht hierbei die Homepage
der *„American Numismatic Society"*, die durch Einführungen in die
Münz- und Geldgeschichte, umfangreiche bibliographische Nach-
schlagemöglichkeiten, Aufnahme ihrer Sammlungsbestände sowie
hilfreiche Links glänzt (http://www.numismatics.org/).

Eine Auswahl von Münzbildern und Beschreibungen bietet
außerdem die „Numismatische Bilddatenbank Eichstätt"
(http://www.gnomon.ku-eichstaett.de/LAG/nbe/nbe.html). Reichhal-
tiges Bildmaterial findet man bei http://www.coinarchives.com,
einer gemeinsamen Datenbank internationaler Münzhandelshäu-
ser; speziell die griechischen und römischen Münzen Kleinasiens
erfaßt ISEGriM, das „Informationssystem zur Erfassung griechischer Münzen: 7. Jh.v. Chr. bis Ende 3. Jh.n. Chr."
(http://hist3-10.phil-fak.uni-duesseldorf.de/isegrim/index.html).

Archäologie:

Darüber hinaus präsentieren sich heutzutage ebenso die wichtigen
Museen im Internet, und man findet natürlich auch Webseiten zu

antiken Stätten. Es sind also mittlerweile nicht nur die schriftlichen Quellen der Alten Geschichte im Cyberspace vertreten, sondern auch die anderen Quellengattungen, und das diesbezügliche Angebot wächst. Hier ist Orientierungshilfe dringend vonnöten, und diese findet man, außer in der unten angegebenen Einführungsliteratur, gegenwärtig vor allem beim KIRKE-Projekt von Ulrich Schmitzer (www.kirke.hu-berlin.de) und beim amerikanischen Perseus-Projekt (www.perseus.tufts.edu).

Digitale Literatursuche

| 3.4.2

Anders als bei der Quellensuche hat der Einsatz der neuen EDV-Angebote bei der **Literaturrecherche** zu einer wahrhaften Revolutionierung in fast jeglicher Hinsicht geführt: Man findet heutzutage viel schneller viel mehr Literatur, als dies auf die herkömmliche Weise auch nur denkbar gewesen wäre. Dies bringt freilich den Nachteil mit sich, dass mitunter der Überblick verloren zu gehen droht. Dann kann es sinnvoll sein, sich mit den allerneuesten Treffern zu begnügen und diese als Ausgangspunkte für eine unsystematische Literatursuche ‚von Hand‘ zu verwenden.

Grundsätzlich bieten sich für eine computergestützte Literatursuche zwei verschiedene Wege an: zum einen Bestandskataloge von Bibliotheken und Bibliotheksverbünden und zum zweiten fachspezifische bibliographische Datenbanken. Von der Recherche mithilfe der einschlägigen Internet-Suchmaschinen ist dagegen eher abzuraten, da die vorhandenen anderen Suchmöglichkeiten im Allgemeinen vollständiger sind und zudem viel schneller zum Ziel führen. Mittlerweile gibt es nämlich für die meisten Universitäts- und auch viele Seminarbibliotheken umfassende EDV-Kataloge, die vielerorts problemlos auch über das Internet benutzt werden können. Es lohnt sich daher immer, die Bestände gut bestückter Bibliotheken zu durchsuchen (z. B. über den „Karlsruher Virtuellen Katalog" (http://www.ubka.uni-karlsruhe.de/krk.html), auch wenn man sich anderswo aufhält. Dabei eignen sich Bibliothekskataloge freilich nur zum Auffinden von Büchern, also von Monographien und Sammelwerken (→ Kap. 3.6.4 sowie 5.1.6). Wer Zeitschriftenaufsätze und andere Einzelbeiträge sucht, muss auf **fachspezifische Literaturdatenbanken** zugreifen; im Bereich der Altertumswissenschaft sind dies vor allem die Datenbanken DYABOLA und GNOMON sowie die Online-Version der *„Année philologique"*.

Abb. 35

Die Startseite von
GNOMON ONLINE.

- Die kostenpflichtige archäologische Datenbank **DYABOLA** ist die of-
  fizielle Fortführung der 1992 eingestellten „Archäologischen Bibliographie" des Deutschen Archäologischen Instituts. DYABOLA
  ist auf CD-Rom und im Internet in identischen Versionen verfügbar, die Benutzung ist gewöhnungsbedürftig (www.dyabola.de).
- Demgegenüber unterscheidet sich bei der althistorischen Litera-
  turdatenbank **GNOMON** die Online-Version von der CD-Version erheblich. Letztere ist umfangreicher, aber kostenpflichtig und in
  der Benutzung ebenfalls nicht unkompliziert. Die Internet-Ver-
  sion ist gratis, enthält aber nur die Titel der jeweils letzten drei
  Jahre. Sie findet sich unter der Adresse
  http://www.gnomon.ku-eichstaett.de/Gnomon/Titelsuche.html.
Seit kurzem ist ferner die **Année Philologique** kostenpflichtig im Internet präsent, man kann die Datenbank aufrufen unter www.annee-
philologique.com/aph. Über die Benutzerfreundlichkeit dieser Datenbank kann man ebenfalls geteilter Meinung sein.

Insgesamt gilt in Bezug auf die Fragen der Benutzerfreundlichkeit
und der Kosten bibliographischer Spezialdatenbanken aber natürlich
dasselbe, was oben für die Quellenrecherche anzumerken war: An
den meisten Universitäten stehen diese Hilfsmittel kostenlos zur
Verfügung, und wer sich genügend Zeit nimmt, wird sich erfolgreich
in die Bedienung der jeweiligen Suchprogramme einarbeiten!

3.4.3 | e-Publikationen

Die neuen Medien werden heutzutage natürlich nicht mehr nur
dazu genutzt, die Suche nach gedrucktem Material zu erleichtern
und zu beschleunigen. Vor allem das Internet ist inzwischen für

viele längst zur **primären Informationsquelle** geworden: Wer sich schnell über einen beliebigen Sachverhalt informieren will, gibt diesen als Suchwort in eine der bekannten Suchmaschinen ein und lässt sich vom Ergebnis überraschen. Dagegen ist zwar nichts Grundsätzliches einzuwenden, doch Vorsicht ist durchaus geboten! Wenn schon Papier geduldig ist, dann gilt diese Eigenschaft erst recht für Online-Publikationen. Die große Stärke des WorldWide-Web ist eben zugleich seine große Schwäche, denn Meinungsfreiheit und Meinungsvielfalt gehen einher damit, dass es auch kaum eine Qualitätskontrolle gibt. Besonders wenn man auf der Suche nach Erstinformationen ist, kann man seriöse Internetseiten zumeist noch nicht unterscheiden von zweifel- oder gar fehlerhaften Webauftritten und läuft dadurch Gefahr, in eine völlig falsche Richtung gelenkt zu werden. Studierende im Grundstudium sollten bedenken, dass ihnen in den Lehrveranstaltungen – oder auch in Büchern wie diesem – nicht ohne Grund einschlägige Literatur sowie fachspezifische Hilfsmittel und Nachschlagewerke empfohlen werden, mit denen sie ihre eigene Arbeit beginnen sollten (→ 5.1.5 und den Anhang). Erst wer sich in ein Thema eingelesen hat, kann wirklich beurteilen, welche Internetangebote hilfreich sind, und welche in die Irre führen.

Ein wenig wird diese Problematik freilich dadurch entschärft, dass sich, wie bei den Druckerzeugnissen, wo es seit langem einschlägige Verlage und Zeitschriften gibt (→ Kap. 3.3), mittlerweile auch im Internet erste Anlaufstellen herausgebildet haben, die für einen seriösen Inhalt bürgen. Dazu zählen die beiden bereits oben erwähnten Projekte **KIRKE** (www.kirke.hu-berlin.de) und **Perseus** (www.perseus.tufts.edu), sowie das Informationsportal **Clio-Online** (http://www.clio-online.de), das die gesamte deutschsprachige Geschichtswissenschaft abdeckt. Darüber hinaus ist selbstverständlich an die immer zahlreicher werdenden Internetauftritte altertumswissenschaftlicher Institutionen zu denken, etwa an die Seiten einzelner Universitätsinstitute oder der wissenschaftlichen Akademien (viele entsprechende Links findet man bei KIRKE und Clio-Online).

Aus den zahllosen nützlichen Veröffentlichungen zur Alten Geschichte, die man im Internet aufrufen kann, seien an dieser Stelle besonders die in elektronischer Form vorliegenden Rezensionen herausgehoben, denn das neue Medium erweist seine Überlegenheit gegenüber den herkömmlichen Publikationsweisen vor allem in diesem Bereich. Für eine schnelle Orientierung im Bereich der

Neuerscheinungen ist es nämlich sehr wichtig, relativ zügig erste Einschätzungen und Inhaltsangaben zu neuester Literatur zur Verfügung zu haben. Aus diesem Grund ist es besonders misslich, dass sich die Veröffentlichung von Rezensionen mit der steigenden Publikationsflut der vergangenen Jahre extrem verzögert hat; oft dauert es zwei bis drei Jahre, bis eine Buchbesprechung endlich erscheint. Natürlich liegt dies in erster Linie daran, dass immer mehr Bücher besprochen werden müssen, und insofern handelt es sich um ein prinzipielles, alle Veröffentlichungsformen betreffendes Problem, das vielleicht irgendwann zum Kollaps der wissenschaftlichen Kommunikation führt. Zum gegenwärtigen Zeitpunkt macht es aber sehr wohl noch einen Unterschied, wenn (verspätet verfasste) Rezensionen auf elektronischem Wege drei oder gar sechs Monate früher vorgelegt werden können als in einer auf Papier gedruckten Zeitschrift. Es ist daher nicht verwunderlich, dass die **elektronischen Rezensionen** ohne Zweifel die meistgelesene Gattung der elektronischen Veröffentlichungen sind; auch wer ansonsten e-Publikationen meidet, kann heute kaum mehr umhin, die für Rezensionen einschlägigen Internet-Plattformen im Blick zu behalten.

Wichtig ist in diesem Zusammenhang vor allem die so genannte Mailing-Liste **H-Soz-u-Kult** (http://hsozkult.geschichte.hu-berlin.de), die über Neuerscheinungen, wissenschaftliche Tagungen und auch Stellenangebote im gesamten Bereich der Geschichtswissenschaft auf dem Laufenden hält. Daneben gibt es für den deutschsprachigen Raum die so genannten **Sehepunkte**, ein rein elektronisches Rezensionsorgan, das ebenfalls die gesamte Geschichtswissenschaft abdeckt (http://www.sehepunkte.de), und von den speziell altertumswissenschaftlich orientierten elektronischen Zeitschriften sei schließlich noch der **Bryn Mawr Classical Review** erwähnt (BMCRev; http://ccat.sas.upenn.edu/bmcr). Die Möglichkeit, elektronische Rezensionen historischer Fachliteratur gezielt zu suchen, bietet sich neuerdings über das bereits oben erwähnte Informationsportal **Clio-Online** (http://www.clio-online.de/rezensionen).

Wer elektronische Publikationen verwendet, hat für diese natürlich auch einen Zitiernachweis beizubringen. Leider gibt es in Bezug auf die **Zitation elektronischer Publikationen** noch keine verbindlichen Standards, sondern lediglich Gepflogenheiten sowie das Bemühen, zu allgemein akzeptierten Konventionen zu gelangen. Das Folgende versteht sich daher als Empfehlung. Leitlinie sollten hierbei die Anforderungen sein, die man an die vollständige bibliogra-

phische Angabe einer gedruckten Veröffentlichung stellt (→ Kap. 3.6.4).
Der Beleg muss es also ermöglichen, die genannte Publikation eindeutig zu identifizieren und problemlos aufzufinden. Dazu ist in
erster Linie die Nennung der betreffenden Internetadresse notwendig (*URL = Uniform Resource Locator*), und leider lassen es viele dabei
bewenden. Es sollte im Interesse einer größeren Klarheit und Transparenz freilich zur Regel werden, dieser URL-Angabe – wenn möglich – einen Verfassernamen und den Titel der Publikation voranzustellen. Darüber hinaus ist es angezeigt, zur Internetadresse noch
das genaue Datum anzugeben, zu dem man die jeweilige Seite besucht hat (zumindest Monat und Jahr), denn Änderungen sind im
Internet bekanntlich an der Tagesordnung (Ein Zitierbeispiel für e-
Publikationen findet sich im → Kap. 3.6.4.).

Die Materialbewältigung $\quad$ | 3.5

Quellenbearbeitung $\quad$ | 3.5.1

Natürlich geht es bei der Lektüre von Quellen zunächst schlicht
und ergreifend darum, den Inhalt einer bei der Recherche aufgefundenen Stelle korrekt zu erfassen und – normalerweise, indem
man sich die Kernaussagen herausschreibt, s. u. – für die weitere Arbeit abrufbar zu machen. Angesichts der oben in Kapitel 2.2 herausgestellten Besonderheiten der antiken literarischen Überlieferung ist es freilich ratsam, einige wichtige Punkte grundsätzlich zu
bedenken und diese bei der Bearbeitung von Quellen regelmäßig zu
überprüfen:
- Einzelstelle und gesamtes Werk: Auch wenn man vielleicht nur
  einen Einzelbeleg aus einem größeren Werk benötigt, sollte man
  stets den Kontext einer Stelle klären, um über inhaltliche oder
  auch überlieferungstechnische Eventualitäten Bescheid zu wissen.
- Literaturgattungen und Topik: Vor allem muss die Möglichkeit
  im Blick behalten werden, dass Quellenaussagen von gattungsspezifischen Regeln bestimmt sind oder anderen topischen Bezügen unterliegen.
- Quellenkritik und Quellenforschung: Schließlich und endlich ist
  es unabdingbar, etwaige Darstellungsabsichten eines Verfassers
  zu kennen. Es ist also notwendig, sich über die Lebensumstände

der jeweiligen Person kundig zu machen, und in diesem Zusammenhang stellt sich letztlich auch die Kardinalfrage der Quellenforschung: Woher konnte der Autor überhaupt das wissen, was er uns berichtet?

Vor diesem Hintergrund empfiehlt es sich immer, mit textkritischen Editionen und einschlägigen Kommentaren zu arbeiten (zum Auffinden → Kap. 3.3); eine zuverlässige erste Orientierung über antike Autoren und deren Werke bieten kleinere Lexika wie die bereits oben bei der Quellensuche erwähnten Nachschlagewerke DNP, KlP, LAW und OCD sowie:

- W. Buchwald/A. Hohlweg/O. Prinz (Hgg.), Tusculum-Lexikon griechischer und lateinischer Autoren des Altertums und des Mittelalters, 3. Aufl., Zürich/München 1982.
- P. Kroh, Lexikon der Antiken Autoren, Stuttgart 1972.

Ausführlichere Informationen zu Autoren finden sich zum Beispiel in der RE sowie in den einschlägigen Handbüchern über antike Literatur und Geschichtsschreibung (→ S. 60).

Es ist kein Geheimnis, dass die meisten Menschen, die sich mit antiken Texten befassen, moderne Übersetzungen leichter und schneller verstehen als das altsprachliche (lateinische oder altgriechische) Original. Im Interesse einer zügigen Materialbewältigung kann es deshalb durchaus angezeigt sein, sich den Quellen mithilfe moderner Übersetzungen zu nähern. Eine wirklich ernsthafte Quellenarbeit jedoch darf umgekehrt niemals ausschließlich auf Übersetzungen basieren. Auch wenn die Versuchung gerade in der Alten Geschichte besonders groß ist, da viele antike Schriftquellen in deutscher, englischer oder französischer Sprache vorliegen, ist es unerlässlich, bei Bedarf den **Originaltext** konsultieren zu können, und deshalb sind entsprechende **Sprachkenntnisse** eine notwendige Vorbedingung für das Studium der Alten Geschichte (→ Kap. 5.1.1)!

Die Erklärung für diese ‚eiserne Regel', die von Studierenden leider nicht immer eingesehen wird, liegt in dem in Kap. 3.1 beschriebenen Charakter der Geschichtswissenschaft: Wer im Bereich der Geschichte wissenschaftlich arbeiten will, der muss den Dingen auf den Grund gehen können, und er muss insbesondere in der Lage sein, Interpretationen anderer nachzuprüfen. Grundsätzlich gilt aber, dass jede Übersetzung bereits ihrerseits eine Interpretation ist; wer also nur mit Übersetzungen arbeitet, macht sich voll und ganz von der Interpretation des jeweiligen Übersetzers abhängig und ist nicht mehr dazu fähig, mit kritischem Urteilsvermögen hinter diese Kulissen zu blicken.

Zur eigenständigen **Übersetzung** der antiken Quellen können natürlich die gängigen **Wörterbücher** benutzt werden, z.B. die „Langenscheidt"-Lexika oder der „Stowasser" (Latein) bzw. der „Gemoll" (Griechisch). Besonders hinzuweisen ist allerdings auf drei wichtige Standardwerke:

- I. G. W. Glare, Oxford Latin Dictionary, Oxford 1968 – 1982.
- K. E. Georges, Ausführliches Lateinisch-Deutsches Wörterbuch, 2 Bde., ND Darmstadt 1998.
- H. G. Liddell/R. Scott/H. S. Jones, A Greek-English Lexicon, 9. Aufl., Oxford 1968.

Literaturbearbeitung 3.5.2

Das Problem der stetig anwachsenden Publikationsflut ist in diesem Kapitel bereits mehrfach angeklungen, und diese Tatsache ist bei den folgenden Bemerkungen durchaus im Hinterkopf zu behalten, gewissermaßen als verschärfender Faktor, der es heutzutage dringlicher denn je erscheinen lässt, mit Sekundärliteratur rationell umzugehen. Trotzdem galt auch früher schon der Grundsatz: *Ars longa, vita brevis* („Die Kunst ist umfangreich, das Leben kurz."). Wer nicht untergehen will im Ozean der Materialfülle, der muss lernen, den potentiellen Lesestoff ökonomisch zu bewältigen!

Das bedeutet zunächst, dass man das Material in wichtige (,einschlägige') und weniger wichtige Literatur einteilt und mit den grundlegenden Titeln beginnt. Bei einer solchen **Vorsortierung** können gerade Rezensionen und Forschungsüberblicke in Handbüchern oder Fachzeitschriften besonders hilfreich sein; sie erlauben es nämlich, sich schnell über den Inhalt (und die Qualität) einer Publikation zu informieren. Es lohnt sich auch meistens, zuerst kürzere Beiträge zu lesen (z.B. Artikel in Zeitschriften, Sammelbänden oder Nachschlagewerken), bevor man die umfangreicheren Monographien zum Thema in Angriff nimmt, denn häufig werden die jeweils wichtigen Punkte in Aufsätzen bündiger und kompakter dargestellt als in Büchern. Wo immer dies möglich ist, sollte man **selektiv lesen**, das heißt, anhand eines Inhaltsverzeichnisses, eines Registerteiles und zusammenfassender Abschnitte (die es nicht nur in Büchern gibt) die Kernaussagen eines Literaturtitels erfassen, um so zu entscheiden, ob er relevant ist. Nach aller Erfahrung geht dieser

Bewertungsprozess desto leichter und schneller vonstatten, je weiter man sich in ein Thema eingearbeitet hat.

Die auf diese Weise gewonnene Zeit lässt sich gewinnbringend investieren in die eingehende Lektüre der wirklich wichtigen Bücher und Aufsätze. Da niemand ein grenzenlos belastbares Gedächtnis besitzt, sollte man dabei allerdings immer Stichpunkte zum jeweiligen Inhalt, aber auch zu Literatur- und Quellenverweisen notieren, mit anderen Worten: Man sollte niemals einen wissenschaftlichen Text lesen, ohne dazu gleichzeitig ein **EXZERPT** zu erstellen. Da es vorkommen kann, dass man manchmal nach Jahren wieder auf eine Publikation stößt, die man schon einmal – vielleicht in einem ganz anderen Zusammenhang – gelesen hat, ist es außerdem ratsam, die eigenen Exzerpte möglichst so zu archivieren, dass man sie gegebenenfalls wieder verwenden kann. Nur dadurch ver-

EXZERPT, von latein. *excerpere* = herausklauben.

Abb. 36

Exzerpt.

Eder, Walter: Perserkriege, in: Der Neue Pauly 9, 2000, 605–610 (Instituts-Signatur: W-NP 9)

i) Bezeichnung
S. 605: Bezeichnung „P." ist modern:
490–480/79 v. Chr.: im engeren Sinne
490–Mitte 5. Jh. v.: im weiteren Sinne

ii) Quellen
S. 605: a) **Griech. Perspektive:** *Sieht konsequentes Ausgreifen der Perser, so*
Hdt. 3,135–138: Erkundung in Griechenland
„   3,139–149: Eroberung v. Ägäis-Inseln Skythenfeldzug und Eroberung Thrakiens
Hdt. 6,43–45: Mardonios-Feldzug (Thrakien und Makedonien als Vorbereitung zur Eroberung Griechenlands)
S. 605: b) **Pers. Perspektive:** *Unbekannt*
1. Feldzug: Wohl Strafaktion; auch zur Sicherung Seeherrschaft
2. Feldzug: Wohl Eroberung Griechenlands geplant

iii) Vorgeschichte:
S. 606: Ionischer Aufstand: Athen und Eretria halfen
Besonders provozierend für Perserkönig: Weil dieser Athener seit Hilfsgesuch 506 v. Chr. (Hdt. 5,73) als Untertanen sah

meidet man eine zeit- und vor allem nervenraubende Doppelarbeit, denn fast nichts ist schlimmer als das Gefühl, sich nur noch verschwommen an plötzlich dringend benötigte Informationen erinnern zu können.

Beim **Exzerpieren** selbst ist es wichtig, sich nicht sofort Aussagen aus dem Text herauszuschreiben. In vielen Texten werden Dinge wiederholt, und nicht zuletzt wissenschaftliche Literatur tendiert zur Redundanz. Es sollte also zuallererst die gesamte Sinneinheit gelesen werden (Kapitel o. ä.), bevor man sich überlegt, was der Autor sagen will. In diesem Zusammenhang sollten unbekannte Begriffe unbedingt nachgeschlagen werden, am besten in einer gut ausgestatteten wissenschaftlichen Bibliothek (→ Kap. 5.1.6).

Danach muss der Gedankengang Schritt für Schritt verfolgt und in passender Form in eigenen Worten knapp herausgeschrieben werden. Eigene Formulierungen sind aus zweierlei Gründen empfehlenswert: Zum einen ist dies die beste Methode um festzustellen, ob man einen Sachverhalt wirklich verstanden hat. Zum anderen wird anhand der Exzerpte vielleicht später eine Seminararbeit o. ä. angefertigt, und eine solche Ausarbeitung soll eigentlich nicht – oder höchstens ausnahmsweise – den Wortlaut und die Wortwahl fremder Werke wiederholen (→ Kap. 3.6.3). Grundsätzlich müssen Exzerpte so genau wie möglich sein, also bei Literatur- oder Quellenverweisen ausreichende bibliographische Angaben verzeichnen und bei inhaltlichen Aussagen selbstverständlich die betreffenden Seitenzahlen. Darüber hinaus lohnt es sich, eigene Gedanken oder Fragen, die beim Lesen auftauchen, aber auch konträre oder bestätigende Literatur ebenfalls auf dem Exzerpt zu notieren – freilich jeweils als solches gekennzeichnet.

An der äußeren Form von Exzerpten schließlich scheiden sich seit jeher die Geister, und deswegen soll an dieser Stelle darauf nur kurz eingegangen werden. Früher favorisierten die Perfektionisten der Archivierung den guten alten Zettelkasten mit Karteikarten und einem ausgeklügelten System der Verschlagwortung; heute empfehlen sie erwartungsgemäß computerisierte Datenbanken, und in der Tat ist dagegen nichts einzuwenden. Es sollte aber auch beim Exzerpieren und der Aufbewahrung von Exzerpten der diesbezügliche Aufwand stets in einem vertretbaren Verhältnis zum möglichen Nutzen stehen! Im Kern geht es bei Exzerpten nämlich noch immer einzig und allein darum, dass das Gelesene verstanden wird und dass es hinterher möglich ist, wieder zu finden, was von wem an welcher Stelle geschrieben worden ist. Solange dieses Ziel erreicht wird, ist es freilich zweitrangig, mit welcher persönlichen Technik man arbeitet, ob handschriftlich oder mit Computer.

Tipp

Exzerpt

1) Bewährt hat sich, beim Exzerpt die referierte Position einerseits und eigene Gedanken zum Text andererseits durch die Schriftfarbe zu unterscheiden, etwa durch die parallele Benutzung von Füller und Bleistift.

2) Für die häufig vorkommenden datierenden Angaben „1. Hälfte des 6. Jahrhunderts v. Chr." oder „3. Viertel des 5. Jahrhunderts v. Chr." hat sich eine Kurzschreibweise mit großen (für Jahrhunderthälften) und kleinen römischen Ziffern (für Jahrhundertquartale) gleichfalls sehr bewährt, z. B.:

I/6. Jh. v. Chr.

iii/5. Jh. v. Chr.

3.6 | Darstellungsformen

3.6.1 | Der mündliche Vortrag – das Referat

Grundsätzlich ist bei jeder Art von mündlichem Vortrag zweierlei vorgegeben: ein **Thema** und eine bestimmte **Redezeit**. Danach sollen die Zuhörer über das Thema informiert sein, ohne dass die Redezeit überschritten wurde. Leider wird Letzteres immer wieder zum Problem: Die Unsitte, dass ein gegebener Zeitrahmen gesprengt wird, ist wohl niemals abzustellen – mitsamt ihren unerquicklichen Begleiterscheinungen und Konsequenzen wie Ungeduld im Publikum oder, bei Lehrveranstaltungen, Verschiebungen im Terminplan bis hin zu Sondersitzungen. Dabei ist es nur ganz selten so, dass eine Verlängerung der Redezeit die Verständlichkeit des Vorgetragenen verbessert, im Gegenteil!

An der Universität wird darauf – eher unbeholfen – bisweilen so reagiert, dass man nur noch von Kurzreferaten redet, eine Sprachregelung, die freilich längst schon zum akademischen Ritual erstarrt ist: Manches Kurzreferat soll von vornherein eine ganze 90-minütige Sitzung füllen, und gerade Studienanfänger sollten sich daher, wenn sie in einer Lehrveranstaltung ein Referat übernommen haben, genau nach der ihnen zur Verfügung stehenden Redezeit erkundigen. Um diese Zeit dann tatsächlich auch einzuhalten, empfiehlt es sich, den Vortrag vor der betreffenden Sitzung schon einmal alleine oder im kleinen Kreis mit der Uhr in der Hand zu halten. Diese abgestoppte Zeit sollte allerdings höchstens zwei Drittel, vielleicht besser nur die Hälfte der vorgegebenen Redezeit betragen, denn vor allem unerfahrene Referenten tendieren dazu, bei solchen Generalproben viel zu schnell zu sprechen. Zudem ist es zumindest bei Referaten im Studium nur sehr selten der Fall, dass man die ganze Zeit ohne Unterbrechung reden kann. Hilfreich bei der genauen Zeitkalkulation kann eine schriftliche Ausarbeitung des Vortrags sein (s. u.).

Wie soll ein Referat nun vorbereitet und gehalten werden? Es gibt hier natürlich individuell verschiedene Herangehensweisen, und hinzukommt, dass eigentlich auch jedes Thema sich auf eine ganz eigene Weise erschließt. Patentrezepte sind hier also fehl am Platze.

Trotzdem lassen sich einige allgemeine Punkte festhalten: Nach der Aufarbeitung des Materials sollte man zuerst versuchen, den Themenstoff anhand folgender Leitfragen zu durchdenken:
- Worum geht es bei dem Thema überhaupt, was ist die Kernaussage?
- In welche einzelnen Schritte/Aussagen/Komplexe lässt sich das Thema einteilen?
- Wie hängen diese Teile logisch miteinander zusammen, und in welche Reihenfolge kann man sie daher bringen?

Für die Beantwortung dieser Fragen darf man sich ruhig etwas Zeit nehmen, denn das Ergebnis ist im Grunde genommen der Dreh- und Angelpunkt eines jeden Referates: eine vernünftige und **überzeugende Gliederung** in Aussagen, die im Vortrag vermittelt werden sollen. Wer diese Hürde gemeistert hat, der hat die Hälfte der intellektuellen Arbeit bereits erledigt. Eine solche Gliederung wird später auch das Gerüst für ein Thesenpapier abgeben (s. u.) und letztlich den Aufbau einer schriftlichen Ausarbeitung strukturieren. Man wird also immer wieder auf die Gliederung zurückkommen, und deswegen lohnt es sich, hier sorgfältig und genau vorzugehen. Danach ist es sehr wichtig, einen Einstieg und Überleitungen zwischen den einzelnen Punkten zu finden. In der Einleitung sollte man das Thema nennen und die Einzelpunkte, in die sich das Referat aufgliedert. Ferner sind eventuelle Fragestellungen oder Ziele/Absichten des Referates anzusprechen. Es kann auch empfehlenswert sein, an den Anfang eine These, ein treffendes Zitat o. ä. zu stellen.

Die **Darstellung** orientiert sich natürlich an der Gliederung. Immer wieder während des Vortrags sollte das Vorgehen, sollten die einzelnen Schritte ausdrücklich angegeben werden, etwa als Hinweis, ‚wo man zur Zeit ist‘, d. h., was bisher behandelt wurde und insbesondere, welches der nächste Schritt ist. Ein mündlicher Vortrag muss sehr viel klarer und ausführlicher strukturiert werden als eine schriftliche Vorlage. Definitionen oder komplexe Aussagen sollten deshalb gegebenenfalls wiederholt und unter Umständen an **Beispielen** erläutert werden.

Um das Referat anschaulicher zu gestalten, sollte das Gesagte zudem durch **zusätzliches Material** unterstützt werden. Medieneinsatz ist freilich kein Selbstzweck; im Übermaß kann er die Zuhörer ablenken oder gar überfordern, und man sollte sich daher auf das beschränken, was nötig erscheint. Kompliziertere Sachverhalte, unbekannte Begriffe und Namen oder auch Datenübersichten sollten zum Beispiel zusätzlich vorgelegt werden, desgleichen Quellentexte, Bilder oder Karten, auf die man im Vortrag eingeht. Unabdingbar ist wenigstens die Grobgliederung samt Überschrift. Welche Medien jeweils benutzt werden sollen und können, hängt natürlich davon ab, was zur Verfügung steht und zugleich sinnvoll erscheint: Kreide und Tafel, Dias, Karten, Folien für einen Tageslichtprojektor (Overhead), oder auch Beamer und Computer sind denkbar. Möglichst nicht verzichten sollte man auf schriftliche Unterlagen (so genannte **Handouts** – zu deren Gestaltung s. u.), denn sie erlauben den Zuhörern eigene Notizen für eventuelle spätere Nachfragen. Da sich die Aufmerksamkeit der Zuhörerschaft erfahrungsgemäß zunächst stärker auf Zusatzmaterial richtet, insbesondere wenn dieses während des Vortrags ausgegeben oder vorgelegt wird, sollte der Referent in einem solchen Fall eine Pause lassen oder kurze Hinweise geben, worauf es im einzelnen ankommt. Grundsätzlich gilt natürlich, dass schriftliche Unterlagen möglichst übersichtlich gestaltet sein sollen.

Am Schluss eines Referates sollte immer klar das **Ergebnis** im Blick auf die eingangs erwähnte Fragestellung und das Ziel des Vortrags zusammengefasst werden. Es empfiehlt sich, offen gebliebene Fragen hervorzuheben und gegebenenfalls für eine anschließende Diskussion Thesen und Probleme zu formulieren. Ein persönlicher Standpunkt sollte spätestens am Ende des Vortrags deutlich gemacht werden.

Mündliche Vorträge sollen **frei gehalten** werden, denn nur so sind sie lebendig und verständlich. Wer einen vorformulierten Text abliest, spricht – nicht zuletzt aus Nervosität – oft viel zu schnell, zu leise und auch zu monoton. Darüber hinaus neigt man beim Schreiben dazu, die Sätze so zu verschachteln, dass die Zuhörer häufig Mühe haben zu folgen, wenn der Text genauso abgelesen wird, wie er verfasst wurde. Nur wenige wirklich erfahrene Redner beherrschen die hohe Kunst, einen Vortrag so zu schreiben und dann auch abzulesen, dass er für das Publikum klingt wie frei gehalten.

Es ist also besser, sich nur **Stichpunkte** zu notieren – manche verwenden dafür unterschiedliche Farben und kleine Merkkärtchen – und dann anhand dieser Unterlagen aus dem Stegreif zu formulieren. Um dabei ‚den Faden nicht zu verlieren‘, ist es außerdem nützlich, sich Formulierungen für die **Überleitungen** einzuprägen. Damit der Vortrag lebendig bleibt, sollte stets auf die Sprechweise geachtet werden, die nicht zu eintönig klingen darf. Ein guter rhetorischer Trick in diesem Zusammenhang sind Betonungen, Wiederholungen, (rhetorische) Fragen und Pausen und vor allen Dingen immer wieder Blickkontakt zur Zuhörerschaft.

Dass das Talent, vor Publikum frei zu sprechen, nicht jedem in die Wiege gelegt ist, ist allseits bekannt, und natürlich ist das unweigerlich auftretende Lampenfieber kein schönes Gefühl. Man sollte daraus aber nicht die Konsequenz ziehen, den freien mündlichen Vortrag aus Angst zu vermeiden. Früher oder später wird man gerade im Studium – aber auch in vielen der denkbaren Berufsfelder (→ Kap. 5.2) – dieser Situation nicht mehr aus dem Weg gehen können. Dann ist es gut, wenn man zuvor möglichst viele Erfahrungen mit dem freien Vortrag gesammelt hat. Die meisten Menschen können sich durch **Übung** in ihrem Vortragsstil nämlich erheblich verbessern. Die viel zitierte Nervosität hingegen wird fast niemand völlig ablegen können; selbst ‚alte Hasen‘ stehen vor einem Vortrag unter einer gewissen Spannung, es kommt eben nur darauf an, wie man damit umgeht.

Trotz allem kann es aber sinnvoll sein, einen mündlichen Vortrag bei der Vorbereitung probeweise auszuformulieren. Eine solche Ausformulierung hat, wie bereits erwähnt, zum Beispiel den Vorteil, dass der Zeitaufwand viel klarer zu kalkulieren ist und das Referat – wenn nötig – rechtzeitig gekürzt werden kann. Außerdem erleichtern es die Erstellung einer Schriftfassung und insbesondere schriftliche Überleitungen erheblich, die logische Folgerichtigkeit der eigenen Gliederung zu überprüfen. Dass bei Vorträgen in einer Fremdsprache – etwa im Rahmen eines Auslandssemesters – lieber abgelesen werden sollte, versteht sich von selbst.

Zur mündlichen Präsentation empfiehlt sich, wie erwähnt, die Anfertigung und Vorlage schriftlicher Unterlagen (so genannte Seminarpapiere). In vielen Universitätsveranstaltungen ist dies sogar Pflicht. Im Allgemeinen werden dabei zwei Arten unterschieden, ein **Quellenpapier**, das möglichst vor der Sitzung, in der das Referat gehalten wird, vorliegen sollte, und ein **Referats- oder Thesenpapier**, das dann in der Sitzung vor oder während des Referates ausgegeben wird.

Abb. 37

Quellenpapier.

Übung Blum: Romanisierung im Westen des römischen Reiches

WS 2002/3

Quellenpapier zum Thema ‚Romanisierung‘

1.) Strab. 3,2,15 (Beschreibung Südspaniens)

15. Τῇ δὲ τῆς χώρας εὐδαιμονίᾳ καὶ τὸ ἥμερον καὶ τὸ πολιτικὸν συνηκολούθησε τοῖς Τουρδητανοῖς· καὶ τοῖς Κελτικοῖς δὲ διὰ τὴν γειτνίασιν, ὡς εἴρηκε Πολύβιος, ἢ³ διὰ τὴν συγγένειαν, ἀλλ᾽ ἐκείνοις μὲν ἧττον· τὰ πολλὰ γὰρ κωμηδὸν ζῶσιν. οἱ μέντοι Τουρδητανοί, καὶ μάλιστα οἱ περὶ τὸν Βαῖτιν, τελέως εἰς τὸν Ῥωμαίων μεταβέβληνται τρόπον, οὐδὲ τῆς διαλέκτου τῆς σφετέρας ἔτι μεμνημένοι. Λατῖνοί τε οἱ πλεῖστοι γεγόνασι, καὶ ἐποίκους εἰλήφασι Ῥωμαίους, ὥστε μικρὸν ἀπέχουσι τοῦ πάντες εἶναι Ῥωμαῖοι. αἵ τε νῦν συνῳκισμέναι πόλεις, ἥ τε ἐν τοῖς Κελτικοῖς Παξ-αυγούστα καὶ ἡ ἐν τοῖς Τουρδούλοις Αὐγούστα Ἠμερίτα καὶ ἡ περὶ τοὺς Κελτίβηρας Καισαραυγούστα καὶ ἄλλαι ἔνιαι κατοικίαι τὴν μεταβολὴν τῶν λεχθεισῶν πολιτειῶν ἐμφανίζουσι. καὶ δὴ τῶν ᾽Ιβήρων ὅσοι ταύτης εἰσὶ τῆς ἰδέας τογᾶτοι¹ λέγονται· ἐν δὲ τούτοις εἰσὶ καὶ οἱ Κελτίβηρες οἱ πάντων νομισθέντες ποτὲ θηριωδέστατοι. ταῦτα μὲν περὶ τούτων.

15. Along with the happy lot of their country, the qualities of both gentleness and civility have come to the Turditanians; and to the Celtic peoples, too, on account of their being neighbours to the Turdetanians, as Polybius has said, or else on account of their kinship; but less so the Celtic peoples, because for the most part they live in mere villages. The Turdetanians, however, and particularly those that live about the Baetis, have completely changed over to the Roman mode of life, not even remembering their own language any more. And most of them have become Latins,⁴ and they have received Romans as colonists, so that they are not far from being all Romans. And the present jointly-settled cities, Pax Augusta in the Celtic country, Augusta Emerita in the country of the Turdulians, Caesar-Augusta near Celtiberia, and some other settlements, manifest the change to the aforesaid civil modes of life. Moreover, all those Iberians who belong to this class are called "Togati."¹ And among these are the Celtiberians, who were once regarded the most brutish of all. So much for the Turditanians.

2.) Tac. Agr. 21 (Ereignisse im 2. Jahr der Statthalterschaft des Cn. Iulius Agricola in Britannien, 78 n.Chr.)

21   Sequens hiems saluberrimis consiliis absumpta. namque ut homines dispersi ac rudes eoque in bella faciles quieti et otio per voluptates adsuescerent, hortari privatim, adiuvare publice, ut templa fora domos extruerent, laudando promptos et castigando segnes: ita honoris aemulatio pro necessitate erat. iam vero principum filios liberalibus artibus erudire, et ingenia Britannorum studiis Gallorum anteferre, ut qui modo linguam Romanam abnuebant, eloquentiam concupiscerent. inde etiam habitus nostri honor et frequens toga. paulatimque descensum ad delenimenta vitiorum, porticus et balinea et conviviorum elegantiam. idque apud imperitos humanitas vocabatur, cum pars servitutis esset.

Auf solchen Papieren sollte, damit sie besser archiviert werden können, oben ein ,Kopf' stehen, auf dem Folgendes anzugeben ist: der Name des Dozenten, das Thema des Seminars und das Datum des Referates (Semester und Tagesdatum). Darunter dann Name(n) des/der Vortragenden, Thema des Referates und Art des Papiers (Quellen- oder Thesenpapier).

Das Quellenpapier hat in der Regel einen Umfang von ein bis zwei Seiten. Es sollte alle wichtigen Quellen zum Referat enthalten,

---

Eberhard- Karls- Universität Tübingen
Fakultät für Philosophie und Geschichte
Historisches Seminar
Abteilung für Alte Geschichte
PS: Germanienpolitik im frühen Prinzipat
Dozent: Dr. Hartmut Blum
Referentin: Erika Musterfrau
SoSe 2005
24.06.05

Referat 6: Tiberius und die römische Reaktion auf die Varuskatastrophe

1. Ausgangslage nach der Varusschlacht

1.1 Römer

- die Schlacht im Teutoburger Wald endete mit einer verheerenden Niederlage für das römische Heer
- 3 Legionen vernichtet (Legion = 6000 Mann), nicht wieder aufgestellt
- Römer zogen sich auf Ausgangspunkt der Offensive 12 v. Chr. zurück

1.2 Germanen

- Arminius konnte Koalition aus mehreren Germanenstämmen bilden
- Polarisierung pro- /antirömische Germanenstämme

2. Maßnahmen des Tiberius zur Konsolidierung der Lage

2.1 Das Jahr 10 n. Chr.

- Eintreffen des Tiberius in Germanien
- Sicherung der Grenze
- Erhöhung der Legionen von 6 auf 8
- offensichtlich noch kein Feldzug

2.2 Das Jahr 11 n. Chr.

- erster Offensiv-Vorstoß (laut Cassius Dio mit Germanicus als proconsul = "Nachschulung" unter T.):
- brechen feindlichen Widerstand, verheeren Land
- Flottenoperationen (laut Velleius Paterculus)
- Festigung oder Ausbau von Stützpunkten a.d. Lippe

2.3 Das Jahr 12 n. Chr.

- erfolgreicher Feldzug gegen die Brukterer
- Ende Herbst: Tiberius übergibt Kommando an Germanicus

3. Fazit

Abb. 38

Thesenpapier.

zumeist muss dabei eine Auswahl getroffen werden. Um Tipp- und Abschreibfehler zu vermeiden, empfiehlt es sich, die Quellen zu kopieren und auf das Papier aufzukleben (oder einzuscannen). Lateinische Quellen kommen auf jeden Fall im Original (gegebenenfalls mit moderner Übersetzung), griechische umgekehrt in moderner Übersetzung und gegebenenfalls mit Originaltext auf das Blatt. Darüber hinaus muss bei jeder Quelle ein eindeutiger Beleg erscheinen, erstellt nach den oben in Kap. 3.2.4 beschriebenen Regeln und anhand der dort erwähnten Verzeichnisse. Am besten nummeriert man die abgezogenen Texte.

Dazu kann eventuell kommen:

– ein vollständiges Literaturverzeichnis der verwendeten Quellenausgaben und Übersetzungen.
– inhaltliche Überschriften oder Erläuterungen zu den jeweiligen Quellen.
– Fragen am Ende jeder Quelle, die das Verständnis des Textes erleichtern und die Kernaussagen erkennen lassen.

Das Referats- oder Thesenpapier sollte in kurzer Form (zwei bis vier Seiten) den Inhalt des Referates wiedergeben, etwa in der Art von Überschriften und Ergebnissen; mindestens anzugeben sind die einzelnen Gliederungspunkte! Ein solches Papier kann daher auch dem Referenten selbst als Leitfaden für seinen Vortrag dienen. Darunter muss eine vollständige Liste der verwendeten Sekundärliteratur erscheinen. Nicht immer klar ist, ob in einem Handout Aussagen durch Fußnoten belegt werden sollten. Als Faustregel gilt: Je ausführlicher das Papier ist, das heißt, je näher es einer schriftlichen Ausarbeitung kommt, desto eher ist es auch erforderlich, Einzelaussagen zu belegen. Hier muss man sich unter Umständen vorher genau erkundigen.

3.6.2 | Protokolle und Rezensionen

Weder Protokolle noch Rezensionen sind im eigentlichen Sinne Darstellungsformen der eigenen wissenschaftlichen Arbeit. Wenn beides gleichwohl an dieser Stelle kurz angesprochen wird, so deswegen, weil beide Formen der schriftlichen Arbeit in Universitätsveranstaltungen als Leistungsnachweis gefordert sein können (→ Kap. 5.1.3).

Protokolle sollten stets einen ‚Kopf' umfassen, der – ähnlich wie bei den Seminarpapieren – die betreffende Veranstaltung, ein

Datum und den Namen des Protokollanten angibt. Bei manchen Protokollen ist ferner eine Anwesenheitsliste erforderlich.

Inhaltlich unterscheidet man drei Arten von Protokollen:

- das **Verlaufsprotokoll**: In einem Verlaufsprotokoll wird der gesamte Diskussionsprozess in chronologischer Reihenfolge aufgezeichnet. Dabei werden alle wichtigen Beiträge wiedergegeben, falls erforderlich wörtlich.
- das **Ergebnisprotokoll**: In einem Ergebnisprotokoll werden systematisch die entscheidenden konträren bzw. differenzierenden Positionen und der Schlussstand einer Diskussion festgehalten. Manchmal wird dies gegliedert anhand einer Tagesordnung.
- das **Beschlussprotokoll**: In einem Beschlussprotokoll werden nur die Beschlüsse (z. B. einer Arbeitsgruppe) aufgezeichnet.

Für Lehrveranstaltungen empfehlen sich Ergebnisprotokolle: Verlauf, Inhalt und Diskussion sollen nachvollziehbar sein, möglichst auch für abwesende Teilnehmer. Eine minutiöse Wiedergabe aller Beiträge ist dagegen im Regelfall nicht notwendig, eine bis zur Aussagelosigkeit kurze Wiedergabe der Ergebnisse wäre zu wenig.

Eine **Rezension** ist keine bloße Inhaltsangabe eines Buches, sie soll vielmehr darüber hinaus dem Leser eine Einschätzung des besprochenen Werkes liefern. Voraussetzungen dafür sind die intensive und vollständige Lektüre des Textes und gegebenenfalls das Heranziehen anderer Rezensionen (→ Kap. 3.3.6). Rezensionen sollten so kurz wie möglich sein; der Umfang ist jedoch zumeist genau vorgegeben, er beträgt im Allgemeinen zwischen zwei und fünf Seiten. Am Beginn der Besprechung steht grundsätzlich eine Reihe technischer Angaben zu der vorgestellten Publikation (Autor, Titel, bibliographische Angabe (→ vgl. Kap. 3.6.4), z. T. Verlag, ISBN und Preis). Es folgt eine knappe Inhaltsangabe, die maximal die Hälfte, besser noch nur ein Drittel des Rezensionstextes umfasst. In ihr werden das Thema des Buches und (am besten in Anlehnung an das Inhaltsverzeichnis) die Kernaussagen und wichtigsten Ergebnisse der einzelnen Kapitel dargestellt.

Die Besprechung schließt mit einer Einschätzung der Publikation. Hier kann (i. d. R. muss!) selektiv vorgegangen werden, indem sich die Rezension auf eine oder mehrere Aussagen des Buches beschränkt. Leitfragen dazu sind:

- Was macht der Autor/die Autorin besonders gut/schlecht (z. B. im Unterschied zu anderer Sekundärliteratur zum selben Thema)? Warum?

– Gibt es innere Widersprüche? Wie sehen diese aus?
– Ist das Vorgehen des Buches logisch nachvollziehbar? Werden Quellen oder andere Literatur richtig und in ausreichendem Maße interpretiert?
– Ist das Buch gut lesbar, oder werden die entscheidenden Thesen erst nach mehrmaliger Lektüre klar?
– Wie ist das Buch in die Forschungsgeschichte einzuordnen (neues Standardwerk, längst überfällige Untersuchung, oder aber kein entscheidender Beitrag zum Thema)?
– Wie ist die äußere Form zu beurteilen (Schriftbild, Druckfehler, Qualität)? Wird die Benutzung des Buches durch Register, Anhang und ein übersichtliches Inhaltsverzeichnis erleichtert?

Derartige Bewertungen sollten deutlich sein, aber zugleich fair bleiben. Nicht immer beweist man durch Besserwisserei die eigene Klugheit!

3.6.3 | Die schriftliche Darstellung – die wissenschaftliche Arbeit

Wie oben in Kapitel 3.1.7 dargelegt, sind die **Überprüfbarkeit** übernommener Aussagen durch den Leser sowie die Verständlichkeit und **Nachvollziehbarkeit** der eigenen Gedankengänge von zentraler Bedeutung für die wissenschaftliche Kommunikation. Um dies zu gewährleisten, sind bei der Abfassung einer wissenschaftlichen schriftlichen Darstellung – wie etwa einer Seminararbeit – eine ganze Reihe formaler Konventionen unbedingt zu beachten. Da es insbesondere bei den Zitierweisen und der Gestaltung der Belege unterschiedliche, zum Teil von Fach zu Fach differierende Regelungen gibt, sind manche der im folgenden aufgeführten Richtlinien freilich eher als eine von mehreren Varianten zu verstehen. Grundsätzlich sollte aber innerhalb ein und derselben Arbeit streng einheitlich nach nur einem Schema verfahren werden, und keinesfalls darf es in diesem Zusammenhang zu eigenen ‚Erfindungen‘ kommen, da derartiges die Kommunikation natürlich eher behindert als erleichtert!

Eine Seminararbeit besteht aus
1. Titelblatt,
2. Inhaltsverzeichnis,
3. Darstellung,
4. Quellen- und Literaturverzeichnis.

Eberhard-Karls-Universität Tübingen
Fakultät für Philosophie und Geschichte
Abteilung für Alte Geschichte
Proseminar: Die Krise der römischen Herrschaft im 2. Jh. v. Chr.
Leitung: Hartmut Blum
Wintersemester 2004/2005

Antiochos III. – seine Politik und seine Ziele bis 200 v. Chr.

Vorgelegt von:
Erika Musterfrau
Hauptstraße 7
72766 Musterhausen
Tel.: 0170–1 23 45 67
E-Mail: musterfrau@gmx.net

Geschichte, Germanistik
2.Fachsemester

Musterhausen, den 29.07.2006

Die Seminararbeit erstellt man am PC auf einseitig bedrucktem DIN A4 Papier, der Zeilenabstand soll 1,5 betragen (ca. 30 bis 40 Zeilen pro Seite, Fußnoten kann man einzeilig setzen), und es muss einen ausreichenden Korrekturrand geben. Am Computer sollte man im Textverarbeitungsprogramm für den Text die Schriftgröße 12 und für die Fußnoten die Schriftgröße 10 wählen. Der sich daraus ergebende Umfang des Darstellungsteils sollte bei einer Proseminararbeit zehn bis fünfzehn Seiten nicht überschreiten, die Hauptseminararbeit sollte etwa zwanzig bis dreißig Seiten umfassen. Genaueres erfährt man in der jeweiligen Lehrveranstaltung. Wer den erwarteten Umfang wesentlich über- oder unterschreitet, riskiert nicht selten, den Text nochmals überarbeiten zu müssen.

Das **Titelblatt** verzeichnet die Art und das Thema der Lehrveranstaltung (mit Semesterangabe), den Namen des Dozenten, das Thema der Hausarbeit, das Datum der Abgabe, sowie natürlich den Namen, die Fächerkombination, die Semesterzahl und die Adresse des Verfassers mit Tel.-Nr. und E-Mail-Adresse für Rückfragen.

Es folgt das **Inhaltsverzeichnis** (Gliederung) mit Angabe der jeweiligen Seitenzahlen am rechten Rand. Es besteht aus den Überschriften, die auch im Text erscheinen. Die Gliederung eines Themas in Sinnabschnitte und gegebenenfalls Neben- und Unterkapitel dient

Abb. 40

Inhaltsverzeichnis einer Hausarbeit.

Inhaltsverzeichnis

Einleitung	3
Hauptteil	4
1. Das Seleukidenreich bis 223 v.Chr.	4
2. Der Regierungsantritt Antiochos' III.	6
2.1 Die Herrschaftsübernahme	6
2.2 Der Aufstand des Molon	8
3. Die Ereignisse im Westen bis 212 v.Chr.	9
3.1 Der vierte syrische Krieg	9
3.2 Achaios	11
4. Der Ostfeldzug 212-205/4 v.Chr.	13
5. Antiochos im Westen 205-200 v.Chr.	16
5.1 Antiochos und Philipp	16
5.2 Antiochos und die Ptolemäer	18
Schluß	20
Anhang	
Karte 1: Das Seleukidenreich 281-223 v.Chr.	22
Karte 2: Das Seleukidenreich unter Antiochos III.	23
Quellen- und Literaturverzeichnis	24

im Übrigen nicht nur dazu, den Text für den Leser verständlicher zu machen, sie unterstützt auch den Verfasser bei der gedanklich-logischen Durchdringung der Materie. Zur Untergliederung kann man Großbuchstaben, römische oder arabische Ziffern, Kleinbuchstaben, griechische Kleinbuchstaben oder nur arabische, durch Punkte getrennte Ziffern verwenden. Die einmal gewählte Systematik muss in der Arbeit durchgehend verwendet werden.

Jede Darstellung besteht aus einer **Einleitung**, einem **Hauptteil** und einem **Schluss**. In der Einleitung wird das Thema vorgestellt (historischer Einstieg/Frage- bzw. Problemstellung der Arbeit; worum geht es?), im Schluss wird Bilanz gezogen und unter Umständen ein Ausblick gegeben. Einleitung und Schluss sollen bei der Proseminararbeit jeweils 1/2 bis 1 Seite umfassen, bei der Hauptseminararbeit verdoppelt sich ihr Umfang entsprechend.

Der Hauptteil behandelt die in der Einleitung skizzierte Fragestellung, und zwar logisch gegliedert anhand der im Inhaltsverzeichnis entworfenen Überschriften. Jede Arbeit ist grundsätzlich so zu verfassen, als ob der Leser keine speziellen Informationen besäße. Verständlichkeit, logische Folgerichtigkeit und sprachliche Klarheit sind die obersten Gebote für eine wissenschaftliche Arbeit! Die 1. Pers. Sing. und die 1. Pers. Pl. vermeidet man besser, ansonsten gelten natürlich die allgemeinen orthographischen und grammatikalischen Regeln (z. B. Präteritum als Erzähltempus, Präsens bei der Diskussion etc.). Eigene Stellungnahmen und das Referieren der Meinung anderer sollten jeweils als solche sprachlich kenntlich gemacht werden, bei letzterem etwa durch die Verwendung der indirekten Rede.

Gerade im Bereich der Alten Geschichte, die ohnehin nicht mit einem Übermaß an Quellen gesegnet ist, kann und soll die Bearbeitung eines Themas auch schon im Grundstudium so weit wie möglich auf eigener **Quellenlektüre** basieren.

Das **Literaturverzeichnis** gliedert sich in die Angaben der benutzten Quelleneditionen und die Angaben zur verwendeten Sekundärliteratur. Im Literaturverzeichnis sollen genau die Werke aufgeführt werden, die benutzt wurden, und zwar immer mit vollständiger bibliographischer Angabe (→ Kap. 3.6.4).

Alles, was von anderen wörtlich oder sinngemäß übernommen wird, muss belegt werden. Der **Beleg** muss darüber Aufschluss geben, von wem die betreffende Aussage stammt und wo man sie nachschlagen kann. Belege haben also zunächst die Form einer bibliographischen Angabe, die meist abgekürzt ist (→ Kap. 3.6.4). Darüber hinaus eignen sich Belege auch für weiterführende Literatur und/oder Gedanken, die für die Argumentation im Text nicht zentral sind. Man sollte hingegen nicht den Fehler begehen, wichtige Diskussionen und Gedankengänge in die Fußnoten zu verlagern und diese dadurch übermäßig aufzublähen. Der Text muss aus sich selbst heraus schlüssig und verständlich bleiben.

Belege stehen grundsätzlich in nummerierten Anmerkungen. Im Text erscheint dann an der betreffenden Stelle eine Anmerkungsziffer (rechts vom Wort hochgestellte arabische Zahl), die sich entweder auf eine korrespondierende Fußnote unten auf der entsprechenden Seite bezieht (wenn möglich kleinerer Schrifttyp und einzeilig), oder auf eine Endnote in einem Anhang zwischen Text und Literaturverzeichnis. Umfangreichere Werke nummerieren die Anmerkungen in der Regel kapitelweise, manchmal sogar seitenweise, doch empfiehlt es sich bei kleineren Arbeiten, komplett durchzuzählen. Jede Anmerkung beginnt mit einem Großbuchstaben und endet mit einem Punkt (ein Abkürzungspunkt gilt als Schlusspunkt, z.B. bei „f." bzw. „ff.").

Belege sollten so genau wie möglich sein. Das heißt, dass üblicherweise die exakten Seiten- oder Spaltenzahlen (bei Quellen die Kapitel- und Unterkapitelparagraphen, gegebenenfalls die Zeilennummer) genannt werden müssen. Wenn zwei aufeinander folgende Seiten (Spalten/Kapitel/Paragraphen etc.) zitiert werden, kann ein „f." hinter die Anfangsseitenzahl gesetzt werden (= folgende Seite/Spalte usw.), handelt es sich um mehrere aufeinander folgende Seiten, so setzt man „ff." (= folgende Seiten). Nach Möglichkeit sollte man letzteres („ff.") aber vermeiden, ebenso die höchst ungenaue Angabe „*passim*" (= allenthalben).

Natürlich bestehen gerade die ersten wissenschaftlichen Arbeiten, die am Beginn des Studiums verfasst werden, fast nur aus übernommenem Material. Um hier nicht hinter jedem Satz oder gar Halbsatz eine Anmerkung setzen zu müssen, sollte man den eigenen Text in Sinnabschnitte aufteilen (Absätze), die mit so genannten Sammelfußnoten versehen werden können (diese lauten dann etwa: „Vergleiche dazu und zum Folgenden" oder „Zum Vorherigen vergleiche" – es folgen die jeweils erforderlichen Quellen- und Literaturverweise).

PARAPHRASE, von griech. *para* = neben, *phrazo* = sagen.

Sinngemäße Übernahmen bezeichnet man auch als **PARAPHRASEN**. Davon zu unterscheiden sind die wörtlichen Zitate, die unbedingt als solche durch Anführungszeichen („“) gekennzeichnet werden müssen! Direkt am Ende des Zitates muss eine Anmerkung kommen, die einen eindeutigen Beleg gibt.

Auslassungen am Anfang, Ende oder in der Mitte des Zitates müssen durch Punkte gekennzeichnet werden. Eigene **Zusätze** macht man durch runde, innerhalb runder durch eckige Klammern kenntlich und versieht sie mit dem eigenen Namen oder wenigstens den Initialen. Wörtliche Zitate, auch fremdsprachliche, müssen grammatikalisch korrekt in den eigenen Text eingepasst werden; einzelne fremdsprachige Begriffe dagegen bleiben im jeweiligen Nominativ (gegebenenfalls im Plural). Lateinische Quellen sind lateinisch (gegebenenfalls im Text übersetzt und in der Fußnote im Original), griechische auf Griechisch oder in moderner Übersetzung zu zitieren. Bei Zitaten in modernen Fremdsprachen sind Übersetzungen unüblich.

Die doppelten Anführungszeichen für wörtliche Zitate („“) sind zu unterscheiden von den einfachen Anführungszeichen, den so genannten **gnomischen Zeichen** (‚'), die eine inhaltliche Einschränkung des Gesagten signalisieren sollen.

Eine schriftliche Arbeit soll eigentlich das zum Ausdruck bringen, was ihr Verfasser zum Thema zu sagen hat. Es wirkt nicht immer elegant, wenn man zu oft andere für sich sprechen lässt. Es ist daher besser, umfangreiche wörtliche Zitate soweit wie möglich zu vermeiden und fremden Wortlaut nur dann in den eigenen Text einzufügen, wenn dies einer besonders intensiven Auseinandersetzung mit dem Zitierten dient.

Wer nicht sauber belegt und zitiert, setzt sich streng genommen dem Vorwurf aus, einen **Diebstahl geistigen Eigentums** begangen zu haben. So weit sollte man es nicht kommen lassen.

Umgekehrt sollten grundsätzlich nur selbst gelesene Werke in den Anmerkungen auftauchen. Besonders wörtliche Zitate sollte man nur in Ausnahmefällen ‚aus zweiter Hand' anführen. Derartige Sekundärbelege sind als solche kenntlich zu machen, etwa durch die Wendung „zitiert nach ...“.

Bibliographische Angaben und Zitierweisen   3.6.4

Die wissenschaftliche Literatur zerfällt, grob gesprochen, in zwei große Gruppen, und je nachdem, zu welcher Gruppe ein Literaturtitel gehört, unterscheiden sich die entsprechenden bibliographischen Angaben.

Auf der einen Seite stehen Einzelschriften in Buchform, so genannte **Monographien**. Derartige Werke werden in der Regel von einem einzigen Autor zu einem Thema verfasst – daher der Name. Es gibt natürlich auch Co-Autorenschaft, und bisweilen sind Monographien mehrbändig. Im Prinzip gilt jedoch: Eine Monographie ist ein kompaktes, in sich abgeschlossenes Buch. Davon zu unterscheiden sind **Einzelbeiträge** zu Sammelpublikationen, also namentlich gekennzeichnete Artikel in Zeitschriften, Lexika oder anderen Sammelwerken wie Festschriften, Kongressberichten oder Handbüchern nach Art der CAH oder des ANRW.

Tipp

Nicht namentlich gekennzeichnete Einzelbeiträge, also zum Beispiel Artikel in allgemeinen Lexika wie dem „Brockhaus", sind eigentlich nicht ‚zitierfähig', das heißt, sie sollten nur in Ausnahmefällen als Sekundärliteratur dienen.

Vollständige bibliographische Angaben sollen zweierlei ermöglichen: Zum einen sollen sie es erlauben, eine Publikation in einer Bibliothek oder im Buchhandel aufzufinden, und zum anderen soll der betreffende Titel eindeutig identifiziert und einem Autor zugeordnet werden können.

Bei **Einzelschriften** sind dafür folgende Informationen notwendig:
– Name des Autors/Herausgebers (= Hg./Hgg. oder Hrsg./Hrsgg.), evt. des Übersetzers, mit ausgeschriebenem oder zumindest eindeutig abgekürztem Vornamen.
– ungekürzter Titel, evt. mit Angabe der Reihe (ggf. abgekürzt), und des Bandes.
– Erscheinungsort; -jahr; Auflage.

Zitierbeispiele:
– H. Bengtson, Einführung in die Alte Geschichte, 8. Aufl., München 1979.
  (Monographie)
– H.-J. Gehrke, Geschichte des Hellenismus, OGG 1a, 3. Aufl., München 2003.
  (Monographie in der Reihe „Oldenbourg Grundriß der Geschichte" [= OGG]).
– Th. Mommsen, Römisches Staatsrecht I, 3. Aufl., Leipzig 1887, ND Tübingen o. J.
  (Band eines mehrbändigen Einzelwerkes, mit Neuauflage und deren Nachdruck).

– Ed. Meyer, Geschichte des Altertums, 5 Bde., 8. Aufl., Darmstadt 1965.
(mehrbändiges Einzelwerk; hier „Ed." statt „E." für „Eduard", da es in der Alten Geschichte noch einen „Ernst Meyer" gibt).

Es ist nicht nötig, den Verlag zu nennen. Nachdrucke müssen als solche kenntlich gemacht werden (ND; ggf. Ort; Jahr), desgleichen Übersetzungen (dt. Ort; Jahr), wenn möglich mit Nennung der Originalangaben. Die Auflagenzählung ist anzugeben, etwa als Hochzahl, bei einbändigen Werken rechts vor der Jahreszahl, bei mehrbändigen Werken rechts vor der Bandzahl. Dissertationen werden durch das Kürzel „Diss." gekennzeichnet. Sind Ort und/oder Jahr nicht zu ermitteln, so muss dies vermerkt werden (o. O. = ohne Ort; o. J. = ohne Jahr).

Einzelschriften findet man im alphabetischen Katalog einer Bibliothek unter dem Nachnamen ihres Verfassers.

Die bibliographischen Angaben für Einzelbeiträge zu **Sammelpublikationen** werden grundsätzlich mit dem Namen des Autors des Beitrags und – außer bei Nachschlagewerken – dem Titel des Beitrags eingeleitet, obwohl diese Informationen in Bibliothekskatalogen nicht verzeichnet sind. Es geht hier darum, Urheberschaft und Thema als wichtigste Informationen den Suchangaben voranzustellen. Danach folgen die zur Auffindung des Titels erforderlichen Einträge:

– bei Zeitschriften: Autor, Aufsatztitel, Name der Zeitschrift (abgekürzt), Band (arabische Ziffer), Jahrgang, Seiten von ... bis ... .
– bei Lexika: Autor, Name des Lexikons (abgekürzt, ggf. mit Auflage), Band (i. d. R. römische Ziffer), Jahr, Seiten/Spalten von ... bis ... , Stichwort (eingeleitet durch „s. v."; dies steht für *sub voce* [= „unter dem Stichwort"]).
– bei Handbuchreihen oder anderen Standardwerken: Autor, Titel des Beitrags oder Kapitels, Name der Publikationsreihe (abgekürzt, ggf. mit Auflage), Band (i. d. R. römische Ziffer), Jahr, Seiten von ... bis ... .
– Bei einzelnen Sammelbänden wie etwa Festschriften oder Kongressberichten benötigt man noch den Namen des Herausgebers und die Buchangaben: Autor, Titel des Beitrags, in: Herausgeber, Titel der Sammelschrift, Ort, Jahr (ggf. mit Auflage und ND), Seiten von ... bis ... .

Zitierbeispiele:
- H. Strasburger, Herodot und das perikleische Athen, Historia 4, 1955, 1–25 (Zeitschriftenaufsatz).
- L. Wickert, RE XXII 2, 1954, 1998–2296, s.v. Princeps (Lexikonartikel).
- H.H. Scullard, The Carthaginians in Spain, CAH VIII, 2. Aufl., 1989, 17–43 (Beitrag zu Standardwerk).
- W. Kunkel, Über das Wesen des augusteischen Prinzipats, in: W. Schmitthenner (Hg.), Augustus, WdF 128, Darmstadt 1969, 311–335 (Beitrag zu einer einzelnen Sammelschrift im Rahmen der Reihe „Wege der Forschung" [= WdF]).

Zeitschriften werden nach dem Verzeichnis der *„Année philologique"* abgekürzt. Sollte eine Zeitschrift dort nicht genannt sein, muss ihr Titel ausgeschrieben werden. Lexika und Reihen werden abgekürzt nach den Verzeichnissen im „Kleinen Pauly" Bd. 1, im „Neuen Pauly" Bd. 1 (jeweils im Vorspann) und im Lexikon der Alten Welt im Anhang (→ Kap. 3.2.4). Zeitschriften, Lexika und Reihen findet man in alphabetischen Bibliothekskatalogen unter ihrem Titel, einzelne Sammelschriften unter dem Nachnamen des Herausgebers.
Die einzelnen Teile einer vollständigen bibliographischen Angabe werden i. d. R. durch Kommata getrennt (Ausnahme: Ort Jahr).
Internetpublikationen sollten den Autor und den Titel eines Beitrags nennen, die Internetadresse (URL), sowie das Datum des letzten Aufrufs (→ Kap. 3.4.3).
Zitierbeispiel:
- J. Rich, Structuring Roman History: the Consular Year and the Roman Historical Tradition, in: Histos. The New Electronic Journal of Ancient Historiography >http://www.dur.ac.uk/ Classics/ Histos/1997/rich1.html< [Stand 2005-08-15]

Antike Autoren und deren Werke werden üblicherweise wie Einzelschriften behandelt: (antiker) Autor, Titel, Herausgeber/Übersetzer, Ort, Jahr, ggf. Auflage und Nachdruck. Nur in Ausnahmefällen werden ein Autor und sein Werk wie ein Beitrag zu einer Sammelschrift oder einer Reihe zitiert. Bei anderen Quellen wie Inschriften, Papyri oder Münzen werden ausschließlich die modernen bibliographischen Angaben genannt: Herausgeber, Titel der Publikation, restliche Angaben zu Einzel- oder Sammelschrift. Handelt es sich um Quellen, die im Rahmen einer Reihe erschienen sind (z. B. der IG, BGU oder des BMC), so wird zunächst der Name der Reihe genannt, danach die Bandnummer, es folgen der Herausgeber sowie Ort und Jahr. Ähnlich verfährt man bei den spätantiken Gesetzessammlungen.

Zitierbeispiele:

- C. Suetonius Tranquillus, De vita Caesarum, rec. (= recognovit) M. Ihm, 2. Aufl., Leipzig 1908, ND Stuttgart 1978.
- Thukydides, Der Peloponnesische Krieg, dt. v. A. Horneffer, Bremen 1957.
- Corpus Iuris Civilis, ed. P. Krüger/Th. Mommsen/R.Schoell/ W. Kroll, 3 Bde., Berlin 1884 – 1912.
- Codex Theodosianus, ed. P. Krüger/P. Meyer/Th. Mommsen, 3 Bde., Berlin 1904/5.
- C. Pharr, The Theodosian Code, Princeton 1952.
- Ambrosius, Epistula 51, PL XVI, 1159 – 1164 (PL = Patrologia Latina, ed. Migne).
- Inscriptiones Graecae Aeginae, Pityonesi, Cecryphaliae, Argolidis, ed. M. Fraenkel, Berlin 1902 (IG IV).
- Ägyptische Urkunden aus den königlichen (staatlichen) Museen zu Berlin. Griechische Urkunden, VI. Band, Papyri und Ostraka der Ptolemäerzeit, bearb. v. W. Schubarth u. E. Kühn, Berlin 1922 (BGU VI).
- A Catalogue of the Greek Coins in the British Museum. Peloponnesus (excluding Corinth), bes. v. P. Gardner, hg. v. R.S. Poole, ND Bologna 1963 (BMC Peloponnesus).

Abkürzungen werden in den Anmerkungen verwendet, nicht jedoch im Text einer Arbeit und auch nicht im Literaturverzeichnis (ausgenommen die dort abgekürzten Titel von Zeitschriften, Standardreihen und Lexika). Grundsätzlich kann und soll in den Anmerkungen so viel wie möglich abgekürzt werden, um Platz zu sparen. Außerdem sind Anmerkungen, in denen mit Abkürzungen gearbeitet wird, übersichtlicher und deswegen leichter und angenehmer zu lesen. Dabei darf sich die Verwendung von Abkürzungen allerdings keinesfalls zu einer ‚Geheimsprache‘ entwickeln.

Allgemeine Abkürzungen wie vgl., usw., etc., u. a. müssen nicht aufgelöst werden. Für alles andere gilt: Wenn die entsprechenden Abkürzungen in den bereits mehrfach genannten einschlägigen Verzeichnissen aufgeführt werden (also in der Année, dem LAW, KlP und DNP), so kann man sie auch in der eigenen Arbeit verwenden und muss sie nicht eigens erklären. Sollte dies nicht der Fall sein, dann empfiehlt es sich, auf die jeweiligen Abkürzungen ganz zu verzichten. Nur größere Monographien arbeiten mit eigenen Abkürzungsverzeichnissen.

Quellenbelege werden in den Anmerkungen bereits ab der ersten Nennung nach den oben in Kap. 3.2 beschriebenen Regeln abgekürzt.

Zitierbeispiele:

- Suet., Cal. 30,2 (es handelt sich um Sueton, Biographie des Caligula, Kapitel 30, § 2)
- Thuk. II 65,2 (Thukydides, Buch II, Kapitel 65, § 2)
- Nov. Iust. 123,1 (die Novellen Justinians sind der letzte Teil des Corpus Iuris Civilis [= C.I.C.]. Hier: 123. Novelle, § 1)
- CTh XII 4,3 (Codex Theodosianus, Titel XII, Kapitel 4, § 3)
- Ambr. epist. 51,6 (PL XVI, 1159) (Migne, Patrologia Latina Bd. XVI, Spalte 1159)
- IG IV 835 (Inscriptiones Graecae Band IV, Inschrift Nr. 835)
- BGU VI 1213 (Berliner Griechische Urkunden, 6. Band, Papyrus Nr. 1213)
- BMC Achaia 17 (Catalogue of Greek Coins in the British Museum, Landschaft Achaia, Münze Nr. 17)

Sekundärliteratur kann in den Fußnoten auf zwei verschiedene Arten abgekürzt werden:

1.Variante: Autor (ohne Vornamen) Kurztitel/Zeitschriftenabkürzung mit Bd. u. Jahr/Lexikon- oder Reihenabkürzung mit Bd. u. Jahr, Seitenzahl. In diesem Fall sollte bei einem erstmaligen Zitat in der betreffenden Fußnote die vollständige bibliographische Angabe erscheinen. Manche Verfasser verwenden nach einer solchen vollständigen Angabe in weiteren Fußnoten stattdessen die Abkürzung Autor; a.O./a. a. O.; Seitenzahl. Dies steht für „am angegebenen Ort". Ein derartiges Verfahren ist zwar für den Verfasser bequem, aber für den Leser höchst unerfreulich: Wer nämlich herausfinden will, um welches Werk es sich nun eigentlich handelt, muss (gerade bei Zeitschriftenaufsätzen, die i. d. R. nicht über ein Literaturverzeichnis verfügen) lange in den Fußnoten blättern, bis er auf die vollständige Angabe stößt. Zudem ergibt sich hierbei das Problem, dass man mehrere Titel eines Autors unter Umständen nicht mehr klar unterscheiden kann. Man sollte diese Zitierweise also vermeiden!

2. Variante: Autor (ohne Vornamen) Erscheinungsjahr (nicht durch

Komma vom Autorennamen abgetrennt; bei mehreren Publikationen eines Autors im gleichen Jahr ggf. durch an die Jahreszahl angehängte Kleinbuchstaben unterscheiden), Seitenzahl. Diese Abkürzungsweise kann von der ersten Fußnote an verwendet werden, doch müssen die Abkürzungen im Literaturverzeichnis entsprechend vor der vollständigen Angabe aufgeführt sein.

Wird unmittelbar nach einer Literaturangabe auf dasselbe Werk verwiesen, können Autor und Titel durch „ebenda" (= ebd.) ersetzt werden; folgt ein anderes Werk desselben Autors, so wird dessen Name durch „derselbe/dieselbe(n)" (= ders./dies.) ersetzt.

Zitierbeispiele:
- Bengtson, Einführung S. 12; oder: Bengtson 1979, 12 (dann aber im Literaturverzeichnis: Bengtson 1979 = H. Bengtson, Einführung in die Alte Geschichte, 8. Aufl., München 1979).
- Gehrke, Hellenismus 40; oder: Gehrke 2003, 40.
- Mommsen, Staatsrecht I 3, 22; oder: Mommsen 1887, 22.
- Ed. Meyer, Gesch. d. Alt. II, 433; oder: Ed. Meyer 1965, Bd. II, S. 433.
- Strasburger, Historia 4, 1955, 21; oder: Strasburger 1955, 21.
- Wickert, RE XXII 2, 2200; oder: Wickert 1954, 2200.
- Scullard, CAH VIII 2, 26; oder: Scullard 1989, 26.
- Kunkel, Wesen d. Prinz., 315; oder: Kunkel, in: Schmitthenner (Hg.) 1969, 315.
- Rich, Histos 1997; oder: Rich 1997.

Werden in einer Anmerkung mehrere Belege gegeben, so gehen in der Regel Quellenzitate den Zitaten aus der Sekundärliteratur voraus. Beide wiederum werden in eine chronologische Folge gebracht, soweit nicht sachliche Erfordernisse der Argumentation eine andere Reihung günstiger erscheinen lassen.

Aufgaben zum Selbsttest

- Welche Grundregeln müssen bei jeder wissenschaftlichen Arbeit eingehalten werden?
- Was ist die RE?
- Was versteht man unter ‚systematischem' und ‚unsystematischem Bibliographieren'?
- Worauf sollte man beim Exzerpieren achten?
- Beschreiben Sie den Aufbau einer wissenschaftlichen Hausarbeit.

Literatur

Geschichtstheorien und Modelle:
J. H. Arnold, **Geschichte. Eine kurze Einführung**, Stuttgart 2001.
E. H. Carr, **Was ist Geschichte?**, 4. Aufl., Stuttgart u.a. 1974.
J. Eibach/G. Lottes (Hgg.), **Kompass der Geschichtswissenschaft**, Göttingen 2002.
M. I. Finley, **Quellen und Modelle in der Alten Geschichte**, Frankfurt a. M. 1987.
H.-J. Goertz, **Umgang mit Geschichte. Eine Einführung in die Geschichtstheorie**, Reinbek 1995.
S. Jordan (Hg.), **Lexikon Geschichtswissenschaft. Hundert Grundbegriffe**, Stuttgart 2002.
J. LeGoff, **Geschichte und Gedächtnis**, Frankfurt/New York 1992.

Einführungen in Arbeitstechniken allgemein:
L. Colmer/C. Rob-Santer, **Geschichte SCHREIBEN**, Paderborn u.a. 2006.
N. Freytag/W. Piereth, **Kursbuch Geschichte**, Paderborn u.a. 2004.
R. Günther, **Einführung in das Studium der Alten Geschichte**, Paderborn u.a. 2001.
M. Howell/W. Prevenier, **Werkstatt des Historikers**, Köln 2004.
S. Jordan, **Einführung in das Geschichtsstudium**, Stuttgart 2005.
M. Karmasin/R. Ribing, **Die Gestaltung wissenschaftlicher Arbeiten**, Wien 2006.
H. P. Kohns/K.-H. Schwarte, **Anleitung für Teilnehmer althistorischer Proseminare**, Paderborn 1971.
H. Lukis, **Hinweise für Anfänger im Studium der Geschichte an der Ruhr-Universität Bochum**, 6. Aufl., Bochum 1986.

Speziell zur Literaturrecherche:
B. Gullath, **Wie finde ich altertumswissenschaftliche Literatur**, Berlin 1992.

Speziell zur Quelleninterpretation
K. Meister, **Einführung in die Interpretation historischer Quellen. Schwerpunkt: Antike**, 2 Bde., Paderborn u. a. 1997/99.

EDV-Recherche und e-Publikationen:
G. Alvoni, **Altertumswissenschaften digital. Datenbanken, Internet und e-Ressourcen in der altertumswissenschaftlichen Forschung**, Hildesheim u.a. 2001.
A. Hartmann, **Rezension zu E. Wirbelauer (Hg.), Oldenbourg Geschichte Lehrbuch. Antike**, München 2004 <http://hsozkult.geschichte.hu-berlin.de/rezensionen/2005-2-007> [Stand 2005-08-16].
St. Jenks/P. Tiedemann, **Internet für Historiker. Eine praxisorientierte Einführung**, 2. Aufl., Darmstadt 2000.
M. Müller, **Alte Geschichte online. Probleme und Perspektiven althistorischen Wissenstransfers im Internet**, St. Katharinen 2003.
C. Schäfer, **Vernetztes Wissen**, in: E. Wirbelauer (Hg.), Oldenbourg Geschichte Lehrbuch. Antike, München 2004, 481 – 492.

Spezielle Zugangsweisen | 4

Für jedes historische Arbeiten ist die Orientierung in Zeit und Raum unverzichtbar. Mit Chronologie und historischer Geographie haben sich dafür eigene Teilbereiche der Forschung entwickelt. Hinsichtlich ihrer ‚dienenden' Funktion und der Bereitstellung spezifischer Forschungsergebnisse sind sie den Grund- und Hilfswissenschaften eng benachbart. Doch definieren sie sich nicht über die Beschäftigung mit einer bestimmten Material- oder Quellengruppe, sondern über die von ihnen verfolgte Fragestellung. Zu deren Lösung wird dann auf ein breit gefächertes methodisches Repertoire, einschließlich der Hilfswissenschaften, zurückgegriffen.

Ähnlich verhält es sich mit der Prosopographie, die versucht, aus der Analyse von Personen und Personengruppen spezifische historische Erkenntnisse zu erzielen. Sie ist ein vergleichsweise junger Arbeitsbereich innerhalb der Alten Geschichte, kann jedoch als Frageansatz und Methode auf bedeutende Erträge verweisen. Nochmals jünger ist die Historische Anthropologie. Sie hat in den letzten Jahren besonders viel Aufmerksamkeit gefunden und ist in Konkurrenz zu den traditionellen und seit langem anerkannten Perspektiven historischer Untersuchungen getreten. Als ‚Zugangsweisen' sollen diese Frageansätze, ihre methodische Vorgehensweise und ihr Potenzial eigens thematisiert werden.

Die Chronologie | 4.1

Zeit ist eine physikalische Größe, die, zumindest auf die Dimensionen der Erde bezogen, stets gleich bleibt. Der physikalischen Zeit gegenüber steht die Zeitwahrnehmung der einzelnen Menschen, die von subjektiven und stets wechselnden Faktoren abhängig ist.

In hektischen Situationen scheint die Zeit ‚wie im Flug‘ zu verge-
hen, in Momenten des Wartens wird sie hingegen als sehr gedehnt
wahrgenommen oder droht gar ‚stehenzubleiben‘. Abweichende
Zeiterfahrungen lassen Ältere und Jüngere im Allgemeinen unein-
heitlich empfinden, was ‚lange her‘ ist, erst ‚vor kurzem‘ war oder
‚schon bald‘ sein wird: Allein auf der Ebene der Wahrnehmung ist
Zeit zwischen verschiedenen Menschen schwer, auf keinen Fall jedoch präzise verhandelbar.

Die **Zeitmessung**, die Einteilung genau definierter Zeiteinheiten,
ihre Ansprache und Zählung ist eine zentrale **Kulturleistung**. Sie ist
Voraussetzung für entwickeltere Formen des gesellschaftlichen Zu-
sammenlebens. Die Absprache von Terminen, das Setzen von Fris-
ten, die Bestimmung des Alters – wesentliche Grundlagen für
Rechtsprechung, Wirtschaft und Verwaltung – sind ohne eine inter-
subjektive Zeitmessung nicht möglich. Die zeitliche Anordnung vergangener Ereignisse gibt zugleich die Möglichkeit des zyklischen Er-
innerns und hilft, das Gedächtnis einer Gesellschaft klar zu strukturieren.

Die zeitliche Verortung von Dingen und Geschehnissen ist
grundlegend für jedes historische Arbeiten. Erst auf dieser Basis
können Ereignisse in ihrem Verlauf nachgezeichnet, Vorbilder und
Nachahmungen unterschieden, Zeiträume zwischen verschiedenen
Ereignissen vermessen und so zur Anschauung gebracht, schließlich Kausalbeziehungen hergestellt werden. Mit Hilfe einer einheitlichen Zeitskala ist es ebenso möglich, Geschehnisse verschiedener
Schauplätze miteinander in Beziehung zu setzen.

CHRONOLOGIE, von
griech. *chronos* = Zeit
und *logos* = Wort, Lehre.

Als Lehre von der Zeitrechnung hat sich die **CHRONOLOGIE** zu
einem eigenen und bedeutenden Teilbereich innerhalb der Geschichtswissenschaft entwickelt. Im allgemeinsten Sinne stellt die
Chronologie das Instrumentarium zur Verfügung, das die Orientierung in der Zeit ermöglicht. Unterschieden wird eine **relative** und
eine **absolute Chronologie**. Die relative Chronologie beschreibt das
zeitliche Verhältnis verschiedener Ereignisse zueinander. Grundlegende Hilfsbegriffe sind der *terminus ante quem*, die Festsetzung
eines Zeitpunkts, vor dem etwas geschah, sowie der *terminus post
quem*, der Zeitpunkt, nach dem etwas geschah. Der relativen Chronologie kommt vor allem in der Archäologie große Bedeutung zu,
wo die stratigraphische Methode, mit der Beobachtung über- und
untereinander liegender Schichten, sowie die Verfolgung von Form
und Stil zunächst immer nur einen zeitlichen Ablauf feststellen.

Die absolute Chronologie platziert alle Geschehnisse auf einer einheitlichen **Zeitskala**. Sie bedient sich dazu der in der Gegenwart üblichen und verständlichen **Zeitrechnung**. Denn die Formen der Zeiteinteilung und -zählung sind nicht vorgegeben, sondern sie folgen unterschiedlichsten kulturellen Konventionen und unterliegen überdies dem historischen Wandel. Wesentliche methodische Aufgabe der absoluten Chronologie ist deshalb die Übertragung der verschiedenen Zeitmesssysteme und der erhaltenen datierenden Angaben auf die heute geläufige Zählung. Darüber hinaus können auch moderne naturwissenschaftliche Verfahren präzise Daten für Objekte und Grabungskomplexe bieten.

Jahreszählungen | 4.1.1

Den wesentlichen und kulturübergreifend genutzten Orientierungsrahmen für jede Zeitbestimmung bieten die **astronomisch zu beobachtenden Rhythmen**: Grundlagen sind der Tag (astronomisch als Drehung der Erde um ihre eigene Achse mit dem Wechsel von Tag und Nacht), der Monat (als Zeitraum einer Umrundung des Mondes um die Erde, erkennbar an dem Wechsel von Vollmond und Neumond) sowie das Jahr (als Umlaufzeit der Erde um die Sonne). Im **Wechsel der Jahreszeiten** mit dem Rhythmus von Säen und Ernten, der Festsetzung von Zeiten, die für Reisen und Seefahrt oder auch für Kriegszüge geeignet sind, gibt das Jahr einen langfristigen, im Leben der einzelnen Menschen konkret erfahrbaren Zyklus vor. Messbar wird das Jahr durch Beobachtung des Sternenhimmels, der Sonnenwende oder der Tag- und Nachtgleiche. Die überragende Bedeutung der Nilüberschwemmung ließ die Ägypter bereits um 3000 v.Chr. zu einer weitgehend genauen Bestimmung des Jahres mit der Zählung von 365 Tagen kommen, sowie der Feststellung, dass sich in dem regelmäßigen Wiedererscheinen des Sirius-Sterns die Zeit der Nilschwemme ankündigte.

Zur Benennung der **Jahre** ist im westlichen Kulturkreis – und unter seiner Dominanz auch im internationalen Rahmen – eine Zählung nach der christlichen Ära üblich, eine fortlaufende numerische Reihung der seit der **Geburt von Jesus Christus** vergangenen Jahre. Doch selbst in unserem Kulturkreis ist dies nicht die einzige Möglichkeit für eine Jahreszählung: Eine ebenfalls weitere Verbreitung hat die Rechnung nach der **jüdischen Ära**, die den Beginn auf das Jahr 3761 v.Chr. als Schöpfung der Welt setzt. Die **islamische Welt** zählt die Jahre beginnend mit der so genannten **Hedschra**, der Flucht Mohammeds von Mekka nach Medina. Nach christlicher Zeitrechung fiel diese in das Jahr 622 n. Chr.

Die Erfindung der christlichen Ära geht auf den Mönch Dionysius Exiguus zurück. 525 n. Chr. erhielt er vom kaiserlichen Hof den Auftrag zur Fortschreibung der **Ostertafeln**. Mit deren Hilfe konnte festgestellt werden, auf welchen genauen Kalendertag das bewegliche Osterfest fiel, das nach einem Beschluss des Konzils von Nicaea (325 n. Chr.) jeweils am 1. Sonntag nach dem Frühlingsvollmond gefeiert werden sollte. Die bis dahin verwendeten Ostertafeln zählten zur Jahresbestimmung noch die Zeit ab dem Herrschaftsantritt Diokletians. Da Exiguus die Jahre nicht mehr nach dem „ruchlosen Christenverfolger" benennen wollte, wählte er als neuen Ausgangspunkt die „Fleischwerdung des Herrn": Erstmals wurde von ihm das Jahr 248 der diokletianischen Ära als Jahr 532 *„ab incorporatione Domini"* gezählt. Die Nutzung der Ostertafeln in West und Ost sicherte der Zählung des Exiguus weite Verbreitung. Beda Venerabilis legte sie im 7. Jahrhundert seiner einflussreichen Kirchengeschichte zugrunde, Regino von Prüm wandte sie zu Beginn des 10. Jahrhunderts in seiner Weltchronik auf die gesamte Vergangenheit an. Kanonisch blieb auch das von Exiguus berechnete Geburtsjahr für Jesus, obwohl es faktisch nicht zutreffend ist. Nach biblischer Erzählung soll Jesus noch unter Herodes geboren sein: Der war zu dem von Exiguus angenommenen Zeitpunkt der Geburt jedoch bereits vier Jahre tot.

Die Zählung nach einer bestimmten **Ära**, die von einem bestimmten Anlass ausgeht und dann die Jahre ab diesem Zeitpunkt zählt, war – wie schon die oben angesprochene Diokletianische Ära andeutete – eine in der Antike weit verbreitete Form der Jahresbestimmung. Bekannt ist für die römische Geschichte die Zählung der Jahre „ab Gründung der Stadt" (ab urbe condita: *a.u.c.*). Allerdings ist auch dieses Datum erst von späteren römischen Historikern berechnet worden, mit keineswegs einheitlichem Resultat. Heute wohl am verbreitetsten ist die so genannte varronische Ära, eine Zählung die dem römischen Antiquar Varro (116 – 27 v. Chr.) folgt und das Jahr 753 v. Chr. an den Beginn setzt. Sie wurde erst von den Historikern des 19. Jahrhunderts intensiv genutzt, als eine dem Gegenstand adäquate Jahresbestimmung, und liegt etwa auch den einflussreichen Werken von Theodor Mommsen zugrunde. Im zeitgenössischen Alltag der Römer spielte die Datierung *ab urbe condita* so gut wie keine Rolle.

In der griechischen und hellenistischen Welt gab es eine Vielzahl vergleichbarer Ären: Die Zählungen folgten Orten, Personen oder bestimmten Ereignissen und waren für eine mehr oder weniger lange Zeit verbindlich. Die nach den Seleukiden zählende, in der babylonischen Version (312 v. Chr.) früher als in der makedonischen Version (311 v. Chr.) einsetzende Ära blieb im östlichen Mittelmeerraum bis weit in die römische Kaiserzeit bestehen, in Syrien sogar bis ins Mittelalter. Charakteristisch für die Antike ist die parallele Existenz mehrerer Ären, auf regionaler oder lokaler Ebene. Es gab in Asien etwa eine Sullanische Ära, die ab dem Sieg Sullas über Mithridates VI. im Jahr 85 v. Chr. zählte, und weit verbreitet war die Actische Ära, welche den Sieg Octavians bei Actium zum Ausgangspunkt einer neuen Zeitrechnung nahm (31 v. Chr.). Zahlreiche Provinzialären innerhalb des Römischen Reiches setzten das Jahr der jeweiligen Provinzwerdung an den Beginn einer neuen Zeitrechnung.

Eine Möglichkeit zur **Synchronisierung** der vielen verschiedenen Ären und Zeitrechnungssysteme bot die Zählung nach **Olympiaden**. Über die gemeinsame Teilnahme der griechischen Poleis an diesen bedeutendsten panhellenischen Spielen, die in regelmäßigem Abstand von vier Jahren stattfanden, ergab sich die Chance zum Abgleich der verschiedenen Zeitrechnungssysteme. Erstmals genutzt wurde dieser Ansatz von Timaios von Tauromenion am Übergang vom 4. zum 3. Jahrhundert v. Chr. Timaios wertete dazu die fortlaufend geführten Siegerlisten aus. Die von ihm als erste gezählte Olympiade entspricht nach unserer Zeitrechnung dem Jahr 776 v. Chr. Auch wenn die Listen gerade für die Frühzeit spätere Rekonstruktionen sind und ihre Zuverlässigkeit kaum einzuschätzen ist, hat sich die Zählung nach Olympiaden im Anschluss an Timaios zu einem festen Bezugspunkt griechischer Historiographie entwickelt. Die Zählung der zwischen den Festspielen liegenden Jahre als 1., 2., 3. oder 4. Jahr der jeweiligen Olympiade erlaubte eine jahrgenaue Ansprache.

Eine gänzlich andere Möglichkeit zur Identifizierung von Jahren war ihre Benennung nach amtierenden **Magistraten**. Zumal in den Städten war diese Form der Jahreszählung weit verbreitet. In der Regel waren es oberste Beamten oder Priester, die namensgebend (= **eponym**) wurden. Beschlüsse und Urkunden hielten fest, in wessen Amtszeit sie erfolgten. Mit Hilfe von Beamtenlisten war es dann auch für länger zurückliegende Zeiträume möglich, die Reihenfolge der Amtsträger nachzulesen und die einzelnen Amtsjahre in ein absolutes Datierungssystem zu bringen.

Eponyme Beamte waren in Athen die Archonten, in Sparta die Ephoren und in Rom die Konsuln, um nur die wichtigsten zu nennen. Zu beachten ist, dass das Amtsjahr und das ‚bürgerliche' Jahr und ebenso der moderne, im westlichen Kulturkreis übliche Jahresanfang nicht parallel gehen müssen: So ergeben sich die in der Literatur stets anzutreffenden Doppelangaben für Daten der athenischen Geschichte (z. B. 411/410 v. Chr.) daraus, dass der *Archon eponymus* sein Amt jeweils im Sommer antrat.

Quelle

Thukydides

▶ Die Vielzahl der parallel nebeneinander existierenden antiken Datierungssysteme wird bei Thukydides erkennbar:
„Vierzehn Jahre hatte der Dreißigjährige Frieden gedauert, der nach der Eroberung von Euboia geschlossen worden war. Im fünfzehnten Jahr, in Argos war Chrysis im achtundvierzigsten Jahr Priesterin, in Sparta der Ainesias Aufseher (Ephoros), in Athen der Pythodoros noch für vier Monate Archon, zehn Monate nach der Schlacht bei Poteideia, da ergab es sich bei Frühlingsbeginn, dass Männer aus Theben ... mit Waffengewalt ins boiotische Plataia eindrangen, einer Bundesstadt Athens" *(Thuk. 2,2,1)*.
Thukydides versucht durch die Angabe gleich mehrerer eponymer Personen in wichtigen Städten (Argos, Sparta, Athen) Genauigkeit zu erreichen. Mit dem Verweis auf den dreißigjährigen Frieden (446 v. Chr.) stellt er zudem einen überregionalen Bezugspunkt her, von dem aus der Einfall der Thebaner nach Plataia auf 432 v. Chr. datiert werden kann.

Die Liste der gewesenen Magistrate waren in Rom die **Fasti**: Eine überarbeitete Liste aller Konsuln wurde in augusteischer Zeit am Westeingang des Forum Romanum auf vier an den Durchgängen des Partherbogens befestigten Tafeln angebracht. Die *Fasti consulares* (wegen ihres heutigen Aufbewahrungsortes auch oft *Fasti capitolini* genannt) reichten zurück bis Romulus und setzen – anders als Varro – das Gründungsjahr Roms auf 752 v. Chr. (= capitolinische Ära). Fortgeführt wurden sie bis zum Jahr 13 n. Chr. Auch wenn es sicherlich eine ältere Fassung gab, auf die sich die augusteische Neuredaktion stützen konnte, so sind die *Fasti* für die frühe römische Geschichte kaum zuverlässig: Zahlreiche Angehörige erst später aufgestiegener Familien wurden hier als Amtsträger eingetragen, offenbar um den aktuellen Nachkommen über das höhere Alter ihrer Familie eine besondere Dignität zu verleihen.

Quelle

**Militärdiplom
CIL XVI 36**

▶ Die in den römischen Hilfstruppen dienenden Soldaten erhielten am Ende ihrer Militärzeit für sich, ihre Ehefrauen und ihre Nachkommen das römische Bürgerrecht. Dieses wurde in einer Urkunde verbrieft, von der sie eine Abschrift auf einer Bronzetafel erhielten, die so genannten Militärdiplome. Am Beginn der Urkunde stand der Name des Herrschers mit der aktuellen Titulatur, so wie in diesem Diplom, das unter Domitian ausgehändigt wurde:
„Imp(erator) Caesar divi Vespasiani f(ilius) Domitianus
Augustus Germanicus pontifex maximus
tribunic(ia) potestat(e) X, imp(erator) XXI, censor
perpetuus, co(n)s(ul) XV, pater patriae".
Noch am Todestag seines Bruders Titus wurde Domitian von den Prätorianern zum ‚Imperator' ausgerufen (13. Sept. 81), am Tag danach erfolgte die Übertragung des Titels ‚Augustus' durch den Senat. Vor Ende des Jahres wurde er oberster Priester (*pontifex maximus*) und nahm den Titel ‚Vater des Vaterlandes' (*pater patriae*) an. Den im Krieg gegen die Chatten erworbenen Siegerbeinamen ‚Germanicus' erlangte er Ende 83 n. Chr. Im Herbst 85 n. Chr. wurde Domitian zum Zensor auf Dauer ernannt (*censor perpetuus*).
Noch weiter helfen die Iterationen: Die schnell aufeinander folgenden imperatorischen Akklamationen hatten bereits im Jahre 89 n. Chr. die Zahl 21 erreicht, die 22. Akklamation folgte 92 n. Chr. Den Konsulat trat Domitian am 1.1.90 n. Chr. zum fünfzehnten Mal an, danach – zum sechzehnten Mal – erst wieder am 1.1.92 n. Chr. Entscheidend ist schließlich die Iteration der tribunizischen Gewalt. Sie erneuerte Domitian jeweils am Tag des Herrschaftsantritts. Die 10. tribunizische Gewalt fällt damit in die Zeit vom 14.9.90 – 13.9.91 n. Chr. und datiert das Diplom.
Literaturempfehlung: Vorzügliches und unverzichtbares Arbeitsinstrument für die Gewinnung absoluter Datierungen aus Kaisertitulaturen ist die „Römische Kaisertabelle" von Dietmar Kienast.

Die *Fasti* vermerkten neben den Beamtennamen die wichtigsten Ereignisse der jeweiligen Jahre: Sie boten so ein Grundgerüst auch für die Darstellung der Geschichte und bildeten die Wurzel für die annalistische Geschichtsschreibung (→ Kap. 2.2.6). Die öffentliche Anbringung von *Fasti* war keineswegs auf Rom begrenzt, sondern entsprechende Listen sind in vielen anderen Städten des Römischen Reiches gefunden worden. Zu den bedeutendsten zählen die *Fasti Ostienses*, die für die Jahre von 49 v. Chr. bis in die zweite Hälfte des 2. Jahrhunderts n. Chr. die römischen Konsuln, die obersten Magistrate der Stadt Ostia sowie wichtige Kaiserdaten verzeichnen.

Quelle

**Germania
des Tacitus**

▶ *Tam diu Germania vincitur* – So lange schon wird Germanien besiegt
„Sechshundertvierzig Jahre bestand unsere Stadt, als man zum ersten Mal von den
Waffentaten der Kimbern hörte, unter den Konsuln Caecilius Metellus und Papirius
Carbo. Wenn man von da bis zum zweiten Konsulat des Kaisers Traian zählt, ergeben
sich rund 210 Jahre: So lange schon wird Germanien besiegt" (*Tac. Germ. 37,2*).
In die Mitte des zweiten Teils seiner Beschreibung Germaniens setzt der römische
Geschichtsschreiber Tacitus einen historischen Exkurs, mit dem er die außenpoliti-
schen Ereignisse seiner eigenen Zeit in eine bis zu den Kimbern zurückreichende
Kontinuität setzt. Durch die dreifache Zeitangabe (640 Jahre nach Gründung der
Stadt [Tacitus folgt der sog. capitolinischen Ära ab 752 v.Chr.]; gemeinsames Konsulat des Cn. Papirius Carbo und C. Caecilius Metellus; 210 Jahre vor Traians zweitem
Konsulat [98 n.Chr.]) gibt er dem Ereignis von 113 v.Chr. und dem seither verstri-
chenen Zeitraum besonders viel Gewicht. Die Passage erlaubt zugleich, die Abfassung der taciteischen *Germania* auf 98 n.Chr. zu datieren.

ITERATION, von latein. *iterum* = wiederum; Wiederholung.

Oft deutlich über die Bestimmung eines Jahres hinaus gelangt
man, wenn eine einzelne Person mehrere Ämter gleichzeitig be-
setzte und gegebenenfalls **ITERATIONEN** gezählt wurden, so wie dieses bei den römischen Kaisern der Fall war. Ämter und Iterationen
wurden zu einem festen Bestandteil ihrer Titulatur. Das oberste
Jahresamt, der Konsulat, wurde von vielen Herrschern nur zu besonderen Anlässen angenommen, festes Element der herrscher-
lichen Stellung war jedoch die jährlich erneuerte tribunizische Gewalt. Traditionell wechselte sie am 10. Dezember. Doch konnten
auch andere Termine, wie etwa der Antritt der Herrschaft, als Ausgangspunkt einer fortlaufenden Zählung genommen werden. Die
tribunicia potestas ist für die Kaiserzeit ein sehr verlässliches Instrument zur jahresgenauen Datierung.

**IMPERATORISCHE
AKKLAMATION**, von la-
tein. *Imperator* = Be-
fehlshaber; *acclamare* =
durch Zuruf bezeichnen;
ursprünglich wurden
siegreiche Feldherrn von
ihren Soldaten zum Im-
perator ausgerufen; spä-
ter wurde dieser Titel
auch den Kaisern, verlie-
hen, selbst wenn sie am
Feldzug nicht persönlich
teilgenommen hatten.

Weitere Bestandteile der Herrschertitulatur waren **IMPERATORI-
SCHE AKKLAMATIONEN** und deren Zählung sowie die Annahme von
Ehren- oder Siegerbeinamen. Da Konsulat (als *consul ordinarius* jeweils am 1. Januar) und tribunizische Gewalt an jeweils anderen
Tagen im Jahr wechselten, imperatorische Akklamationen bzw. Siegerbeinamen abermals unabhängig davon (und eher im Sommer
oder Herbst angenommen) wurden, wechselte die Titulatur oft
mehrmals im Jahr und erlaubt so eine teils sehr genaue Datierung.

Eine in der Spätantike aufgekommene, bis weit ins Mittelalter
und dort vor allem in der königlichen Kanzlei verbreitete Möglich-

keit der Jahresbestimmung war schließlich noch die Zählung nach Steuerzyklen, den so genannten **Indiktionsjahren**. Ausgangspunkt war ein von Diokletian 287 oder 297 n. Chr. eingeführter Steuerzyklus, der spätestens von Konstantin 312 n. Chr. im Rhythmus von 15 Jahren fortgesetzt wurde: Die Jahre innerhalb eines Zyklus wurden fortlaufend gezählt.

Der Kalender

4.1.2

Das Sonnenjahr wird durch den Wechsel der Jahreszeiten strukturiert. Doch geben diese trotz ihrer zentralen Bedeutung für den Rhythmus des Lebens – zumal in agrarisch geprägten Gesellschaften – keine wirklich präzise Binnengliederung. Eine solche ist mit Hilfe der Mondphasen eher möglich, die eine feiner abstufbare und genauer messbare Jahresunterteilung bieten. Die meisten Kulturen orientieren sich an beiden Größen.

Allerdings sind die grundlegenden astronomischen Gegebenheiten Tag und Monat nicht bruchlos mit einem Jahr zur Deckung zu bringen. Das **Sonnenjahr** hat rund 365 und 1/4 Tage, während ein so genanntes Mondjahr von 12 Monaten auf ca. 354 und 1/3 Tage kommt. Beide wiederum, Jahr und Monat, bilden – wie man sieht – auch mit dem Wechsel zwischen Tag und Nacht keine glatten Relationen.

Die Schwierigkeiten eines so genannten **lunisolaren Kalenders**, der sich am Sonnenjahr und gleichzeitig an den Monaten orientiert, zeigen sich am Beispiel Roms: Um Sonnen- und das kürzere Mondjahr zu harmonisieren, wurde jedem zweiten Jahr ein 13. Monat von 22 bzw. 23 Tagen angefügt, der den Namen Mercedonius trug. Die Schaltung erfolgte im Februar, denn der März war bis 153 v. Chr. der Beginn des Amtsjahres. Die Vorverlegung des Jahresanfangs auf den Januar erklärt sich vermutlich daraus, dass in dem erheblich gewachsenen Reich die Konsuln auf diese Weise mehr Zeit für die Vorbereitung der im Frühjahr beginnenden Feldzüge bekamen. Die Schaltung im Februar hingegen überdauerte bis heute.

Mit der von den Priestern veranlassten Einschaltung eines 13. Monats konnte jedoch nur eine Annäherung zum Sonnenjahr erreicht werden. Um die Monatszählung weiterhin in einem ausgeglichenen Rhythmus zum Sonnenjahr zu halten, war die **empirische Schaltung** weiterer Einzeltage erforderlich. Dabei wurden die durch die Schaltung vorgegebenen Handlungsspielräume in der späteren Republik als Instrument in der innenpolitischen Auseinandersetzung missbraucht. Ein Mittel, die Manipulationen zu unterbinden, war die Einführung eines **zyklischen Regelsystems**. Dieses wurde von dem Diktator **Caesar** in einer großen Kalenderreform initiiert: Von nun an unterteilte man das Jahr in jetzt regelmäßig 12 Monate, und die einzelnen Monate zählten nun 30 oder 31 Tage. Ausnahme blieb der Februar, der 28 Tage behielt. Zur weiteren Anpassung an das Sonnenjahr sollte der Februar in Zukunft alle 4 Jahre jeweils um einen Tag verlängert werden.

Der neue Kalender trat – nach unserer Zeitrechnung – am 1.1.45 v.Chr. in Kraft. Zuvor mussten 90 Tage zwischengeschaltet werden, um die völlig desolate Monatszählung wieder mit der Jahreszeit in Übereinstimmung zu bringen. Wohl aus politischem Widerstand wurden die Schaltungen in der ersten Zeit nach Caesar nicht völlig regelkonform durchgeführt, was einen abermaligen kalendarischen Eingriff unter Augustus erforderlich machte. Mit ihm kam der Kalender dann jedoch endgültig in einen regelmäßigen 4-jährigen **Schaltrhythmus**. Gaius Iulius Caesar und Augustus sind dann auch die einzigen, deren Namen aufgrund ihrer Verdienste für den Kalender noch heute in ihm Spuren hinterlassen haben: Der Juli (Iulius) seit 44 v.Chr. als Bezeichnung für den vorher – nach altem Amtsjahr – als fünften Monat gezählten Quintilis, sowie der August ab 9 v.Chr. für den ehemaligen Sextilis. Andere Umbenennungsversuche, wie etwa unter Domitian des siebten Monats September in „*Domitianus*" oder des achten Monats Oktober in den Siegernamen „*Germanicus*", konnten sich nicht durchsetzen.

Die nach den zyklischen Schaltungen des iulianischen Kalenders verbleibende Differenz von etwas über 11 Minuten zwischen Sonnen- und Kalenderjahr wurde erst über einen längeren Zeitraum wieder merkbar. Als die Verschiebung zwischen Kalenderdaten und Jahreszeiten auf etwa 10 Tage angewachsen war und Probleme für die Festlegung des Osterfestes bereitete, gab **Papst Gregor XIII.** den Auftrag zu einer abermaligen Reform. Aus ihr resultierte u.a. eine Verfeinerung der zyklischen Schaltungen: Zukünftig sollten die Schaltjahre alle 100 Jahre entfallen, wogegen alle 400 Jahre diese Schaltung doch wieder durchgeführt werden sollte: Nach den Grundlagen dieses noch heute gültigen Kalenders blieb es im Februar 2000 bei der Schaltung eines Tages.

Zur Angleichung ließ Gregor XIII. im Jahr 1582 insgesamt 10 Tage überspringen und den 15. Oktober unmittelbar auf den 4. Oktober folgen. Vielerorts, etwa in den evangelischen oder orthodoxen

Gebieten, wurde die Kalenderreform als ‚Diktat' des Papstes nicht
akzeptiert und man führte den alten Kalender weiter. Das Nebeneinander von ‚katholischen' und ‚evangelischen' Daten auf oft engstem Raum beendete in Deutschland erst mehr als zwei Jahrhunderte später ein Reichsgesetz Friedrichs d.Gr. von 1775. Die von der
Orthodoxie geprägten Staaten schlossen sich der Reform überwiegend erst in den zwanziger Jahren des 20. Jahrhunderts an – weshalb etwa die im November ausgebrochene russische Revolution
für die Beteiligten noch eine ‚Oktoberrevolution' war.

Das Nebeneinander von Daten, die in der Benennung identisch
sind, doch aufgrund unterschiedlicher Kalendersysteme in ihrem
absoluten Ansatz abweichen, beeinträchtigt nicht nur die Arbeiten
der heutigen Historiker, sondern mehr noch griff die dahinter stehende Realität tief in den Alltag der damaligen Menschen ein: Sonn-,
Feier- und Markttage standen unvermittelt nebeneinander. Privatleben, Wirtschaft und Recht nahmen in eng benachbarten Regionen einen gänzlich anderen Rhythmus.

Info

▶ Die heute noch oft für die Tage um Neujahr gebrauchte Redewendung „Zwischen
den Jahren" geht zurück auf die Zeit, als sich noch ein katholischer und ein evange-
lischer Kalender gegenüberstanden. Durch den von vielen Ländern nicht nachvollzo-
genen Datumssprung als Teil der Reformen Gregors XIII. war der neue Kalender dem
alten um 10 Tage voraus, ein Abstand, der mit den zu unterschiedlichen Zeitpunkten
gefeierten Jahresanfängen regelmäßig ersichtlich wurde. Die Redewendung nimmt
Bezug auf diese Tage, die – je nach Kalender – zu zwei verschiedenen Jahren zählt.

„Zwischen den Jahren"

Die **Zählung der Tage** innerhalb eines Monats orientierte sich in Rom
an den **Mondphasen**: Die Kalenden bezeichneten ursprünglich den
Tag, an dem die aufgehende Mondsichel zum ersten Mal sichtbar
wurde. Der Begriff kommt von *calare*, ausrufen, da das Erscheinen
des Neulichts von einem Mitglied des Pontifikalkollegiums auf der
höchsten Erhebung des Kapitols ausgerufen wurde. Die Nonen beschrieben das erste Viertel der Mondsichel. Definiert waren sie dadurch, dass man sie jeweils 9 Tage vor dem Vollmond ansetzte, den
Iden. Die Ansprache der einzelnen Tage eines Monats erfolgte nicht
durch fortlaufende Zählung ab Monatsbeginn, sondern man beschrieb die Tage jeweils in Bezug zu den Kalenden, Nonen und Iden.

Die Fasti Maffeiani ▶ Die schriftliche Fixierung und öffentliche Aufstellung des Kalenders erfolgte in Rom erstmals im Jahr 304 v. Chr. und war, da er den *pontifices* die Spielräume zur Festsetzung von Versammlungs-, Fest- und Werktagen entzog, ein bedeutender politischer Vorgang hin zu einer Versachlichung der öffentlichen Ordnung. Ein derartiger vollständig erhaltener Steinkalender sind die *Fasti Maffeiani*. Sie wurden zu Beginn des 18. Jahrhunderts in Rom aufgefunden und kamen in den Besitz des Bischofs Gieronimo Maffei. Bis auf einige Reste ist der Kalender heute allerdings verschollen.

Unterhalb des Titels sind in der ersten Zeile der listenförmigen Anordnung die Monatsnamen von Januar bis Dezember in abgekürzter Form zu lesen. Die einzelnen Monate haben, abgesehen vom Februar, 30 oder 31 Tage, der Kalender datiert also in die Zeit nach Caesars Reform. In der ersten Spalte zu jedem Monat wiederholt sich regelmäßig die Buchstabenfolge von A bis H. Sie zeigt den 8-tägigen Wochenrhythmus an. Für den 5. oder 7. Tag eines Monats sind die Nonen, für den 13. oder 15. die Iden eingetragen. Hinzu treten die namentlichen Feiertage: Im Januar etwa

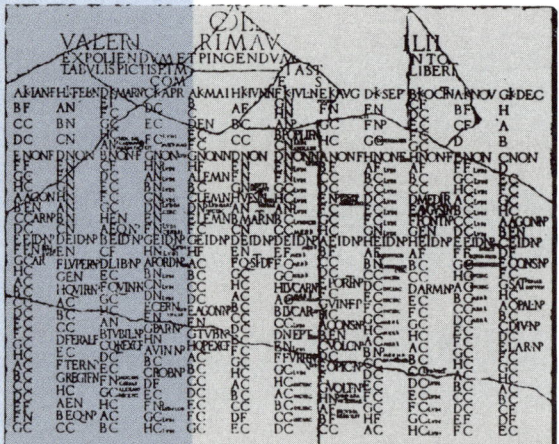

die *Ago(nalia)*, zweimal die *Car(mentalia)*, im Februar die *Luper(calia)*, *Quir(inalia)*, *Fera(lia)*, *Ter(minalia)*, das *Regif(ugium)* und die *Eq(uirria)*. Dahinter, bzw. bei den nicht namentlich benannten Tagen in der zweiten Spalte, werden die jeweiligen Tage charakterisiert: F für die Gerichtstage *(Fas)*, C für Tage, an denen die Volksversammlung zusammentreten konnte *(Comitialis)*, N *(Nefas)* oder NP für die Feiertage, EN *(Endotercisus)* schließlich für die halben Feiertage. An den Tagen, die seit Caesar den Monaten zusätzlich angehängt wurden, konnten regelmäßig die

Abb. 41

Die Fasti Maffeiani.

Gerichte oder die Volksversammlung zusammentreten, sie waren also Geschäftstage. Allein der 30. Januar macht eine Ausnahme: Er ist in Erinnerung an die Einweihung der *Ara Pacis* durch Augustus im Jahre 9 v. Chr. zum Feiertag (N) geworden.

Die Grobeinteilung des Tages erfolgte in Rom in der noch heute üblichen Weise als Morgen, Mittag und Abend. Eine feinere Messung teilte den Tag, dem Lauf der Sonne folgend, in 12 Zeitabschnitte von gleicher Länge. Da die Zeit zwischen Sonnenaufgang und -untergang im Sommer länger, im Winter deutlich kürzer ist, waren auch die Stunden je nach Jahreszeit von unterschiedlicher Länge. Allein zur Zeit der Tag- und Nachtgleiche entsprachen die Stunden des Tages jenen der Nacht, und alle waren, nach heutiger Messkonvention, 60 Minuten lang.

Kalendarisch setzte man in jenen Monaten, die in vorcaesarischer Zeit 31 Tage hatten – den März, Mai, Juli und Oktober –, die Nonen jeweils auf den 7., die Iden auf den 15. Tag des Monats. Die Mehrzahl der Monate hatte hingegen nur 29 Tage: In ihnen fielen, wie im 28-tägigen Februar, die Nonen auf den 5. und die Iden auf den 13. Tag eines Monats.

Auch die bei uns übliche Einteilung der **Woche** in 7 Tage ist kulturelle Konvention. Sie geht zurück auf ägyptische und jüdische Vorbilder, ist aber ein Erbe der Spätantike: 321 n. Chr. wurde sie von Konstantin offiziell eingeführt, der damit den bis dahin im Römischen Reich verbreiteten 8-tägigen Geschäftsrhythmus ablöste. Am siebten Tag, dem *dies solis*, wurden jetzt die Geschäfte verboten. Einen Versuch, mit dieser Tradition zu brechen, unternahm die Französische Revolution. Die Durchsetzung der ‚Dekade' als rationalere Wocheneinteilung scheiterte jedoch an den Gewohnheiten der Bevölkerung – nicht zuletzt wegen der Sonntage, die nach alter Einteilung in dichterem Rhythmus auftraten.

Synchronismen und Symbole, Rundzahlen und Berechnungsformen | 4.1.3

Ein insbesondere in der antiken Historiographie oft genutztes Mittel zur Datierung eines Ereignisses bestand darin, es in Relation zu anderen Ereignissen zu setzen. Eine besondere Form war die Gleichzeitigkeit, der **Synchronismus**. Freilich ist Synchronismen mit Vorsicht zu begegnen: Nicht immer war ihr Zweck die Angabe einer möglichst exakten Datierung, sondern oft sollten damit vor allem innere Zusammenhänge kenntlich gemacht oder hergestellt werden: So sollen die Schlachten von Salamis und von Himera am gleichen Tag geschlagen worden sein: Der Sieg einer westgriechischen Koalition über die Karthager wird auf eine Stufe mit jenem der Griechen des Mutterlandes über die Perser gesetzt und beides zu einer Schicksalsstunde aller Griechen in West und Ost erhoben.

Auf der anderen Seite nahm man aber auch bestimmte politische Vorgänge, Opfer oder Weihungen ganz gezielt an bestimmten Tagen vor, wodurch sie in eine sinnfällige Beziehung gesetzt wurden. Insbesondere im politischen Wirken des Augustus findet sich eine Vielzahl derartiger Anspielungen. Ihre Identifizierung bzw. die von bewusst konstruierten Jubiläen bieten im Einzelfall wieder durchaus das Potential zur Erlangung sehr genauer Datierungen.

Schließlich ist an die Gefahr zu erinnern, dass auch **Ziffern** oft **symbolisch** eingesetzt wurden, und ebenso ,Rundzahlen' existieren, die nicht immer zum Nennwert genommen werden dürfen. Vorsicht ist nicht nur bei Ziffern des Dezimalsystem wie 10 oder 100, sondern auch für die Symbolzahl 7 und ihre Mehrfachen, schließlich für die Zahlen des Duodezimalsystems geboten – insbesondere in der literarischen Überlieferung.

Bei der Zählung von Jahren ist zu berücksichtigen, dass diese in der Antike sowohl doppelt inklusiv – also unter Mitberücksichtigung des Ausgangs- und des Zieljahres –, als auch doppelt exklusiv, oder einfach inklusiv vorgenommen werden konnte, so wie es heute die Mathematik vorgibt. Ein Sonderproblem für moderne Berechnungen ist, dass es **ein Jahr 0 nicht gibt**: Das vermeintliche Geburtsjahr von Jesus Christus zählte Exiguus als Jahr 1. Die negative Zählung der Jahre vor dieser Ära, mit dem Jahr 1 v.Chr. unmittelbar vor 1 n.Chr., kam erstmals im 17. Jahrhundert auf und verbreitete sich ab dem 18. Jahrhundert. Abweichend von dem sonst bei mathematischen Additionen Üblichen beträgt die zeitliche Differenz zwischen 2 v.Chr. und 1 n.Chr. also nur zwei Jahre, von 9 v.Chr. bis 9 n.Chr. sind entsprechend nicht 18, sondern nur 17 Jahre vergangen.

4.1.4 | Naturwissenschaftliche Methoden

Verschiedene naturwissenschaftliche Verfahren bieten Möglichkeiten zu **absoluten chronologischen Bestimmungen**. In weitaus stärkerem Maße, als dieses bei uns heute üblich ist, sind in der Antike Himmelserscheinungen beobachtet worden, und als Vorzeichen wurden sie mit Geschehnissen oft direkt in Beziehung gesetzt. Mit Hilfe moderner astronomischer Kalender ist es möglich, derartige Erscheinungen in unser Chronologiesystem zu bringen und zu Fixdaten in Ereignisfolgen zu gelangen: So kann die verhinderte Abfahrt des Nikias von Sizilien, die schließlich zur totalen Aufreibung des athenischen Expeditionsheeres auf Sizilien führte, durch die überlieferte totale Mondfinsternis auf den 27. August 413 v.Chr. datiert werden, und damit weitaus genauer als bei Thukydides. Für die Schlacht von Gaugamela, 11 Tage nach einer Mondfinsternis, kommt man auf den 1. Oktober 331 v.Chr., da die Finsternis mit jener vom 20. September des Jahres identifiziert werden kann.

Gänzlich ohne literarische Überlieferung kommen Verfahren zur analytischen Altersbestimmungen von Objekten aus. Sehr weit verbreitet ist die so genannte **14C-Methode**, die für organische Materialien Chancen der absoluten Datierung bietet. Freilich eignet sie sich vorzugsweise für große Zeiträume. Gemessen wird das von Organismen aus der Atmosphäre aufgenommene natürliche Kohlenstoffisotop ^{14}C. Mit dem Absterben eines Organismus endet die Aufnahme, und das Isotop zerfällt in einer bekannten Halbwertzeit von 5730 +/− 40 Jahren. Die genaueste Messung des Restwerts erlaubt aus den noch vorhandenen ^{14}C-Anteilen in einem ehemaligen Organismus eine absolute Altersbestimmung. Allerdings haben Weiterentwicklungen der Methode gezeigt, dass der ^{14}C-Anteil in der Atmosphäre im Laufe der Jahrhunderte keineswegs stets gleich blieb, sondern durchaus beachtlichen Schwankungen unterlag: Die massive Nutzung fossiler Brennstoffe seit der Industrialisierung oder etwa auch die Atomwaffenabwürfe bzw. Kernwaffenversuche erhöhten – um Beispiele aus neuerer Zeit zu nennen – die Anteile teils drastisch. Entsprechend sind die gemessenen Daten erst vor dem Hintergrund einer Verlaufskurve, die diese Schwankungen auch für die vergangenen Jahrtausende nachzeichnet, einzuordnen und zu interpretieren. Zur Verdeutlichung, dass man sich dieser differenzierteren Form der absolutchronologischen Einordnung verbliebener ^{14}C-Isotope bedient, spricht man in diesem Fall von ‚kalibrierten Daten‘. Die **großen Messtoleranzen** dieser Methode begrenzen ihren Einsatz für den Bereich der Alten Geschichte weitgehend auf Fragestellungen, bei denen es eher nur um sehr allgemeine Einordnungen geht.

Hilfen für die Bestimmung des über die Jahrhunderte schwankenden ^{14}C-Anteils in der Atmosphäre kamen von der **DENDROCHRONOLOGIE**. Sie untersucht die Jahresringe von Bäumen, in denen sich das unterschiedliche Wachstum und somit das Klima Jahr für Jahr spiegeln. Eine längere Abfolge von Jahren ergibt so einen ganz bestimmten, sich nicht wiederholenden Fingerabdruck. Es ist gelungen, in einer langen Kette von der Gegenwart ausgehend zu einer fortlaufenden Verknüpfung derartiger Profile zu kommen. In diese Profilleiste können aufgefundene Hölzer, soweit sie eine ausreichende Zahl erkennbarer Jahresringe besitzen, eingepasst und jahrgenau datiert werden. Freilich gibt es auch bei dieser äußerst erfolgreichen Methode Tücken: Um das Fälldatum eines Baums zu ermitteln, bedarf es einer Probe mit erhaltenem äußersten Jahresring. Hinzu kommt, dass dieses Datum nicht zwingend mit der Weiter-

DENDROCHRONOLOGIE, von griech. *dendron* = Baum.

verarbeitung identisch sein muss: Hölzer konnten sehr lange gelagert werden, und gute Hölzer wurden oft noch nach Jahrhunderten sekundär genutzt. Schließlich gibt es Unterschiede im Wachstum der Jahresringe, die von der jeweiligen Klimaregion sowie der Baumart abhängen und verschiedene Skalen erforderlich machen. Eine weit zurückreichende geschlossene **Chronologiereihe**, die der Archäologie und Alten Geschichte viele jahrgenaue Datierungen erbracht hat, ist die Mitteleuropäische Eichenchronologie, oder, genauer: Die ,linksrheinische westdeutsche Eichenchronologie'. Für den Mittelmeerraum hingegen konnte bislang keine durchlaufende dendrochronologische Sequenz erstellt werden, trotz entsprechender Bemühungen insbesondere für den Bereich des östlichen Mittelmeers.

Nicht mehr zum eigentlichen Gegenstand der Chronologie zählt die kulturelle Bedeutung der verschiedenen **Zeitmesssysteme**, die gleichwohl nicht aus den Augen verloren werden darf. Dort wo eine bestimmte Art der Zeitmessung vorliegt, bestimmt sie auch die Zeitwahrnehmung. Die Zeiteinteilung ist in ihren wesentlichen Elementen durch den Menschen geformt. Die so eingeteilte Zeit greift dann jedoch tief in die Ordnung und den Rhythmus des Lebens, in Denkweisen und Mentalitäten ein: In kaum zu unterschätzender Weise formt sie den Menschen.

Aufgaben zum Selbsttest

● Benennen und erläutern Sie verschiedene Formen der Zählung nach Jahren.
● Welches Problem sollte die Gregorianische Kalenderreform lösen?

Literatur

Allgemeine Einführung:
B. Bäbler, **Archäologie und Chronologie. Eine Einführung**, Darmstadt 2004.

Chronologietabellen und Übersichten:
E. J. Bickermann, **Chronology of the Ancient World,** New York 1968.
A. E. Samuel, **Greek and Roman Chronology,** HdA I 7, München 1972.
M. Deißmann (Hg.), **Daten zur antiken Chronologie und Geschichte**, Stuttgart 1990.
W. Eder/J. Renger (Hgg.), **Herrscherchronologien der antiken Welt. Namen, Daten, Dynastien** (= DNP Suppl. 1), Stuttgart 2004.
W. Leschhorn, **Antike Ären. Zeitrechnung, Politik und Geschichte im Schwarzmeerraum und in Kleinasien nördlich des Tauros**, Stuttgart 1993.

Literatur

J. E. Morby, **Handbuch der Dynastien**, Düsseldorf 2002.
D. Kienast, **Römische Kaisertabelle. Grundzüge einer römischen Kaiserchronologie**, 3. Aufl., Darmstadt 2004.

Kalender
J. Rüpke, **Zeit und Fest. Eine Kulturgeschichte des Kalenders**, München 2006.
H. H. Scullard, **Römische Feste. Kalender und Kult**, Mainz 1985.
F. Graf, **Der Lauf des rollenden Jahres. Zeit und Kalender in Rom**, Stuttgart/Leipzig 1997.
A. K. Michels, **The Calendar of the Roman Republic**, Princeton (N. J.) 1967.
A. u. I. König, **Der römische Festkalender der Republik**, Stuttgart 1991.

Naturwissenschaftliche Methoden:
B. Hrouda (Hg.), **Methoden der Archäologie. Eine Einführung in ihre naturwissenschaftlichen Techniken**, München 1978.
E. Hollstein, **Mitteleuropäische Eichenchronologie**, Trier 1980.
K. Randsborg (Hg.), **Absolute Chronology. Archaeological Europe 2500 – 500 B. C.**, Kopenhagen 1996.

Die Historische Geographie | 4.2

Neben der ‚Zeit' ist der ‚Raum' die zweite grundlegende Dimension jeder historischen Betrachtung. Für die Rekonstruktion von Ereignissen, für Verbindungslinien und die Herstellung von Kausalitäten ist die Orientierung im Raum genauso wichtig wie die Orientierung in der Zeit. Kenntnisse der allgemeinen Geographie, aber auch der Topographie, der Beschaffenheit von Landschaften und Plätzen, sind elementare und selbstverständliche Voraussetzungen jeder historischen Analyse. Historiker sollten bei ihren Arbeiten immer gutes Kartenmaterial bereithalten, nicht nur politische Karten, sondern auch physikalische.

Geographie und Historische Geographie | 4.2.1

Die geographischen Verhältnisse sind nicht allein für außenpolitische Fragestellungen oder Nachzeichnung von Wirtschaftsbeziehungen relevant, sondern die naturgeographischen Bedingungen können auch einen prägenden Einfluss auf die Lebensformen der Menschen ausüben: So sind die spezifischen Formen von Staat, Wirtschaft und Gesellschaft im pharaonischen Ägypten in vielem der besonderen Abhängigkeit des Landes von den regelmäßigen Nilüberschwemmungen geschuldet. Deren Rhythmus findet sich weiterhin in den religiösen Vorstellungen der Ägypter wieder, und nicht weniger trieb diese Abhängigkeit die Entwicklung der astronomischen und mathematischen Wissenschaften voran. Ganz ähnlich entsprechen in Griechenland Erfolg und Verbreitung der spezifischen Form der Polis als politische und gesellschaftliche Organisationsform der Kleinteiligkeit der griechischen Landschaft – nicht als eine notwendige Bedingung, aber doch in der Art, dass die Landschaft unter ganz spezifischen historischen Konstellationen gerade dieser Lebensform entgegenkam.

Selbst wenn der Blick allein einem Kleinraum gilt, wie etwa einer einzigen Polis, so werden politische, gesellschaftliche, wirtschaftliche oder religiöse Verhältnisse und Entwicklungen auch hier vielerorts erst vor dem Hintergrund einer detaillierten Kenntnis der Landschaft wirklich verständlich: Fruchtbares Schwemmland oder der Bewirtschaftung kaum zugängliches Hochgebirge, wasserreiche oder wasserarme, durch natürliche Verkehrswege erschlossene oder aber kaum zugängliche Gebiete konnten auf engstem Raum benachbart sein und boten den Menschen geradezu gegensätzliche Entfaltungsbedingungen. Angesichts der **Größe des geographischen Raums**, mit dem sich die Alte Geschichte beschäftigt, ist das notwendig zu erwerbende geographische und topographische Hintergrundwissen von beachtlichem Umfang. Nicht für jede Region wird eine gleich intensive Kenntnis der landschaftlichen Bedingungen möglich sein. Doch eine ungefähre Orientierung über die verschiedenen Landschaftsbilder und Klimazonen in der antiken Welt ist unverzichtbar.

Erschwerend kommt hinzu, dass auch der so begriffene Raum keineswegs eine Konstante ist, sondern selbst ständigen Veränderungen unterliegt. **Klimaschwankungen** haben in langfristiger Perspektive drastische Auswirkungen auf Flora und Fauna, sie verändern Flussläufe und Küstenlinien und verschieben die für Siedlungen geeigneten bzw. für Ackerbau oder Viehzucht nutzbaren Flächen. Heftige Regenfälle können innerhalb kürzester Zeit die Erdkrume, wie sie im Mittelmeerraum oft nur dünn auf dem felsigen Untergrund liegt, fortspülen und Ödland zurücklassen. Bereits innerhalb weniger Tage können Erdbeben und Vulkanausbrüche, Überschwemmungen oder Flächenbrände ganze Landstriche radikal verändern.

Hinzu kommt der Mensch: In noch stärkerem Ausmaß wurde und wird die **Landschaft von den Menschen kontinuierlich verändert**. Nicht nur durch die Anlage von Gehöften und Siedlungen, die Errichtung von Straßen, Kanälen und Häfen, durch Rodungen oder Aufforstungen, durch Abgrenzung von Feldern, Ackerbau und Terrassierungen, sondern ebenso durch die Einführung fremder Agrarkulturen, durch Jagd und Zucht, schließlich auch Bergbau und Verhüttungen, Anlage und Ausbeutung von Steinbrüchen, von Lehm- und Tongruben: Die Bodenressourcen waren in der Antike die zentrale Existenzbasis. Dort wo Menschen in größerer Zahl lebten, summierten sich die Veränderungen der natürlichen Umwelt entsprechend.

Die heute zu sehende Landschaft hat mit den antiken Verhältnissen zumeist nur noch wenig gemein. Ziel einer **Historischen Geographie** ist vor diesem Hintergrund die Wiedergewinnung der antiken Landschaft sowie der Formen ihrer Besiedlung. Aufgrund der kontinuierlichen Veränderungen ist dieses nur als ‚Geschichte‘ möglich. Als ‚historische‘, also auf den Menschen Bezug nehmende Wissenschaft, konzentriert sich die Historische Geographie dabei überdies auf das spezielle Wechselverhältnis zwischen Mensch und Umwelt: Einerseits werden die von den Menschen verursachten Veränderungen ihrer natürlichen Umgebung berücksichtigt, andererseits auch jene Veränderungen in der Natur, auf die der Mensch reagieren musste. Dabei beschränkt die Historische Geographie ihre Untersuchungen zumeist auf bestimmte Teilregionen der griechisch-römischen Antike, denn nur so kann sie zu einer ausreichend dichten Materialaufnahme gelangen. In diesen Räumen arbeitet sie dann **epochenübergreifend**, da viele Entwicklungen erst in einer langfristigen Perspektive zu erfassen sind. Nicht nur aus diesem Grund ist die Erfordernis interdisziplinären Arbeitens in der Historischen Geographie besonders hoch.

Die Geographie in der Antike | 4.2.2

Ausgangspunkt zur Wiedergewinnung der Landschaft in der Antike ist zunächst die aus der Zeit selbst stammende **literarische Überlieferung**. Bereits in der Antike hatte sich die Geographie zu einer eigenständigen und wichtigen Literaturgattung entwickelt, mit bedeutenden Werken wie Strabons Beschreibung der gesamten bewohnten Erde in augusteischer Zeit, oder auch der detaillierten Beschreibung Griechenlands durch Pausanias im 2. Jahrhundert n. Chr.

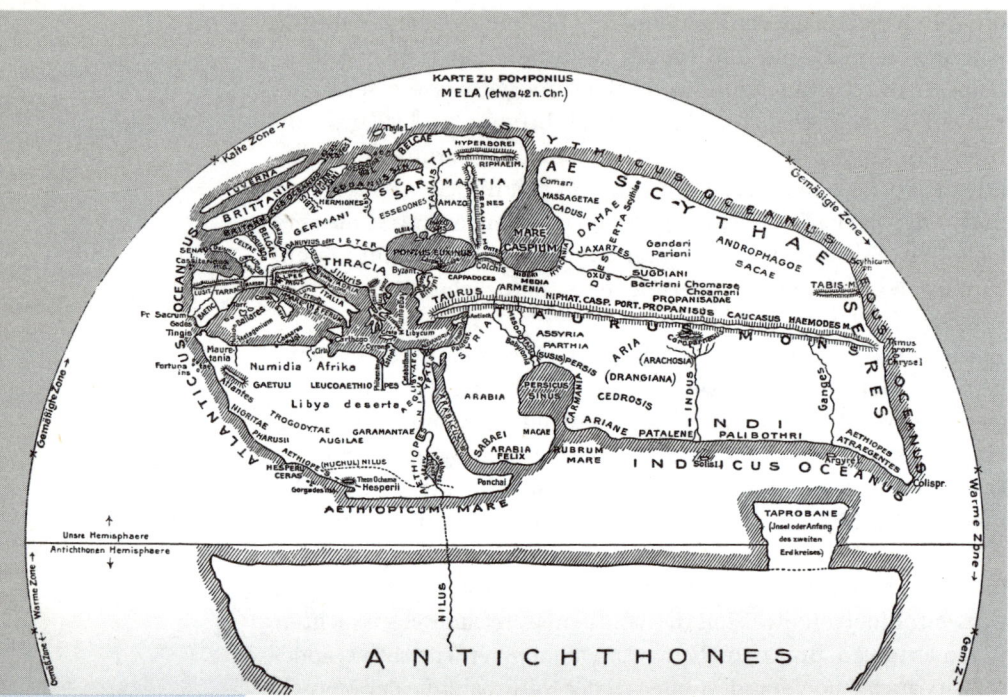

Abb. 42

*Die Weltkarte des
Pomponius Mela
(Rekonstruktionsver-
such).*

PERIPLUS, von griech.
peri = um, herum und
pleein = segeln, schiffen.

ITINERAR, von latein. *iter*
= Weg; Wegbeschrei-
bung.

Stützen konnten sich derartig groß angelegte Synthesen auf Beschreibungen von Küsten- und Überlandstrecken, die für den prak-
tischen Gebrauch angefertigt wurden. Die Küstenbeschreibungen,
die **PERIPLOI** (Sg. Periplus), waren der griechische Beitrag zur antiken
Geographie: In ihnen hielten die Schiffsführer Distanzen und Richtungen fest, notierten Möglichkeiten der Anlandung, der Versorgung mit Lebensmitteln und Wasser, berichteten über Anwohner,
über tierische und pflanzliche Besonderheiten sowie weiteres Be-
merkens- und Berichtenswertes, das nachfolgenden Seefahrern auf
derselben Strecke helfen konnte. Die Grundform des Periplus ist bereits in der Struktur und der Art mancher Episoden der Odyssee
wiederzufinden. Gezielte Expeditionen in den Nord- und Südatlan-
tik, in das Rote Meer und den Indischen Ozean dienten schon vor
der Mitte des 1. Jahrhunderts v. Chr. – mit erneutem Aufschwung in
der Periode Alexanders des Großen – der Vervollständigung und
Überprüfung des geographischen Wissens, das sich neben der Em-
pirie stets auch auf philosophische Ordnungsvorstellungen stützte. – Das **ITINERAR** war demgegenüber der spezifisch römische Bei-

trag zur geographischen Erschließung: Ein Verzeichnis von Landstrecken, in dem gleichfalls Distanzen, Richtungen und Plätze erfasst wurden.

Welche Rolle bereits Kartierungen in der antiken Geographie spielten, ist strittig. Sie dürften sich eher auf Skizzen beschränkt, vor allem nicht den Weg zu maßstäblichen Darstellungen erreicht haben. Dennoch erlaubten es astronomische Beobachtungen, die verschiedenen Streckenverzeichnisse miteinander zu vernetzen. Eine derartig große Synthese legte im 2. Jahrhundert n. Chr. der alexandrinische Universalgelehrte und Geograph Claudius Ptolemaios vor, indem er für rund 8100 markante geographische Punkte die Koordinaten angab: Bis zum Ausgang des Mittelalters blieb seine Bestandsaufnahme der nicht wieder erreichte Stand der wissenschaftlichen Geographie. Die zahlreichen **Weltkarten „nach Claudius Ptolemaios"** sind durchgehend Rekonstruktionen auf der Grundlage seiner in Tabellenform zusammengestellten Längen- und Breitengrade.

Auch der Zusammenhang zwischen **Mensch und Umwelt** war schon früh ein Thema der antiken Geographie bzw. Ethnographie. Die beobachtete unterschiedliche Physis und die voneinander abweichenden Lebensweisen der Menschen wurden mit den Klimazonen der verschiedenen Länder in Verbindung gebracht, und die Einflüsse von Hitze und Feuchtigkeit betrachtete man als konstitutiv für die charakterlichen Entwicklungsmöglichkeiten der Menschen. Entsprechendes Gedankengut findet man etwa bei Herodot, Aristoteles oder dem griechischen Universalgelehrten Poseidonios; in einer Schrift des Pseudo-Hippokrates „Über die Umwelt" wurde es systematisch zur Darstellung gebracht. Oft boten derartige Theorien allerdings nur eine Begründungssystematik für die unterstellte kulturelle Minderwertigkeit und Unterlegenheit des Fremden, und der heutige Interpret muss bei Fremdvölkerbeschreibungen stets damit rechnen, dass Einzelcharakterisierungen aus einer Theorie abgeleitet wurden, nicht jedoch Ergebnis von Beobachtungen waren.

Ganz konkret kamen Aspekte der Landschaft und der landwirtschaftlichen Nutzung schließlich in verschiedenen Handbüchern zur Sprache. In **Schriften zum Landbau** finden sich etwa Ausführungen zur Anlage eines Landwirtschaftsbetriebs, zum Anbau bestimmter Produkte, zur Weiterverarbeitung und zum möglichen Ertrag. Technisch orientierte Handbücher, wie das des Vitruv über die Archi-

Info

Tabula
Peutingeriana

▶ Die so genannte Tabula Peutingeriana (benannt nach dem Humanisten Konrad Peu-
tinger [1465–1547], in dessen Besitz die Karte vorübergehend war) ist die spät-
mittelalterliche Kopie einer antiken Straßenkarte. Diese reicht bis ins 1. Jahrhundert
n. Chr. zurück, trägt aber Ergänzungen des 4. Jahrhunderts.

Auf einer Länge von ca. 7 Metern, doch mit einer Höhe von nur 33 cm wurde die
bekannte Welt von Spanien bis Indien in stark schematisierter Form dargestellt. Die
Karte nennt Provinzen, Landschaften und Völker, die durch ein Netz von Straßenli-
nien miteinander verbunden sind. An den Straßen werden Städte, Stationen und
Knotenpunkte durch Vignetten charakterisiert und namentlich benannt; Ziffern verweisen auf die Distanzen zwischen den einzelnen Orten. Für die Reiseplanung bot
eine derartige Karte wertvolle Hilfen: Eine Anschauung vom Raum konnte durch sie
jedoch nicht gewonnen werden.

Abb. 43

*Ausschnitt aus einer
Reproduktion der Ta-
bula Peutingeriana.*

tektur, beschrieben, wie Häuser und Siedlungen in Landschaften einzubinden seien und welche morphologischen und klimatischen Gegebenheiten es dabei zu berücksichtigen gelte.

Arbeitsweise der Historischen Geographie | 4.2.3

Neben der literarischen Überlieferung dienen der Historischen Geographie die in einem Raum gefundenen oder auf ihn Bezug nehmenden Inschriften als Quellen, die auf Verwaltungsgebiete und -grenzen, auf Formen der Bewirtschaftung, Verkehrswege oder auch die sakrale Topographie eines Raumes verweisen können. Münzfunde geben Aufschlüsse über Besiedlungsphasen und Besiedlungsdichte, gemeinsam mit der Beobachtung von Münzfüßen informieren sie über Kontakt- und Wirtschaftsräume. Eine Analyse der in einer bestimmten Region geprägten Münzbilder kann politische Verbindungen oder etwa freundschaftliche Beziehungen verschiedener Städte untereinander aufzeigen; in den zahlreichen agrarischen Motiven, in Fluss- und Wassergottheiten drückt sich ein je spezifisches Verhältnis der Bewohner zu ihrer Landschaft aus.

Hoher Rang kommt aber auch den **nachantiken Quellen** zu, insbesondere Reiseberichten und bildlichen Darstellungen bis in die Neuzeit. In ihnen sind oft Verhältnisse festgehalten, die vor manchen tiefgreifenden Umgestaltungen in der Moderne liegen. Hinzu tritt die historisch-geographische **Namensforschung**: Orts- und Flurnamen oder Namen von Gewässern erweisen sich in der Regel als besonders stabil und bewahren – ebenso wie die Verbreitung von Dialekten – Verhältnisse, die in eine weit zurückliegende Vergangenheit verweisen.

Ganz wesentliche Aufschlüsse über eine Landschaft und deren Besiedlung sind allerdings erst durch **Autopsie** zu gewinnen, und so stehen die Feldstudien im Mittelpunkt der modernen Historischen Geographie. Zentrale Vor-

| **Abb. 44**

Römischer Meilenstein des Kaisers Septimius Severus. Er stand ursprünglich an der Straße, die von Italien aus über Kempten nach Augsburg führte. Heute im Römischen Museum Augsburg.

gehensweise ist der *Survey*. Er widmet sich vor allem der Erfassung der obertägig sichtbaren Überreste menschlicher Aktivität. *Surveys* können sehr großflächig angelegt sein – etwa durch Befragung der Bevölkerung und Überprüfung bzw. Dokumentation der hier genannten Orte – oder aber sehr feingliedrig vorgehen und als ‚Scherben-Survey' ein Gelände in engstem Raster durchkämmen: Welcher Weg gewählt wird, hängt von den Fragestellungen und vom Forschungsstand, ganz wesentlich aber auch von den zur Verfügung stehenden Ressourcen ab. Hier hat sich überdies erwiesen, dass der unterschiedliche Bewuchs im Wechsel der Jahreszeiten in der Regel eine mehrfache Begehung zur Erfassung der anthropogenen Spuren erfordert. Idealerweise steht am Ende solcher Feldforschungen eine lückenlose Dokumentation, Datierung und Kartierung aller antiken Überreste eines bestimmten Gebietes, insbesondere natürlich der Siedlungsspuren. Durch keine andere Quellengruppe oder Methode zu ersetzender Gewinn derartiger *Surveys* ist, dass sie auch erstmals einen konkreten Einblick in die dörflichen und ländlichen Strukturen der Antike, in die damaligen Wirtschafts- und Besiedlungsweisen abseits der Städte ermöglichen.

Vielfältige Unterstützung können derartige Untersuchungen durch die **Naturwissenschaften** erfahren: Satellitenbilder dienen nicht nur der Vermessung, sondern geben auch besondere Anschaulichkeit vom Relief und der Nutzung der Landschaft. Geomagnetische Messungen geben Auskünfte über bauliche Strukturen unterhalb der sichtbaren Erdoberfläche. Flora und Fauna, Art und Intensität der Landnutzung oder Ernährungsweisen können auch für ältere Zeithorizonte durch Pollenanalysen und archäozoologische Untersuchungen erschlossen werden: Die Grenzen für derartige Analysen setzt zumeist erst der zur Verfügung stehende Finanzrahmen. – Noch am Anfang steht die historische Klimaforschung, die in diesem Zusammenhang Potenzial für künftige Überraschungen zu bieten scheint. Im Moment sind die meisten paläoklimatischen Modelle allerdings noch nicht hinreichend abgesichert, um als Basis für darüber hinausreichende historische Interpretationen dienen zu können.

Die Berücksichtigung der **geographischen Grundlagen** war für die breit angelegte altertumswissenschaftliche Forschung des 19. Jahrhunderts (→ Kap. 1.4.1) noch ein selbstverständlicher und wesentlicher Teil ihres Arbeitens. Im späteren 19. und im 20. Jahrhundert drängten allerdings andere Fragestellungen diese Untersuchungen in den

Hintergrund, selbst wenn Forscher wie Alfred Philippson (1864–1953) oder Ernst Kirsten (1911–1987) durch ihre Studien immer wieder auf die Bedeutung geographischer Faktoren für das Verständnis historischer Prozesse hinwiesen. Der in den letzten zwei bis drei Jahrzehnten feststellbare Aufschwung historisch-geographischer Untersuchungen scheint einerseits ein Ergebnis der zunehmenden Regionalisierung der Forschung zu sein (→ Kap. 1.4.3), andererseits eine Frucht des Bemühens um Interdisziplinarität.

Hinsichtlich der Fragestellungen ist zu beobachten, wie heutzutage die Veränderung der natürlichen Umwelt durch den Menschen stärker ins Zentrum gerückt ist. In der älteren Forschung waren noch mögliche Prägungen des Menschen durch die vorgegebenen landschaftlichen Faktoren die beherrschende Perspektive. Gesteigerte Sensibilisierungen für das Ausmaß und die Folgen **anthropogener Faktoren** auf die Umwelt dürften zu dieser wechselnden Betrachtung beigetragen haben. Doch angesichts sich rapide wandelnder Landschaften durch verstärkte landwirtschaftliche Eingriffe, durch Städtewachstum, Zersiedelung und nicht zuletzt durch den Tourismus geht es bei den Feldstudien der Historischen Geographie auch ganz entschieden darum, die Landschaft als historische Quelle für künftige Generationen zu sichern.

Aufgabe zum Selbsttest

● Was versteht man in der Historischen Geographie unter einem *Survey*?

Literatur

Einführungen und Überblickswerke:
E. Olshausen, **Einführung in die Historische Geographie der Alten Welt**, Darmstadt 1991.
H. Sonnabend (Hg.), **Mensch und Landschaft in der Antike. Lexikon der Historischen Geographie**, Stuttgart/Weimar 1999.
K. Brodersen (Hg.), **Antike Stätten am Mittelmeer**, Stuttgart/Weimar 1999.
S. Lauffer (Hg.), **Griechenland: Lexikon der historischen Stätten**, München 1989.

Kartenwerke:
H. Bengtson/V. Milojčič (Hgg.), **Großer Historischer Weltatlas Bd. I**, 6. Aufl., München 1978.
R. J. A. Talbert (Hg.), **Barrington Atlas of the Greek and Roman World**, 3 Bde., Princeton 2000.
H. Kopp/W. Röllig (Hgg.), **Tübinger Atlas des Vorderen Orients** (= TAVO), Tübingen 1977 ff.

Antike Geographie und Ordnungsvorstellungen:
J. O. Thompson, **History of Ancient Geography**, Cambridge 1948.

Literatur

M. Cary, **The Geographical Background of Greek and Roman History**, Oxford 1949.
C. Nicolet, Space, **Geography and Politics in the Early Roman Empire**, Ann Arbor 1990.
J. D. Hughes, **Pan's Travail: Environmental Problems of the Ancient Greeks and Romans**, Baltimore/London 1994.
K. E. Müller, **Geschichte der antiken Ethnographie und ethnologischen Theoriebildung**, 2 Bde., Frankfurt/Main 1972 – 80.

Landschaftsaufnahmen und Surveys:
A. Philippson/E. Kirsten, **Die griechischen Landschaften I – IV**, Frankfurt 1950 ff.
J. Bintliff, **Natural Environment and Human Settlement in Prehistoric Greece**, Oxford 1977.
G. Shipley/J. Salmon (Hgg.), **Human Landscapes in Classical Antiquity**, London 1996.
M. Aston, **Interpreting the Landscape. Landscape Archaeology and Local History**, London 1997.
H. Lohmann, **Atene. Forschungen zur Siedlungs- und Wirtschaftsstruktur des klassischen Attika**, Köln 1993.
F. Kolb (Hg.), **Lykische Studien**, Bd. 1 – 7, Bonn 1993 ff.
Ch. Schuler, **Ländliche Siedlungen und Gemeinden im hellenistischen und kaiserzeitlichen Kleinasien**, München 1998.

Landschaftsveränderungen:
A. Raban (Hg.), **Archaeology of Costal Changes**, Oxford 1988.
E. Guidobono, **Catalogue of Ancient Earthquakes in the Mediterranean Area up to the 10th Century**, Rom 1994.

4.3 | Die Prosopographie

4.3.1 | Die prosopographische Arbeitsweise

PROSOPOGRAPHIE, von griech. *prosopon* = Gesicht, Maske, Person und *graphein* = schreiben; Personenkunde.

Ausgangspunkt der **PROSOPOGRAPHIE** als Wissenschaftszweig ist die systematische und auf Vollständigkeit angelegte Zusammenstellung sämtlicher Quellenbelege, die über eine bestimmte Person bzw. über eine Personengruppe existieren. Ihre Anfänge sind eng verbunden mit der Epigraphik, die in dem personenkundlichen Zugang eine geeignete Möglichkeit zur Bereitstellung des reichen inschriftlichen Materials sah. Ergänzt und vervollständigt wird dieses durch die aus literarischer, numismatischer oder auch papyrologischer Überlieferung erhaltenen Angaben zu einzelnen Personen. Eng verwandt, doch von der Prosopographie abzugrenzen, sind die Biographie (→ Kap. 2.2.8), die das Leben einzelner in literarischer Form nacherzählt, die **DEMOGRAPHIE**, die sich der Bevölkerung als Ganzes widmet (welche dabei anonym bleibt), sowie die **ONOMASTIK**, die sich der Struktur, Herkunft und Bedeutung der Namen widmet.

DEMOGRAPHIE, von griech. *demos* = Volk und *graphein* = schreiben; Bevölkerungslehre.

ONOMASTIK, von griech. *onoma* = Name; Namenskunde.

Aus dem von ihr zusammengetragenen und kritisch gesichteten Material rekonstruiert die Prosopographie die privaten und beruflichen Stationen des Lebens einer Person, einschließlich der familiären und ggf. freundschaftlichen Verbindungen. Unter ausführlicher Belegung der Quellenzeugnisse werden die so gewonnen Daten weiteren Forschungen in geordneter Form zur Verfügung gestellt. Die Anordnung der Daten erfolgt in den allgemeinen Prosopographien auf die Person bezogen alphabetisch unter dem jeweiligen Namen (bei Personen der römischen Geschichte unter dem Gentilnamen), gegebenenfalls sind chronologische Abschnitte zu berücksichtigen. Je nach Forschungsperspektive sind allerdings auch Anordnungen nach Personengruppen oder Amtsträgern verbreitet. Die Veröffentlichungen präsentieren sich in der Regel als nüchterne Nachschlagewerke von Handbuchcharakter: Insoweit ist die Prosopographie eine typische ‚Grund-‘ oder Hilfswissenschaft.

Darüber hinaus steht ‚Prosopographie‘ jedoch auch für einen ganz bestimmten **methodischen Zugang** bei der Rekonstruktion von Geschichte. Er wird in Perspektive und Reichweite durch das gesammelte personenkundliche Material vorstrukturiert. Zugrunde liegt ihm die Vermutung, dass **persönliche Beziehungen** auch der Schlüssel für viele politische und wirtschaftliche Prozesse sind, dass ferner Abkunft, Standeszugehörigkeit und weitere soziale Bezüge, wirtschaftliche Verhältnisse und Bildung auf das Denken und Handeln einzelner Personen Einflüsse haben. Aus der Analyse der jeweiligen Gruppenzugehörigkeit und der für die Gruppe typischen Entwicklungsmöglichkeiten oder des Verhaltenskanons wird versucht, sich diesen allgemeinen Schemata zu nähern. Derartige Forschungsansätze erheben sich deutlich über die Nachzeichnung der Biographie einer einzelnen Person. Die erzielbaren Ergebnisse haben das Potenzial, auf allgemeinere Strukturen und Entwicklungen zu verweisen, die sonst nicht sichtbar werden.

Bevorzugter methodischer Ansatz ist, die zu einer Person gewonnenen Daten mit denen anderer Personen und Personengruppen in Bezug zu setzen. Aus dem Vergleich mit Ämtern und Amtsbesetzungen, mit Karriereschemata und Familienbindungen sind die Aufdeckung des Verhältnisses von Gruppenzugehörigkeit und sozialem Verhalten, die Bedeutung von Abkunft, Bildung und Vermögen, die Möglichkeiten und Bedingungen der sozialen und regionalen Mobilität, Familienpolitik und Freundschaftsbeziehungen oder auch die Struktur von Parteiungen etablierte Forschungsansätze.

Insoweit steht die Prosopographie der Sozialgeschichte ganz nahe und erscheint einigen geradezu als Unterdisziplin. Doch schon aufgrund der Art der Inschriftensetzungen in der Antike ist die Prosopographie auch grundlegend für die Verwaltungs- und teils auch Militärgeschichte, dazu bietet die personenbezogene Analyse wesentliche Einblicke in Wirtschaft und Religion, und auch in Hinblick auf die Gender-Verhältnisse hat sich der Ansatz neuerdings bewährt.

Versucht man bei diesen Forschungen in der Regel, aus der Analyse einer größeren Zahl von Einzelfällen zu qualifizierten allgemeinen Aussagen zu gelangen, so ist der Bezug auf Parallelbiographien und allgemeine Karriereschemata im Gegenzug auch ein bewährtes methodisches Mittel zur **Auffüllung von Überlieferungslücken** in der Biographie einer Einzelperson: Vergleiche und Analogien bieten Chancen zu einer verantwortbaren Interpolation. Für die Benutzer lauert hier allerdings eine Tücke: Sie müssen in einer derartig rekonstruierten Biographie die Interpolationen erkennen und sich bewusst sein, dass so, wie von statistischen Mittelwerten nie Rückschlüsse auf einen Einzelfall möglich sind, auch hier das ‚Typische' eine plausible Hypothese ist, diese den fehlenden Quellenbefund jedoch nicht ersetzen kann. Bei der Gewinnung wieder allgemeiner Aussagen aus individuellen Biographien besteht an dieser Stelle die Gefahr von Zirkelschlüssen.

4.3.2 | Geschichte der Prosopographie

Die Anfänge der prosopographischen Forschung liegen in Deutschland und lassen sich mit den seit der Mitte des 19. Jahrhunderts unternommenen Bemühungen zur Erstellung eines **personenkundlichen Werks** für die ersten drei Jahrhunderte n. Chr. verbinden, für jene Zeit also, aus der die Masse aller antiken Inschriften stammt. Wieder einmal war die konkrete Umsetzung Theodor Mommsen zu verdanken: Auf seine Initiative und unter Leitung der Berliner Akademie der Wissenschaften wurde mit der *„Prosopographia Imperii Romani"* (= PIR) begonnen, die alle Senatoren und Ritter, ferner die im Dienste des Reiches stehenden sowie sonstige namentlich bekannte Personen umfasste. Bereits 1897/98 konnte das Werk in einer ersten Auflage in drei Bänden vorgelegt werden. Die „Prosopographie", wie sie meist nur kurz genannt wurde und wird, gab wesentliche Impulse für weitere prosopographische Arbeiten, auch über die Antike hinaus.

Schon bald machte der Zuwachs des inschriftlichen Materials eine erheblich erweiterte Neuauflage der „Prosopographie" erforderlich. Deren erster Band erschien 1933 (= PIR^2). Die Neubearbeitung dauert immer noch an, zuletzt wurde der 1. Faszikel des 7. Bandes ediert (Buchstabe Q und R). Nachträge zu den bereits erschienenen Bänden, ebenso ein Verzeichnis aller erfassten Personen, sind über die Homepage der *„Prosopographia Imperii Romani"* bei der Berlin-Brandenburgischen Akademie der Wissenschaften abrufbar.

Prosopographische Werke | 4.3.3

Ihren chronologischen Anschluss über das dritte Jahrhundert hinaus findet die PIR in der seit 1971 von britischen Wissenschaftlern herausgegebenen *„Prosopography of the Later Roman Empire"* (= PLRE) sowie in der von französischer Seite koordinierten *„Prosopographie chrétienne du Bas-Empire"*. Vergleichbare Bestandsaufnahmen liegen auch für die griechisch-hellenistische Zeit vor: Schon früh begonnen und immer noch grundlegend ist die *„Prosopographia Attica"* (= PA), hinzu kommen etwa noch die von Paul Poralla und Alfred S. Bradford bearbeitete „Prosopographie der Lakedaimonier", Helmut Berves Studie über das Alexanderreich (mit dem zweiten Band als prosopographischem Katalog), oder die umfangreiche *„Prosopographia Ptolemaica"* (= PP).

Andere Prosopographien konzentrieren sich auf bestimmte **Amtsträger**. Sie bieten so unter anderem wertvolle Materialien zur Verwaltungsgeschichte. Unentbehrliche Hilfsmittel sind Robert Develins Studie über Athen sowie T. R. S. Broughtons Zusammenstellung der Magistrate der römischen Republik (MRR).

Insbesondere für die **Provinzen** des Römischen Reiches hat sich die Zusammenstellung der Verwaltungsbeamten in chronologischer Folge als so genannte *Fasti* (eine moderne Namensgebung für die rekonstruierten Beamtenlisten, in Anlehnung an die aus der Antike erhaltenen *Fasti* → Kap. 4.4.1) etabliert. Listen der Amtsträger in den römischen Provinzen liegen u.a. für Spanien und Britannien, die Gallia Narbonensis, beide Germanien, Moesia Inferior, Syrien und Nordafrika vor (zu erschließen etwa über die bibliographischen Angaben zu jeder Provinz bei T. Bechert, Die Provinzen des Römischen Reiches. Einführung und Überblick, Mainz 1999). Auch einzelne stadtrömische Ämter und Priesterschaften in der römischen Kaiserzeit sind Gegenstand prosopographischer Kataloge geworden.

Die **Auswertung** der personengebundenen Daten, die prosopographische Methode, kam insbesondere für die Zeit der Römischen Republik zu fruchtbarer Entwicklung. Matthias Gelzers Studie über die Nobilität der Römischen Republik, Friedrich Münzers Untersuchung über die römischen Adelsparteien, vor allem aber die dann auch mit beeindruckender erzählerischer Qualität und entschiedenem Urteil aufwartende *„Roman Revolution"* von Ronald Syme erhellten weitgehend neue Zusammenhänge. Ein ebenso bedeutender Ertrag der prosopographischen Arbeitsweise sind die teils vorzüglichen Artikel der „Realencyclopädie" (→ S. 140 ff.) zu Personen der Römischen Republik, insbesondere von Friedrich Münzer und Matthias Gelzer. Unübersehbar profitierten die prosopographischen Arbeiten zur Römischen Republik allerdings auch von dem Umstand, dass für viele Personen dieses Zeitabschnitts zusätzlich eine reiche Überlieferung aus literarischen Quellen vorlag.

Die Prosopographie der Kaiserzeit verfügt zwar aufgrund der Masse der epigraphischen Quellen über unvergleichlich mehr Material, kann aber für die meisten Personen nicht in ähnlichem Umfang auf Kontexte aus historiographischer Überlieferung zurückgreifen. Die Menge der Zeugnisse schien allerdings geeignet, die Gesellschaft auf breiter Quellengrundlage dicht nachzuzeichnen und so zu einer allgemeinen Sozialgeschichte für die römische Kaiserzeit zu kommen.

Der Schwerpunkt entsprechender Untersuchungen liegt beim **Senatoren- und Ritterstand**. Grundlegende Perspektiven sind einerseits der soziale Auf- und Abstieg, d. h. Umfang, Formen und Bedingungen, andererseits – und teils eng damit verbunden – die regionale Mobilität innerhalb des Römischen Reiches. Im Vordergrund steht die Integration der Provinzialen in die römische Führungsschicht, bis hin zu ihrer Eingliederung in den Senat. Die sich aus lokalem Verwaltungshandeln, aus besonderem Engagement, aus dem Romanisierungsgrad der Provinz oder aus Person und Familie ergebenden Voraussetzungen des Aufstiegs werden vergleichend gewichtet, und ebenso wird der Einfluss des Kaisers innerhalb dieses Prozesses untersucht. Aus der Fülle der Einzelfälle lassen sich Regionen und Phasen verstärkter und weniger starker Eingliederung gewinnen und quantifizieren. Weitere Fragen sind, in wie weit einem Wandel in der Zusammensetzung auch eine Veränderung in den Aufgaben bzw. bei der Machtlagerung in den Institutionen folgte. Insbesondere der Senat war, wie wiederum prosopographische

Untersuchungen zeigen konnten, in sich sehr stark differenziert, und wirklichen politischen Einfluss hatte nur eine sehr kleine Gruppe.

Zu den grundlegenden Untersuchungen zählen für den Ritterstand die Arbeiten von Hans-Georg Pflaum, für die Senatoren etwa die Arbeiten von Werner Eck, Géza Alföldy oder von Helmut Halfmann. Unter den prosopographischen Studien zu dem durch reiche Inschriftensetzung noch vergleichsweise gut zu fassenden römischen Militär wäre etwa die umfangreiche Arbeit von Hubert Devijver zu nennen. Die bisher vorliegenden Untersuchungen zeigen allerdings auch, dass angesichts der Menge des Materials und der dichten Dokumentation, wie sie Standard der prosopographischen Arbeitsweise geworden ist, immer wieder Portionierungen des Untersuchungsgegenstands erforderlich werden. Die genannten Fakten zwingen unausweichlich zu Verengungen der Perspektiven und der Vergleichsmöglichkeiten, etwa zu einer Beschränkung auf bestimmte chronologische und/oder geographische Abschnitte, auf einzelne Stände oder bestimmte Ämter.

Grenzen und Chancen der Prosopographie | 4.3.4

Kritiker weisen häufig auf den **hohen Aufwand der prosopographischen Arbeitsweise** hin: Die Prosopographie erbringe eine Vielzahl sehr konkreter Belege, doch stehe der bis dahin erbrachte Aufwand nicht immer in Relation zum Erkenntnisgewinn. Anerkannt wird dabei gleichwohl, dass manche aus literarischen Quellen oder historischen Wahrscheinlichkeiten erschlossenen Aussagen durch prosopographische Fallstudien abgesichert bzw. als mehr oder eben weniger gängige Praxis quantifiziert werden können.

Ein anderer Einwand ist, dass die Prosopographie zwar in der Lage sei, biographische Einblicke unterhalb der Ebene der ganz Großen zu ermöglichen – wie etwa eines Perikles, Alexander d. Gr., Pompeius, Cicero, Caesar oder auch der römischen Kaiser mit ihren Familien –, dass sie sich quellenbedingt gleichwohl nur mehr oder weniger mit der Oberschicht befassen könne. Die Gültigkeit dieses Arguments spiegelt sich durchaus in den vorliegenden Untersuchungen mit ihren Schwerpunkten auf Senatoren und Rittern, erweitert um Verwaltungsbeamte, Militärs und ggf. noch städtische Magistrate außerhalb Roms. Freigelasse und selbst Sklaven sind zwar vereinzelt noch zu fassen, doch die wirtschaftlich Schwäche-

Abb. 45

Die Statue zeigt einen römischen Aristokraten, der auf seinen Händen die Büsten seiner Vorfahren trägt und diese dem Betrachter präsentiert. Es dürfte sich dabei um die wächsernen Ahnenbildnisse (= imagines) handeln, die in einem Schrein des Wohnhauses aufgestellt waren und bei Bestattungen eines Familienmitglieds in einem langen Leichenzug mitgeführt wurden. Der Mann trägt die sorgfältig gefaltete Toga und den für Senatoren üblichen Schuh (calceus senatorius), gehörte also dem Senatorenstand an.
Die bewußt unterschiedlich hoch gehaltenen Büsten sollen offensichtlich die Generationenfolge anzudeuten: In seiner Linken hält der Togatus die Büste seines Vaters, in der Rechten jene des Großvaters. Vermutlich galt das Standbild bereits dem Gedächtnis der ganzfigurig dargestellten Person und wurde erst nach deren Tod errichtet. Als Auftraggeber der Statue kommt dann der Sohn des Dargestellten in Frage. Indirekt wird so eine Folge über vier Generationen faßbar: Der lebende Abkomme verweist auf seine Herkunft und sein als sittliche Verpflichtung empfundenes Gedächtnis (= pietas) bis in die Generation des Urgroßvaters.

ren und insbesondere die Bevölkerung des flachen Landes bleiben personenkundlich unbekannt und in ihrem Gruppenverhalten über diesen Ansatz nicht erschließbar. Auch im Hinblick auf die verschiedenen Regionen sowie die chronologische Streuung ihres Materials sind die von der Prosopographie erfassten Personen nicht repräsentativ, sondern quellenbedingt bleibt sie in starkem Maße vom *epigraphic habit* abhängig.

Doch selbst dort, so lautet die Kritik weiter, wo die Überlieferungslage zu bestimmten Personengruppen gut sei, könne die Prosopographie nur begrenzt Kontexte entwickeln. Politische Entscheidungsprozesse oder menschliche Verhaltensweisen seien aus den positivistisch anmutenden Listen nicht erklärbar. Es ist kein Zufall, dass sich die prosopographische Arbeitsweise dort am ergiebigsten gezeigt hat, wo eine literarische Überlieferung vorliegt.

Alles in allem scheint ein Teil des Problems darin zu liegen, dass man sich der durchaus existierenden **Grenzen der Prosopographie** bewusst bleiben muss: Eine wirkliche Sozialgeschichte lässt sich auch durch eine große Zahl rekonstruierter Einzelschicksale nicht gewinnen und nicht ersetzen. Unverkennbare Stärke des prosopographischen Ansatzes ist allerdings, dass er mit seiner personenbezogenen Orientierung den antiken Denk- und Verhaltensweisen in besonderer Weise entspricht, etwa dem Zusammenspiel von Heiraten, Adoptionen und Politik: Viele politische und auch wirtschaftliche Prozesse sind erst vor dem Hintergrund familiärer Verbindungen und freundschaftlicher Strukturen wirklich zu verstehen.

Aufgabe zum Selbsttest

● Was kann die Prosopographie leisten, und wo liegen Ihre Grenzen?

Literatur

Zur prosopographichen Methode:
W. Den Boer, **Die prosopographische Methode in der modernen Historiographie der hohen Kaiserzeit**, Mnemosyne 22, 1969, 268 – 280.
A. J. Graham, **The Limitations of Prosopography in Roman Imperial History**, ANRW II 1, 1974, 136 – 157.
W. Eck (Hg.), **Prosopographie und Sozialgeschichte. Studien zur Methodik und Erkenntnismöglichkeit der kaiserzeitlichen Prosopographie**, Köln/Wien/Weimar 1993.
A. Cameron (Hg.), **Fifty Years of Prosopography. The Later Roman Empire, Byzantium and Beyond**, Oxford 2003.

Prosopographische Hilfsmittel:
J. Kirchner, **Prospographia Attica** (= PA), 2 Bde., Berlin 1901/03 (ND, mit Addenda von S. Lauffer, Berlin/New York 1966); dazu: J. Sundwall, Supplement to J. Kirchner's Prosopographia Attica, Helsinki 1910 (ND 1981) (erfasst alle Bürger der Polis Athen sowie die Inhaber des athenischen Bürgerrechts, vom 7. bis zum 1. Jh. v. Chr.).
J. K. Davies, **Athenian Propertied Families 600 – 300 B.C.**, Oxford 1971 (Die Nummerierung aus der PA wurde beibehalten).
R. Develin, **Athenian Officials 684 – 321 B.C.**, Cambridge 1989.
P. Poralla, **Prosopographie der Lakedaimonier (bis 323 v. Chr.)**, Breslau 1913 (ND, mit Addenda von A. S. Bradford, Chicago 1985).
A. S. Bradford, **A Prosopography of Lacedaimonians (323 v. Chr. – 396 n. Chr.)**, München 1977.
H. Berve, **Das Alexanderreich auf prosopographischer Grundlage**, 2 Bde., München 1926.
W. Peremans/E. Van't Dack et alii (Hgg.), **Prosopographia Ptolemaica** (= PP), 9 Bde., Louvain 1950 – 1981 (elektronisch: http://prosptol.arts.kuleuven.ac.be).
T. R. S. Broughton, **The Magistrates of the Roman Republic** (= MRR), Bd. I (509 B.C. – 100 B.C.), New York 1951; II (99 B.C. – 31 B.C.), New York 1952; Bd. III (Supplement), New York 1986.
E. Groag/A. Stein u. a. (Hgg.), **Prosopographia Imperii Romani Saec. I – III** (= PIR²), 2. Aufl. Berlin 1933 ff. (elektronische Erläuterungen, Lemmata und Nachträge unter:
http://www.bbaw.de/forschung/pir/index.html).

Literatur

A. H. M. Jones/J.R. Martindale/J. Morris (Hgg.), **The Prosopography of the Later Roman Empire** (= PLRE), Bd. 1: A. D. 260 – 395, Cambridge 1971; J. R. Martindale (Hg.), Bd. 2: A. D. 395 – 527, Cambridge 1980; Bd. 3: A. D. 527 – 641 (2 Teile), Cambridge 1992.

A. Mandouze (Hg.), **Prosopographie Chrétienne du Bas-Empire**, Bd. 1: Prosopographie de l'Afrique Chrétienne, Paris 1982.

H.-G. Pflaum, **Essai sur les procurateurs équestre sous le Haut-Empire romain**, Paris 1950.

H.-G. Pflaum, **Les carrières procuratoriennes équestres sous le Haute-Empire romain**, 5 Bde., Paris 1960 – 1982.

Prosopographische Untersuchungen:

M. Gelzer, **Die Nobilität der römischen Republik**, Leipzig 1912 (ND 1983).

F. Münzer, **Römische Adelsparteien und Adelsfamilien**, Stuttgart 1920 (ND 1963).

R. Syme, **The Roman Revolution**, Oxford 1939 (erneuerte dt. Übers.: Stuttgart 2003).

T. P. Wiseman, **New men in the Roman senate 139 B. C. – A. D. 14**, Oxford 1971.

R. Syme, **The Augustan Aristocracy**, Oxford 1985.

W. Eck, **Senatoren von Vespasian bis Hadrian. Prosopographische Untersuchungen mit Einschluß der Jahres- und Provinzialfasten der Statthalter**, München 1970 (vgl. dazu ergänzend Chiron 12, 1982, 281 – 362; 13, 1983, 147 – 237).

G. Alföldy, **Konsulat und Senatorenstand unter den Antoninen**, Bonn 1977.

H. Halfmann, **Die Senatoren aus dem östlichen Teil des Imperium Romanum bis zum Ende des 2. Jahrhunderts n. Chr.**, Göttingen 1979.

M.-Th. Raepsaet-Charlier, **Prosopographie des femmes de l'ordre sénatoriale (Ier-IIe siècles)**, Louvain 1987 (dazu ergänzend: Klio 75, 1993, 257 – 271).

H. Devijver, **Prosopographia militarum equestrium quae fuerunt ab Augusto ad Gallienum**, 3 Bde., Louvain 1976 – 1980.

Bibliographie:

Eine umfassende, systematisch geordnete Bibliographie zu prosopographischen Nachschlagewerken findet sich unter: http://bcs.fltr.ucl.ac.be/Proso.html

4.4 | Die Historische Anthropologie

ANTHROPOLOGIE, von griech. *anthropos* = der Mensch und *logos* = Wort; Lehre; die Lehre vom Menschen.

Die Historische **ANTHROPOLOGIE** hat in den letzten beiden Jahrzehnten einen lebhaften Aufschwung genommen, und zunehmend erscheinen auch in der Alten Geschichte Studien, die sich diesem Ansatz verpflichtet fühlen. Allerdings ist ‚Historische Anthropologie‘ ein Name für sehr vielfältige Forschungsrichtungen geworden. Gemeinsam ist allen ein unmittelbarer Bezug der Themen und Frageansätze auf den Menschen, d.h. auf sein Handeln, Wollen und Fühlen. Über diesen spezifischen Zugang hinaus ist eine weitere Eingrenzung kaum möglich, vielmehr ist gerade ein Pluralismus von Inhalten und methodischen Vorgehensweisen charakteristisch.

Anthropologie vs. Strukturgeschichte | 4.4.1

Das Aufkommen der Historischen Anthropologie ist Teil der in den letzten Jahrzehnten weit vorangetriebenen inhaltlichen **Ausdifferenzierung der Geschichtswissenschaften**. Unmittelbare Wurzel ist das Vordringen sozialgeschichtlicher Forschungen, die zumal in Deutschland in den 60er und 70er Jahren die Dominanz politikhistorischer Ansätze beendeten. Bald erschienen jedoch manchem Forscher die stark an Macht und Herrschaft, Institutionen und Wirtschaft gebundenen Themen der sozialgeschichtlichen Forschung ebenfalls zu eng. Auch machte sich Skepsis gegenüber den strukturgeschichtlichen Betrachtungen als vorherrschendem Erklärungsansatz breit: Hinter den Strukturen drohten die historischen Akteure zu verschwinden. Um auch die Motive ihres Handels zu erschließen, war es notwendig, die soziale Welt quasi ‚von innen' anzugehen und sich dem Denken, Fühlen und Handeln der gestaltenden und der betroffenen Menschen zu nähern.

Konsequenz derartiger Überlegungen war eine deutliche Vermehrung der Themenfelder. Zunächst wurden in die historischen Betrachtungen vor allem jene Subjekte miteinbezogen, die bislang nicht als geschichtsmächtig galten: Unterschichten und Frauen, Fremde und Kranke, oder auch die in ihrer jeweiligen Gesellschaft als ‚Randgruppen' angesehenen. Dabei ging es nicht nur um ein Nachholen der Erzählung ihrer ‚äußeren' Geschichte, sondern um die Erschließung der je spezifischen Sozialisierungs-, Verhaltens- oder Denkweisen. Charakteristisch für diesen Prozess ist die Ausweitung von einer ‚Geschichte der Frauen' – in ihren verschiedenen privaten und öffentlichen Wirkungsbereichen, als ein bislang deutlich vernachlässigtes Thema – hin zur Untersuchung von **Gender-Beziehungen**, als die je spezifischen, aufeinander bezogenen und voneinander abhängigen weiblichen und männlichen Lebensweisen und Denkmuster.

Mit Familie, Kindheit, Jugend und Alter, mit Körper und Sexualität, Krankheit und Tod, religiösem Empfinden und Handeln oder auch der Erfahrung von Fremdheit und Alterität wurden völlig neue Themen der menschlichen Lebenspraxis und Selbstwahrnehmung zum Gegenstand historischer Untersuchung. Die **elementaren Bereiche der menschlichen Existenz** waren damit selbst einer Historisierung unterzogen.

Für die Differenzierung der verschiedenen Seins-, Wahrnehmungs- und Deutungsebenen der Menschen wurden die **Mentalitä-**

Abb. 46

Frau mit Spindel vor Wollkorb. Attische Lekythos, ca. 460 – 450 v.Chr. Archäologisches Institut der Universität Tübingen.

ten zu einem wichtigen Begriff, als Bezeichnung für die langfristigen Einstellungen und Wahrnehmungsweisen spezifischer Gruppen, die durch gemeinsame politische, kulturelle, materielle oder soziale Bedingungen geprägt werden. Auch ‚Erfahrung‘ entwickelte sich zu einer historischen Kategorie. Sie ist in der Lage, die Brücke zu Veränderungen und Entwicklungen zu schlagen. Nicht weniger gerieten die Symbole und das symbolische Handeln der Menschen in den Blick, als Teil der Lebenswirklichkeit und somit der Geschichte.

Die Aufsplitterung der Themenfelder und Perspektiven sowie das verstärkte Interesse für das Einzelne gingen einher mit einer **Verkleinerung des Maßstabs der Beobachtung**. Favorisiert wurden in räumlicher Dimension regionale und lokale Perspektiven. Im Hinblick auf die Ereignisdichte, ihrer Verortung oder das Verhältnis zu Veränderungen wurde dem Alltag stärkeres Gewicht als den politischen Herrschafts- und Ereigniszusammenhängen eingeräumt, die ‚normalen‘ Menschen rückten an Stelle der Eliten. Selbst die den historischen Betrachtungen eigene Privilegierung des Wandels trat in Konkurrenz zu detaillierten und statisch anmutenden Nahaufnahmen.

Die Themen der Historischen Anthropologie sind nicht nur für die behandelten spezifischen Inhalte von Interesse, sondern darüber hinaus auch für eine **allgemeine Kulturgeschichte**: Viele Überschneidungen gibt es mit den so genannten Bindestrich-Geschichten der neueren kulturgeschichtlichen Themenvielfalt. Doch es ist sinnvoll, eine Grenzziehung beizubehalten, zumal auch der Kulturbegriff alles andere als einheitlich ist und unter dem Namen der Kulturgeschichte selbst wiederum unterschiedlichste Forschungsansätze betrieben werden. Während größere Teile der Kulturgeschichte zu einem Verständnis von Kultur als einem alle Lebensbereiche durchziehenden **Konstrukt** tendieren, kommt der Untersuchung der ‚materiellen‘ Lebensbereiche der Menschen in der Historischen Anthropologie noch eine unverzichtbare Position zu.

Die Vielfalt der Themen in Relation zu den zur Verfügung stehenden Quellen deutet bereits an, dass die intensiven Ausdifferenzierungen innerhalb der Historischen Anthropologie in der Regel nicht von der Alten Geschichte vorangetrieben wurden. Schrittmacher war die Neuere Geschichte mit ihrem weitaus reichhaltigeren Quellenmaterial. Von deren erweiterter Perspektive ausgehend erfreuen sich historisch-anthropologische Fragestellungen und Ansätze auch in der Alten Geschichte zunehmender Beliebtheit. Die bekannten Lücken im Material der Althistoriker werden in diesem Zusammenhang gerne überbrückt durch Modelle und Vergleichsbeispiele aus der **Ethnologie**, die für die Historische Anthropologie insgesamt zur Leitwissenschaft avancierte und damit die Soziologie ablöste. Ihre Methoden schienen zur Erfassung des Gegenstands am besten geeignet: In Anlehnung an das ethnologische Konzept der teilnehmenden Beobachtung wurde die **Dichte Beschreibung** zur Leitlinie der Mikrohistorie. Charakteristisch ist ferner das Misstrauen gegenüber einer großen Theorie. An ihre Stelle setzt die Historische Anthropologie die Beobachtung und Beschreibung des Kleinen.

Anthropologie vs. Geschichte | 4.4.2

Innerhalb der Historischen Anthropologie ist allerdings noch eine andere Richtung festzustellen, die stärker einem Verständnis von Anthropologie als Begriff für die **Gleichheit der menschlichen Natur** verbunden ist. Sie versucht einerseits, menschliche Grundphänomene als Erklärungsansatz für menschliches Handeln zu nutzen, andererseits werden im Rahmen einer ‚Historischen‘ Anthropologie die vermeintlichen biologischen oder sozialen Konstanten der Menschen konsequent historisiert, und es wird nach den Unterschieden der jeweiligen anthropologischen Ausprägungen in verschiedenen Epochen und Kulturen gesucht.

Methodische Vorgehensweise ist ein universal-historischer Zugriff auf **menschliche Grundphänomene**. Die in anderen Epochen oder Kulturen gewonnenen Verhaltens- oder Denkweisen können für weitere Kontexte vergleichend herangezogen werden. Gerade die vielen kleinen Unterschiede, die eine historische Betrachtung solcher anthropologischer Grundbefindlichkeiten in verschiedenen Kulturen sichtbar macht, mahnen indes zur Vorsicht bei der Übertragung vermeintlicher Analogien aus anderen Bereichen. So ergiebig und anregend sich manche althistorische Studien auch präsentiert haben mögen dadurch, dass ethnographische oder volkskundliche Parallelen herangezogen oder griechische mit römischen Verhältnissen verglichen wurden – letztlich kann sich ein solcher Vergleich nur auf Bezüge verschiedener Faktoren und ihr Zusammenwirken stützen. Damit nähert er sich aber wieder einem strukturalistischen, statischen Ansatz und verrät so erneut das der historisch-anthropologischen Zugangsweise eigene Spannungsverhältnis zu einer strukturalen Anthropologie.

4.4.3 | Ausblick

Gegenüber der Historischen Anthropologie wurde Kritik vorgebracht, die ihre verschiedenen Zweige unterschiedlich betrifft: Vorgeworfen wird ein **Relativismus**, der dem Ansatz eigen sei und es kaum mehr ermögliche, wichtige Faktoren und Entwicklungen von den weniger Wichtigen zu unterscheiden. Ebenso ginge die Einheit der Geschichte in der Darstellung bzw. das vergangene Geschehen als Gegenstand überhaupt verloren. Schließlich sei durch die Parzellierung und dadurch, dass die Ergebnisse nicht mehr aufeinander bezogen werden könnten, die innerwissenschaftliche Überprüfbarkeit der Untersuchungen aufgehoben.

Auf der Habenseite der Historischen Anthropologie steht dagegen eindeutig der **interkulturelle und komparative Ansatz**. Auch hat die – manchem als Wucherung erscheinende – Vervielfältigung der Themen insgesamt doch zu einer erheblichen, und eben auch qualitativ fassbaren Erweiterung des Blicks und ebenso des Instrumentariums der historischen Analyse beigetragen. Und nicht zuletzt besitzen die Themen der Historischen Anthropologie eine deutlich größere Nähe zu den Interessen und Bedürfnissen eines breiteren Publikums. Sie helfen, die Kluft zwischen professionellen Historikern und dem allgemeinen Geschichtsinteresse zumindest an einigen Punkten zu überbrücken.

Der Alten Geschichte kommen innerhalb einer Historischen Anthropologie besondere Chancen vor allem aufgrund ihrer Prädestination für kulturübergreifende Vergleiche zu (→ Kap. 1.3.7). Über die Modellhaftigkeit und Abgeschlossenheit hinaus ergeben sich diese bereits im Rahmen des von der Alten Geschichte behandelten zeitlichen und räumlichen Gegenstandsbereiches: Denn die gemeinsame Berücksichtigung der beiden großen Kulturen, der Griechen und der Römer, gehört – allen Spezialisierungen zum Trotz – zum Kompetenzbereich eines jeden Althistorikers.

Aufgabe zum Selbsttest

● Skizzieren Sie das Aufgabengebiet der Historischen Anthropologie.

Literatur

Einführungen:
S. Burghartz, **Historische Anthropologie/Mikrogeschichte**, in: J. Eibach/G. Lottes (Hgg.), Kompass der Geschichtswissenschaft, Göttingen 2002, 206 – 218.
U. Daniel, **Kompendium der Kulturgeschichte. Theorien, Praxis, Schlüsselwörter**, Frankfurt/Main 2001.
G. Dressel, **Historische Anthropologie. Eine Einführung**, Wien 1996.
J. Martin, **Der Wandel des Beständigen. Überlegungen zu einer Historischen Anthropologie**, Freiburger Universitätsblätter Heft 126, Jg. 33, 1994, 35 – 46.
H. Medick, **Historische Anthropologie**, in: S. Jordan (Hg.), Lexikon Geschichtswissenschaft, Stuttgart 2002, 157 – 161.
O. Ulbricht, **Neue Kulturgeschichte, Historische Anthropologie**, in: R. van Dülmen (Hg.), Fischer Lexikon Geschichte, 2. Aufl., Frankfurt/Main 2003, 56 – 83.

Studien:
J. Martin, **Zwei Alte Geschichten. Vergleichende historisch-anthropologische Betrachtungen zu Griechenland und Rom**, Saeculum 48, 1997, 1 – 20.
Ch. Meier, **Die Griechen und die Anderen**, in: Ders., Die Welt der Geschichte und die Provinz des Historikers. Drei Überlegungen, Berlin 1989, 34 – 69.
W. Schmitz, **Die geschorene Braut. Kommunitäre Lebensformen in Sparta?** HZ 274, 2002, 561 – 602.
W. Schmitz, **Nachbarschaft und Dorfgemeinschaft im archaischen und klassischen Griechenland**, Berlin 2004.

Studium und Beruf | 5

Die Universität ist mehr als nur eine Ansammlung von Räumen, in denen geforscht und gelehrt wird, sie ist eine eigene Welt für sich, und das viel zitierte ‚Studentenleben' gibt es – trotz schwindender Spielräume – auch heute noch. Wer in diese Welt eindringen und ihre mannigfaltigen Herausforderungen meistern will, hat es gerade am Anfang nicht immer leicht, und um ein Studium erfolgreich abzuschließen, muss man sich gut organisieren und den Blick fürs Wesentliche bewahren. Am Ende steht die schwierige Frage nach den beruflichen Möglichkeiten, die ein geisteswissenschaftlicher Studienabschluss eröffnet. Die folgenden Ausführungen wollen hierzu einige elementare Hinweise und Hilfestellungen geben, um so das Dickicht des universitären Dschungels vielleicht ein wenig zu lichten.

Das Studium | 5.1

Es gibt auch moderne Topik; ein solcher Gemeinplatz ist es, sich in einer Studieneinführung über den himmelweiten Unterschied zwischen Schule und Universität zu äußern. Dabei haben sich die beiden Institutionen in den letzten Jahren einander erkennbar angenähert: In den meisten Bundesländern sind längere Referate und auch Hausarbeiten schon am Gymnasium mittlerweile üblich geworden. Auf der anderen Seite wurden viele geisteswissenschaftliche Studiengänge zunehmend ‚verschult' – gemeint ist damit normalerweise eine stärkere Strukturierung und Regelung des Studienablaufes, ohne dass dies von den eigentlichen Inhalten des Studiums her erforderlich wäre, also zum Beispiel zahlreiche Pflichtveranstaltungen in einer festen Reihenfolge, eine strenge Handhabung der Regelstudienzeit usw.

Trotzdem zielen die Universitätsstudiengänge im deutschsprachigen Raum nach wie vor von Anfang an auf eine **wissenschaftliche Ausbildung** ab, und dies führt dann doch dazu, dass sie sich in wesentlichen Punkten vom Schulunterricht abheben. Im Mittelpunkt steht nämlich nicht mehr die Wissensvermittlung als solche, sondern vielmehr, wie Wissen überhaupt ‚produziert' wird. Mit anderen Worten: Wissenschaft bedeutet, einen Blick hinter die Kulissen zu werfen und den Dingen auf den Grund zu gehen. Manche für unumstößlich gehaltene ‚Wahrheit' löst sich dadurch in Nichts auf; im Gegenzug aber wird man fremde Behauptungen und Ansichten besser einschätzen können und idealerweise in der Lage sein, sich selbst eine solide Meinung zu Sachverhalten zu bilden. Dafür muss man natürlich gelernt haben, **selbstständig zu arbeiten**, und auch dies ist ein zentrales Studienziel!

So abgedroschen es klingt: Das Studium lässt sich also mit einem ‚Sprung ins kalte Wasser' vergleichen. Und weil das durchaus so beabsichtigt ist, gilt im Prinzip immer noch, dass im Studium möglichst wenig vorgeschrieben wird – dies ist die berühmte ‚akademische Freiheit': Im Grunde genommen überlässt es die Universität ihren Studierenden selbst, etwas aus ihrem Studium zu machen; wer diese Chance nicht nutzt, wird schnell merken, dass dies eigentlich niemanden sonst kümmert.

Es ist wohl beinahe überflüssig zu erwähnen, dass diese Art von Freiheit ihre Kehrseiten hat: Gerade **Studienanfänger fühlen sich verunsichert** und überfordert, was häufig durch eine neue Lebenssituation (erstes eigenes Zimmer, neuer Wohnort, Anonymität an großen Universitäten etc.) noch zusätzlich verstärkt wird. Viele fangen daraufhin an, ihre Unsicherheit zu überspielen und gewöhnen sich ein abgeklärtes und überlegen wirkendes Auftreten an. Das wiederum schüchtert andere nur noch mehr ein; die eigene Befindlichkeit freilich wird dadurch in der Regel auch nicht verbessert, und ehe man sich's versieht, ist man in die Mühle von ‚Uni-Angst' und ‚Uni-Bluff' geraten (s.u. den Hinweis auf das Buch von Wagner).

Was tun? Die Antwort lautet: Nerven bewahren und sich in Ruhe kundig machen! Es gibt an jeder Universität und in jedem Fachbereich Beratungs- und Informationsmöglichkeiten aller Art, vom Schwarzen Brett über die studentische Beratung bis hin zum **Mentorenprogramm**, bei dem die Studienanfänger einzelnen Lehrenden zugeteilt sind und dann von diesen begleitet werden sollen. Solche Angebote kundschaftet man am allerbesten am jeweiligen Studienort aus! Zwei Maßregeln, die man dabei nicht aus dem Blick verlieren sollte, gelten aber überall in gleicher Weise:

Erstens: Es empfiehlt sich immer, **von mehreren Seiten Auskünfte** einzuholen; an der Universität gibt es (fast) niemanden, der wirklich auf alle Fragen Rat weiß.

Zweitens: Beinahe noch wichtiger ist es aber, die eigenen **Erwartungen zu Beginn des Studiums zu ‚beruhigen'** und das eigene Informationsbedürfnis zu zügeln. Niemand muss bereits im ersten Semester sein gesamtes Studium geplant haben oder gar über komplizierte Examensmodalitäten Bescheid wissen; viele Dinge werden sich im Laufe der Zeit weisen.

Was es darüber hinaus noch zu bedenken gilt im Zusammenhang mit einem Studium der Alten Geschichte, soll nun kurz ausgeführt werden. Da die jeweiligen Bestimmungen und Regelungen von Studienort zu Studienort allerdings ganz unterschiedlich sein können, verstehen sich die folgenden Bemerkungen natürlich eher als Hinweise und Empfehlungen.

Sprachliche Voraussetzungen | 5.1.1

Die Sprache ist das Handwerkszeug der Geisteswissenschaften, und deshalb steht auch in der Alten Geschichte bei den sprachlichen Voraussetzungen an allererster Stelle ein gutes Deutsch. Wer mit Erfolg und Freude Alte Geschichte studieren will, der muss gerne und leicht lesen und schreiben können und dabei in der Lage sein, die eigenen Gedanken klar und präzise zu Papier zu bringen.

Immer von Vorteil sind ferner natürlich gute **Fremdsprachenkenntnisse** sowie das Talent, Fremdsprachen schnell zu erlernen. Um die Quellen der Alten Geschichte zu verstehen, sind – wie oben in den Kap. 2.2 und 3.5 erläutert – solide **Kenntnisse in Latein und Altgriechisch** unerlässlich. Für die einschlägige internationale Forschungsliteratur muss man auf jeden Fall Englisch wenigstens passiv beherrschen, wichtig ist selbstverständlich auch Französisch. Die Liste weiterer Sprachen, deren Kenntnis hilfreich ist, reicht von Italienisch und Spanisch über Neugriechisch und Türkisch bis zu den slawischen und skandinavischen Sprachen, doch dies soll – realistischerweise – nur der Vollständigkeit halber erwähnt sein. An den meisten Universitäten ist es möglich, Sprachkurse zu besuchen. Von besonderem Interesse sind hierbei natürlich Latein- und Altgriechischkurse. Wer eine oder gar beide alten Sprachen erst an der

Universität in Angriff nehmen kann, ist gut beraten, sich am **Beginn des Studiums** voll und ganz darauf zu konzentrieren; nicht umsonst bekommt man gegenwärtig dafür fast überall noch eine Verlängerung der Regelstudienzeit. Im Übrigen sollten diese Sprachanforderungen nicht als Hürde oder Schikane verstanden werden, sondern als Herausforderung und Chance.

Eine gute Möglichkeit, sich eine moderne Fremdsprache umfassend anzueignen, ist ein mindestens einsemestriger Studienaufenthalt im Ausland, der freilich auch sonst eine unschätzbare Gelegenheit ist, den eigenen Horizont zu erweitern. Entsprechende **Austauschprogramme** gibt es zuhauf, und wer kann, sollte – in der Regel nach dem vierten oder fünften Semester – ein Auslandsstudium absolvieren.

5.1.2 | Fächerkombinationen

Geisteswissenschaften werden im deutschsprachigen Raum bislang noch nirgends als ‚Einfachstudiengang‘ angeboten, so wie dies etwa bei naturwissenschaftlichen oder technischen Fächern teilweise üblich ist. Wer **Geschichte** oder speziell Alte Geschichte studiert, wird also immer **mindestens ein weiteres Studienfach** dazu wählen, manchmal auch zwei. Was sinnvoll und überhaupt machbar ist, hängt vom jeweils gewählten Studienabschluss ab, und dieser wiederum – wenigstens tendenziell – vom Berufsziel (→ Kap. 5.2).

Das so genannte Staatsexamen soll, auch wenn dieser Abschluss erfahrungsgemäß in vielen verschiedenen Berufsfeldern geschätzt und akzeptiert ist, in erster Linie für den Schuldienst im höheren Lehramt qualifizieren (Gymnasiallehrer). Aus diesem Grund fordern die Schulbehörden für alle Staatsexamensstudiengänge (auch bei den neuen Master of Education-Studiengängen, die zum Ersten Staatsexamen führen) ein möglichst breites Studium. Im Fach Geschichte bedeutet das konkret, dass man sich im Regelfall nicht offiziell auf eine bestimmte Epoche spezialisieren kann. Trotzdem ist ein selbst gewählter Schwerpunkt auf der Alten Geschichte problemlos möglich, zum Beispiel im Rahmen der Wahlpflichtveranstaltungen (→ vgl. Kap. 5.1.3), beim Selbststudium (→ vgl. Kap. 5.1.5), und natürlich auch dadurch, dass man die wissenschaftliche Abschlussarbeit über ein Thema aus diesem Bereich anfertigt (→ vgl. Kap. 5.1.8). Wichtig für die Wahl der Studienfächer ist nun, dass man mit dem Studienabschluss ‚Staatsexamen‘ nur Fächer studieren kann, die zugleich an der Schule unterrichtet werden. Wer sich für die Antike interessiert, wird hier als Ergänzung zur (Alten) Geschichte vor allem an Latein und Altgriechisch denken; Geschichte als Lehramtsstudiengang wird aber auch häufig mit einer modernen Sprache (Deutsch, Englisch) oder einer Sozialwissenschaft kombiniert. Nicht möglich ist dagegen eine Kombination ,Staatsexamen Geschichte' mit dem Fach ,Klassische Archäologie', das nur mit einem **Magister Artium** (M. A.) abgeschlossen werden kann. Wer die Alte Geschichte mit der Klassischen Archäologie (oder einer anderen der unzähligen Disziplinen, die kein Schulfach sind) verknüpfen will, sollte daher von vorneherein an einen M. A.-Studiengang denken, mancherorts vielleicht schon an einen der neuen Bachelor-/Masterstudiengänge (B. A./M. A,). Diese universitätsinternen Studienabschlüsse haben zudem den Vorteil, dass sie im Fach Geschichte üblicherweise eine Epochenspezialisierung erlauben, man also einen Magister speziell in Alter Geschichte erwerben kann.

Neben den alten Sprachen und der Archäologie als den ,klassischen' Nachbarfächern gibt es noch viele weitere Studienfächer, die sich mit der Alten Geschichte berühren und die deshalb sinnvoll mit ihr kombiniert werden können. Zu denken ist etwa an die Philosophie, die Theologie und die Rechtsgeschichte, an andere altertumswissenschaftliche Disziplinen wie die Ur- und Frühgeschichte, die Ägyptologie und die Altorientalistik, oder an moderne Sozial- und Kulturwissenschaften wie Soziologie, Politik und Ethnologie. Letztlich müssen die eigenen Vorlieben und Interessen den Ausschlag geben, doch wer sich strategisch verhalten will, sollte jedenfalls bedenken, dass ein zu enger Zuschnitt der Fächerkombination die Gefahr der Eindimensionalität birgt. Manchmal nämlich kommen die besten Ideen und Anregungen dadurch zustande, dass sich völlig verschiedene Denkweisen und einander fern stehende Fächertraditionen begegnen, und dies wird natürlich durch unorthodoxe Kombinationen wesentlich befördert.

Veranstaltungsformen | 5.1.3

Ein Studium zerfällt gemeinhin in verschiedene Phasen. Der Abschluss- oder Examensphase, die am Studienende steht und durchaus mehrere Semester dauern kann, steht das eigentliche Studium gegenüber, in dessen Verlauf Lehrveranstaltungen besucht und durch Studienleistungen abgeschlossen werden. Diese Leistungen werden den Studierenden durch so genannte **Scheine** bestätigt (DIN A4 oder DIN A5 Formulare), und deshalb bezeichnet man die Phase, in der Lehrveranstaltungen zu absolvieren sind, häufig scherzhaft als ‚Scheinstudium‘.

Welche Scheine man in seinen Studienfächern erwerben muss, und in welcher Reihenfolge dies empfohlen oder gar vorgeschrieben wird, erfährt man aus den jeweiligen **Prüfungsordnungen** und eventuell vorhandenen Studienplänen (das sind – oft tabellarisch angeordnete – Empfehlungen, wie ein Studium verlaufen könnte), die man sich am Beginn des Studiums unbedingt besorgen sollte. Im Regelfall wird dabei das Scheinstudium in ein Grund- und ein Hauptstudium unterteilt (bei M. A. und Lehramt jeweils 4 – 5 Semester), zwischen denen eine so genannte Zwischenprüfung steht (→ Kap. 5.1.8). Diese Trennung ergibt sich aus der Erfahrung, dass es bei aller Freiheit trotzdem sinnvoll ist, eine erste Phase des Erwerbs von **Grundfähigkeiten** von einer zweiten Phase der Vertiefung und **Spezialisierung** zu unterscheiden, und deswegen ist dies im großen und ganzen überall so (selbst die Studiengänge in Ländern wie Großbritannien oder Frankreich sind vergleichbar aufgebaut).

Ebenfalls noch an allen Universitäten und in allen geisteswissenschaftlichen Studiengängen anzutreffen sind die ‚Bausteine‘, aus denen die Studienpläne und -ordnungen zusammengesetzt werden, die drei ‚klassischen‘ Veranstaltungstypen **Vorlesung**, **Seminar** und **Übung** sowie einige Sonderformen. Diese Einzelelemente sind freilich in neueren Studiengängen – etwa in den meisten B. A.-/M. A.-Studiengängen – in der Regel in so genannte **MODULE** zusammengefasst worden. Dabei handelt es sich um bestimmte, festgelegte Kombinationen von Veranstaltungen, die dann gemeinsam absolviert werden müssen und für die es nur einen Gesamtleistungsnachweis gibt – zum Beispiel ein Modul ‚Antike‘, das man im ersten Semester bestehen muss und das aus einer Vorlesung, einer Übung und einem Proseminar zur Alten Geschichte bestehen könnte, die inhaltlich aufeinander abgestimmt sind. Damit ist die Modularisierung zweifellos ein Teil der oben bereits angesprochenen Verschulung des Geschichtsstudiums; sie hat aber bislang am Grundcharakter der einzelnen Veranstaltungen noch nichts wesentliches verändert, und deshalb erscheint es gerechtfertigt, die folgenden Bemerkungen an den ‚traditionellen‘ Typen zu orientieren.

MODUL, von latein. *modulus* = Maß, Maßstab.

| **Abb. 47**

*Vorlesung im Hörsaal
H1 der Westfälischen
Wilhelms-Universität
Münster/Westfalen.*

a) Die Vorlesung

Die Vorlesung ist nach wie vor die ‚Königin' der universitären Lehrveranstaltungen. Sie besteht im Normalfall aus einem 90minütigen Vortrag pro Sitzung, diskutiert wird in der Regel nicht. Für eine Diskussion wären die meisten Auditorien wohl auch einfach zu groß, denn nicht selten finden Vorlesungen vor hundert oder mehr Zuhörern statt.

Vorlesungen werden gerne zu **Überblicksthemen** angeboten, und die Lehrenden bemühen sich zumeist, eine Synthese der einschlägigen Quellen und Forschungsliteratur (auf aktuellem Stand) mit ihrer eigenen diesbezüglichen Einschätzung zu verbinden. Mit anderen Worten: Die Studierenden bekommen in Vorlesungen im Idealfall die neuesten Forschungen ihrer Professoren und Professorinnen ‚frei Haus geliefert', womöglich noch vor einer eventuellen Publikation. Genau das ist es, was Vorlesungen so wertvoll machen kann. Dabei empfiehlt es sich freilich, mehr zu tun als einfach nur zuzuhören und so viel wie möglich mitzuschreiben. Selbst bei Vorlesungen gilt nämlich: Je mehr Arbeit man investiert, desto mehr wird man hinterher aus der betreffenden Veranstaltung mitnehmen können. Man sollte Vorlesungsstunden also vor- und nachbereiten, d. h. Literaturhinweise lesen und die eigenen Mitschriften überprüfen.

Vorlesungen sind fast ausnahmslos „für alle Semester", und das bedeutet umgekehrt, dass die Lehrenden sich meistens nicht an einem bestimmten Wissensstand orientieren; es kann also gut sein, dass man gerade als Anfänger nicht alles versteht, was in der Vorlesung besprochen wird. Dies wird sich im Verlauf des Studiums bessern.

Traditionell ist die Vorlesung der Veranstaltungstyp, in dem die größte Freiheit herrscht: Normalerweise gibt es keine Anwesenheitslisten, aber auch keine Scheine. Im Zuge der zunehmenden Verschulung ändert sich dies allerdings mehr und mehr; vielerorts sind schriftliche und mündliche Vorlesungsprüfungen zu festen Bestandteilen des Studiums geworden, und dies hat teilweise zur Folge, dass auch die Vorlesungsinhalte stärker festgelegt werden, etwa hin zu einer reinen Überblicksvermittlung.

b) Das Seminar

SEMINAR, von latein. *seminarium* = Pflanzschule.

Das **SEMINAR** ist demgegenüber der Veranstaltungstyp, der dem Schulunterricht wohl am nächsten kommen dürfte. Hier wird in einer festen und überschaubaren Gruppe – zwanzig Teilnehmer sind eine Idealgröße – über ein Spezialthema vertieft diskutiert. Dabei herrscht in den meisten Seminaren insofern ein gewisser Druck, als es sich bei ihnen fast überall um die zwingend vorgeschriebenen Pflichtveranstaltungen handelt. Deswegen sind Seminare auch stärker formal reglementiert und inhaltlich strukturiert als zum Beispiel Übungen. Die Pflichtthemen und Pflichtleistungen eines Scheinstudiums werden in der Regel im Rahmen von Seminaren absolviert: Im Grundstudium wird in den so genannten **Proseminaren** in das wissenschaftliche Arbeiten eingeführt, im Fach Geschichte kommt vielerorts hinzu, dass die Studierenden durch ihre Proseminare alle drei großen Epochen abdecken müssen. Eine Schwerpunktbildung ist üblicherweise erst im Hauptstudium in den so genannten **Hauptseminaren** möglich, in denen die Dozenten freilich weit größere Erwartungen an Pensum und Qualität der Arbeit ihrer Teilnehmer stellen, als dies im Grundstudium der Fall zu sein pflegt. Die Leistungsanforderungen im Seminar reichen von der Klausur über eines oder mehrere Referate bis zur wissenschaftlichen Hausarbeit, hinzu kommen kann die eine oder andere kleinere schriftliche Aufgabe (Protokoll, Rezension; → Kap. 3.6.2). Nicht selten müssen für einen Seminarschein alle diese Leistungen zusammen erbracht werden. Die Seminare sind also sehr aufwändige und zeitintensive Veranstaltungen, und man kann sie durchaus als den ‚Kern‘ der universitären Lehre betrachten. Für die eigene Studienplanung empfiehlt es sich daher, nach erfolgreichem Abschluss der eventuell erforderlichen Sprachkurse, die immer Vorrang haben sollten, für den Rest des Scheinstudiums die jeweiligen Pflichtseminare in den Mittelpunkt zu stellen und alles andere diesen unterzuordnen.

Weil Seminare so wichtig sind, werden sie – hauptsächlich im Grundstudium – bisweilen von so genannten **TUTORIEN** begleitet. Dabei handelt es sich um zumeist freiwillige zusätzliche Sitzungen, die von Studierenden aus höherem Semester geleitet werden und in denen die Seminarteilnehmer den behandelten Stoff noch einmal wiederholen und einüben oder auch über unklare Punkte oder Probleme sprechen können. Im ersten oder zweiten Semester lohnt sich der Besuch eines Tutoriums auf jeden Fall, nicht zuletzt, weil man dadurch seine Mitstudenten, die so genannten **KOMMILITONEN**, besser kennen lernt.

TUTORIUM, von latein. *tueri* = schützen, sicherstellen.

KOMMILITONE, von latein. *cum* = mit und *miles* = Soldat; Mitstreiter.

c) Die Übung

Auch in Übungen wird ein Spezialthema im Rahmen einer kleineren Gruppe intensiv erarbeitet. Übungen unterscheiden sich von Seminaren allerdings dadurch, dass in ihnen meistens geringere Leistungsanforderungen gelten und formal wie inhaltlich für alle Beteiligten größere Freiräume bestehen. Für einen Übungsschein reichen oft ein Kurzreferat und eine kurze schriftliche Leistung wie etwa ein Referatspapier aus, längere wissenschaftliche Hausarbeiten sind in Übungen eine absolute Ausnahme. Im Studienplan gehören Übungen häufig zum so genannten **Wahlpflichtbereich**. Damit wird gemeinhin ein größeres Angebot an Lehrveranstaltungen bezeichnet, aus dem dann nur eine bestimmte Anzahl im Laufe des Studiums erfolgreich besucht werden muss, ohne dass ansonsten etwas vorgeschrieben wäre. Konkret ist es im Geschichtsstudium oft so, dass man zum Beispiel im Grundstudium ein Proseminar in Alter Geschichte, eines in Mittelalterlicher Geschichte und eines in Neuerer Geschichte bestehen muss, dass es aber egal ist, aus welchen Epochen oder Themenbereichen die zusätzlich für die Zwischenprüfung nachzuweisenden zwei bis drei Übungsscheine stammen. Übungen erlauben es also, selbst gewählte Studienschwerpunkte zu setzen. Durch diese freieren Rahmenbedingungen lassen die Übungen natürlich auch den Lehrenden mehr Spielräume. Neue Ideen und unübliche Themen werden daher eher in Form einer Übung in die Lehre hineingetragen, und deswegen kann es sich lohnen, mehr Übungen zu besuchen, als im Studienplan vorgesehen ist.

d) Kolloquien, Exkursionen, Repetitorien

Neben Vorlesungen, Pro- und Hauptseminaren sowie Übungen gibt es an den meisten Universitäten noch andere Lehrveranstaltungstypen und zum Teil auch besondere Bezeichnungen für Veranstaltungen, die andernorts der klassischen Trias ‚Vorlesung / Seminar / Übung' zugerechnet würden. Im Folgenden sollen einige dieser Sonderformen stichwortartig erläutert werden:

– **Blockveranstaltung**: siehe Kompaktkurs.

EXKURSION, von latein. excurrere = hinauslaufen.

– **EXKURSION**: Studienreise, deren Dauer zwischen einem halben Tag und mehreren Wochen liegt. Exkursionen sind meist mit vorbereitenden Veranstaltungen verbunden, gerne mit Kompaktkursen. Die Exkursionsteilnehmer müssen in der Regel einen finanziellen Eigenbeitrag zu den Reisekosten leisten, und es ist üblich, dass am Zielort Referate zu den besichtigten Stätten oder Exponaten gehalten werden.

– **Interpretationskurs**: siehe Lektürekurs/Quellenlektüre.

COLLOQUIUM, von latein. colloquium = Unterredung.

– **KOLLOQUIUM**: Lehrveranstaltung für Examenskandidaten und Doktoranden, in der die Teilnehmer ihre Forschungsprojekte, Examensarbeiten oder Prüfungsgebiete vorstellen. Kolloquien stehen in der Regel nicht unter einem Rahmenthema.

– **Kompaktkurs**: Veranstaltung, die am Stück oder in mehreren längeren Zeitblöcken abgehalten wird, zum Beispiel an Wochenenden oder in der ersten Woche der vorlesungsfreien Zeit. Kompaktkurse finden manchmal auswärts in Tagungs- und Bildungszentren statt.

– **Lektürekurs**: Übung (seltener Seminar), in der eines oder mehrere Bücher ganz durchgelesen und diskutiert werden. Dabei kann es sich sowohl um Quellen, als auch um Sekundärliteratur handeln.

– **Mittelseminar**: Unübliche Bezeichnung für Hauptseminar.

– **Oberseminar**: Lehrveranstaltung für Examenskandidaten und Doktoranden, im Unterschied zum Kolloquium in der Regel unter einem gemeinsamen Rahmenthema.

– **Quellenlektüre**: Übung (seltener Seminar), in der ausschließlich Quellen gelesen und gemeinsam besprochen werden.

REPETITORIUM, von latein. repetere = wieder in Angriff nehmen.

– **REPETITORIUM**/Repetitionskurs: Übung mit Überblickscharakter, die gerne auch speziell zur Prüfungsvorbereitung angeboten wird.

– **Ringvorlesung**: Vorlesung, die zwar unter einem Rahmenthema steht, die aber von verschiedenen Lehrenden bestritten wird.

Der Stundenplan | 5.1.4

Wer sich für alle seine Studienfächer die betreffenden **Prüfungsord-nungen** und **Studienpläne** besorgt hat, kann leicht ausrechnen, wie viele Lehrveranstaltungen er pro Semester erfolgreich absolvieren muss. Mancherorts gibt es hierzu sogar entsprechende Empfehlungen, die in tabellarischer Form übersichtlich angeordnet Vorschläge machen, wie ein Semesterpensum aussehen könnte.

An dieser Stelle überfällt die meisten Studienanfänger ein großes Erstaunen: Sie stellen nämlich fest, dass man auf diese Weise einen Stundenplan von vielleicht zehn bis vierzehn Wochenstunden erhält, teilweise jedoch weit weniger. Das ist für jemanden, der als Schüler bis vor kurzem dreißig und mehr Wochenstunden auf dem Plan hatte, nur sehr schwer verständlich, und manch einer begeht daraufhin den Fehler, viel zu viele Lehrveranstaltungen anzuvisieren, in der irrigen Annahme, dass jeweils nur die eigentliche Sitzungszeit aufzuwenden wäre. Es ist aber oben bereits angedeutet worden, dass Lehrveranstaltungen in geisteswissenschaftlichen Studienfächern immer und ohne Ausnahme einen zusätzlichen **Zeitaufwand zur Vor- und Nachbereitung** der Sitzungen erfordern. Wer eine zweistündige Vorlesung hört, kann hierfür mindestens noch einmal zwei Stunden in der Woche einplanen, bei einer Übung kann man zur Berechnung der zusätzlichen Arbeitszeit die Sitzungsdauer verdoppeln, bei einem Seminar leicht vervierfachen. Auch Sprachkurse kosten an der Universität viel Zeit und sind mit dem Fremdsprachenunterricht in der Schule nur bedingt zu vergleichen, da das Lernpensum zumeist ungleich größer ist. Es hat also durchaus seine Richtigkeit damit, dass man ein Scheinstudium zügig bewältigt, wenn man – in allen Fächern zusammen – drei bis vier Seminare pro Semester belegt. Nach dem ersten Semester wissen es alle: mehr geht auch kaum. Dabei sollte man sich gerade am Beginn des Studiums vielleicht etwas weniger zumuten, denn die meisten benötigen in dieser Phase noch Zeit, um sich einzugewöhnen, am Studienort, aber auch im Studium selbst. Vor allem muss man herausfinden, wie das **eigene Arbeitstempo** und das sich daraus ergebende Pensum in etwa beschaffen sind; dies kann individuell sehr verschieden sein, und es ist in diesem Zusammenhang allemal besser, aus dem ersten Semester den Eindruck mitzunehmen, dass man sich noch steigern kann, als schon am Anfang dem Druck nicht standgehalten zu haben. Lieber ein Proseminar mit Erfolg abgeschlossen, als fünf ohne Ergebnis abgebrochen!

In aller Deutlichkeit sei darum hinzugefügt, dass leider auch die in vielen Prüfungs- und Studienordnungen genannten Semesterwochenstunden (SWS) – also die Stundenzahl, die man theoretisch pro Semester belegen müsste – meistens weit über das hinausgehen, was vernünftigerweise geleistet werden kann. Es handelt sich hierbei (noch!) eher um eine Art Fiktion, die im Grunde genommen der Hochschulpolitik und hier vor allen Dingen den diesbezüglichen Vereinheitlichungsbestrebungen geschuldet ist. Die entsprechenden Zahlen orientieren sich an Fächern wie Jura oder Medizin und gehen zum gegenwärtigen Zeitpunkt an der Wirklichkeit der geisteswissenschaftlichen Studiengänge vorbei.

Für die Erstellung des tatsächlichen Stundenplans benötigt man freilich keine Studienpläne, sondern nur ein **Vorlesungsverzeichnis**. Es gibt an jeder Universität ein so genanntes **allgemeines Vorlesungsverzeichnis**, und in fast allen Fachbereichen ein so genanntes **kommentiertes Vorlesungsverzeichnis**. Das allgemeine Vorlesungsverzeichnis ist für den eigenen Stundenplan ziemlich unergiebig, denn es enthält zwar alle Lehrveranstaltungen aller Fachbereiche, diese aber in so kondensierter Form, dass man sich nur selten etwas unter den angegebenen Einträgen vorstellen kann. Um einen ersten Eindruck davon zu gewinnen, worum es in den Seminaren, Übungen und Vorlesungen jeweils geht, sollte man sich die kommentierten Vorlesungsverzeichnisse der jeweiligen Fächer besorgen, sie sind zumeist erhältlich als Broschüre oder via Internet. Man sollte seine Studienfächer möglichst parallel absolvieren, sonst könnte es unter Umständen plötzlich Probleme mit der Regelstudienzeit geben. Es ist zudem auch nicht sinnvoll, in einer Art Gewaltakt beispielsweise das gesamte Grundstudium eines Faches in einem einzigen Semester hinter sich zu bringen.

Wer all dies bedenkt und berücksichtigt, wird am Ende eine Handvoll Lehrveranstaltungen gefunden haben, die in Betracht kommen. Nicht alles davon wird sich realisieren lassen, denn manche Seminare sind allzu schnell überfüllt, und anderes muss natürlich zeitlich aufeinander abgestimmt sein. Hier ist es entscheidend, dass man die richtigen **Prioritäten** setzt, und deshalb sei noch einmal betont, dass zunächst Sprachkurse und dann Seminare absoluten Vorrang im Stundenplan haben sollten! Alle anderen Veranstaltungen sollten um diese Kernelemente herumgebaut werden. Darüber hinaus ist es ratsam, auch nicht zu viele Lehrveranstaltungen hintereinander und an einem einzigen Tag einzuplanen. Erfahrungsgemäß lässt die Konzentrationsfähigkeit in solchen Situationen so stark nach, dass man sich die letzte oder gar die letzten Veranstaltungen eines überlangen Tages wahrscheinlich besser ganz gespart hätte. Eventuelle Lücken im Stundenplan lassen sich immer sinnvoll füllen, etwa durch **Selbststudium** oder die notwendige Arbeit in der Bibliothek, von denen manche auch nur in den Kernzeiten des Tages geöffnet sind (s.u.).

Tipp

Die Veranstaltungszeiten werden an den meisten Universitäten nicht exakt angegeben. Wenn der Beginn zu einer vollen Stunde vermerkt ist, bedeutet dies in der Regel, dass *„cum tempore"* (c.t. = mit Zeit) begonnen wird, also fünfzehn Minuten später. Nur der umgekehrte Fall, ein exakter Beginn zur vollen Stunde, wird eigens gekennzeichnet, und zwar durch das Kürzel ‚s.t.' (*sine tempore* = ohne Zeit). Die Veranstaltungsstunde dauert, wie an der Schule, nur 45 Minuten. Bei zweistündigen Sitzungen wird oft keine Pause gemacht, ein Seminar von 10 bis 12 Uhr dauert daher von 10.15 bis 11.45 Uhr.

Das Selbststudium   5.1.5

Ein Geschichtsstudium besteht bei weitem nicht nur darin, Lehrveranstaltungen zu besuchen, schriftliche Arbeiten zu verfassen und am Ende eine Prüfung abzulegen. In den meisten Lehrveranstaltungen werden nur sehr spezielle Themen behandelt, denn eine solche Detailarbeit erlaubt es am besten, die Methode des wissenschaftlichen Arbeitens exemplarisch vorzuführen und einzuüben. Andererseits ist es unbestritten, dass man viele historische Einzelheiten eigentlich erst dann angemessen verstehen kann, wenn man sie in einen breiteren Kontext einzubetten vermag. Man benötigt also auch breites **Hintergrundwissen**, doch dies wird selten in Lehrveranstaltungen vermittelt. Auszunehmen sind hier vielleicht die Repetitorien und manche Vorlesungen, aber zumeist setzen die Lehrenden das Faktenwissen einfach voraus, anstatt es zum Gegenstand ihrer Veranstaltung zu machen. Man erwartet von den Studierenden, dass sie sich die notwendigen Informationen durch eigenständige Lektüre aneignen. Dies ist das so genannte **Selbststudium**.

Es sei an dieser Stelle wirklich allen dringend empfohlen, dieses Selbststudium tatsächlich zu betreiben und über das eigentliche Seminar- oder Referatsthema hinaus flankierende **Literatur zu lesen**. Nur auf diese Weise ist es möglich, sich nach und nach einen Überblick zu verschaffen, und nur so kann man die unvermeidbaren

Wissenslücken verkleinern (ganz schließen können wird man sie nie), die zwischen dem klaffen, was man sich im Verlauf von Lehrveranstaltungen als so genannte ‚Wissensinseln' mühsam erarbeitet hat. Keine Überblicksveranstaltung wird dieselbe Stoffmenge behandeln können, die durch ein normales Lesepensum zu bewältigen ist. Repetitorien und Überblicksvorlesungen dienen also eher dazu, das Selbststudium zu begleiten und zu unterstützen, nicht zuletzt mit Vorschlägen, wo und wie man damit beginnen könnte.

Als ein solches **Einstiegsprogramm** verstehen sich auch die folgenden Empfehlungen mit der derzeit grundlegenden und zugleich relativ erschwinglichen deutschsprachigen Handbuchliteratur zur Alten Geschichte.

a) Die neuesten Darstellungen der gesamten Antike in einem Band:
- H.-J. Gehrke/H. Schneider (Hgg.), Geschichte der Antike. Ein Studienbuch, Stuttgart/Weimar 2000.
- W. Dahlheim, Die Antike: Griechenland und Rom von den Anfängen bis zur Expansion des Islam, 6. Aufl., Paderborn 2002.

b) Die kompakten Darstellungen der Reihe C. H. Beck Wissen:
- D. Lotze, Griechische Geschichte, 6. Aufl., München 2004.
- K. Bringmann, Römische Geschichte, 9. Aufl., München 2006.

c) Die für die Antike wichtigen Darstellungen der Reihe Oldenbourg
- Grundriss der Geschichte (mit Forschungsstand und weiterführender Literatur):
- W. Schuller, Griechische Geschichte, OGG 1, 5. Aufl., München 2002.
- H.-J. Gehrke, Geschichte des Hellenismus, OGG 1a, 3. Aufl., München 2003.
- J. Bleicken, Geschichte der römischen Republik, OGG 2, 6. Aufl., München 2004.
- W. Dahlheim, Geschichte der römischen Kaiserzeit, OGG 3, 3. Aufl., München 2003.
- J. Martin, Spätantike und Völkerwanderung, OGG 4, 4. Aufl., München 2001.

Das Selbststudium sollte sich freilich nicht nur mit Handbüchern und Forschungsliteratur befassen, sondern sich auch auf **Quellentexte** erstrecken. Dabei sind die Werke der antiken Schriftsteller auch heute noch zweifellos ein Stück Weltliteratur. Sie zu lesen ist deshalb keineswegs nur eine ‚professionelle' Pflicht, die untrennbar zum Studium der Alten Geschichte gehört; die Lektüre klassischer Texte ist vielmehr meistens ausgesprochen amüsant und interessant, antike Werke sind nach wie vor Bildungsgut, und sie lesen sich – in Übersetzung – oft leichter und schneller als ‚trockene' Sekundärtitel. Im Folgenden wird daher die Lektüre je eines kleineren Werkes oder Werkabschnitts empfohlen:

a) Griechische Historiographen und Biographen
- Herodot (5. Jh. v. Chr.), Historien.
- Thukydides (5. Jh. v. Chr.), Geschichte des Peloponnesischen Krieges.
- Polybios (2. Jh. v. Chr.), Historien.
- Plutarch (1./2. Jh. n. Chr.), Parallelbiographien großer Griechen und Römer.
- Cassius Dio (3. Jh. n. Chr.), Römische Geschichte.

b) Lateinische Historiographen und Biographen
- Cicero (1. Jh. v. Chr.), Der Staat; Rede über den Oberbefehl des Pompeius u.a.
- Sallust (1. Jh. v. Chr.), Die Verschwörung des Catilina; Der Krieg gegen Jugurtha.
- Augustus, Tatenbericht (*„res gestae"*).
- Livius (1. Jh. v./1. Jh. n. Chr.), Römische Geschichte.
- Tacitus (1./2. Jh. n. Chr.), Germania; Historien; Annalen; Agricola.
- Sueton (1./2. Jh. n. Chr.), Kaiserbiographien.
- Ammianus Marcellinus (4. Jh. n. Chr.), Römische Geschichte.

Bibliotheken und ihre Benutzung | 5.1.6

Wer die vorigen Kapitel aufmerksam studiert hat, dem dürfte klar geworden sein, dass ein wesentlicher Teil der Arbeit im Bereich der Alten Geschichte in und im Umkreis von wissenschaftlichen Bibliotheken stattfindet. Dabei unterscheidet man verschiedene Arten von Bibliotheken. An den meisten Universitäten gibt es auf der einen Seite eine große Zentralbibliothek für alle Fachbereiche, die **Universitätsbibliothek** (UB), und andererseits so genannte **Fach- oder Seminarbibliotheken**. Während man die meisten Bücher der UB ausleihen und mit nach Hause nehmen kann, sind Seminarbibliotheken fast immer Präsenzbibliotheken, das heißt, dass die Bücher nur dort benutzt und allenfalls für eine Kopierausleihe kurzfristig mitgenommen werden können. Umgekehrt aber sind die Bücher in

Präsenzbibliotheken frei zugänglich, man kann also selbst ans Regal gehen und so die benötigten Werke bequem einsehen; demgegenüber besitzen viele Zentralbibliotheken zwar ebenfalls einen so genannten Freihandbestand und Lesesäle, doch ein Großteil ihrer Titel ist schon aus Platzgründen im Regelfall in Magazinen untergebracht und nur über ein mehr oder weniger aufwändiges Bestellverfahren verfügbar.

Je nachdem ob man es mit einer Freihand-, Präsenz- oder Magazinbibliothek zu tun hat, sieht das konkrete Vorgehen etwas anders aus. Grundsätzlich sind alle Titel einer Bibliothek in einem alphabetischen Katalog erfasst. Mit diesem alphabetischen Katalog, der vielerorts sowohl in Karteikartenform, als auch bereits als EDV-Datenbank vorliegt (**OPAC**), kann man nun jedes zum Bestand gehörige Buch auffinden, entweder über den Nachnamen des Autors einer Einzelschrift, oder über den Nachnamen des Herausgebers einer Sammelschrift, oder über den Titel einer Standardreihe (→ Kap. 3.6.4). Will man also herausfinden, ob ein bei der Quellen- oder Literaturrecherche notierter Titel in der betreffenden Bibliothek vorhanden ist, muss man nur den alphabetischen Katalog überprüfen. Wenn es das Buch gibt, wird der entsprechende Eintrag im Katalog neben den bibliographischen Angaben eine so genannte **Signatur** verzeichnen. Dabei handelt es sich um eine Kombination aus Buchstaben und Zahlen, die das Buch eindeutig identifiziert. Bei einer Bibliothek mit nicht zugänglichem Magazinbestand muss man die Signatur in ein Bestellformular eintragen und erhält auf diese Weise den gewünschten Titel, bei einer Bibliothek mit zugänglichem Bestand muss man das entsprechende Regal anhand eines Standortplans aufsuchen. Freihandbibliotheken sind oft so organisiert, dass die Signaturen nach Sachgebieten eingeteilt worden sind. Deswegen lohnt es immer dort, wo man ein gesuchtes Buch aufgefunden hat, sich im betreffenden Regal noch ein wenig umzuschauen; vielleicht findet man so noch sachverwandte Titel, auf die man beim Bibliographieren nicht gestoßen ist. Darüber hinaus gibt es in fast jeder wissenschaftlichen Bibliothek einen **Schlagwortkatalog** oder die Möglichkeit einer computerisierten Schlagwortrecherche, mit deren Hilfe man den Bestand systematisch durchsuchen kann.

Ist ein Buch an einem Universitätsstandort nicht vorhanden, so gibt es stets die Möglichkeit einer so genannten **Fernleihe**. Diese Dienstleistung wird normalerweise über die jeweilige UB abgewickelt und ist gebührenpflichtig. Da es bei Fernleihen in der Regel mindestens mehrere Wochen dauert, bis das gewünschte Buch eingetroffen ist, sollte man, wenn man unter Termindruck steht (Referat, Hausarbeit o. ä.), genau überlegen, ob sich der Aufwand überhaupt lohnt.

Eine gut sortierte Präsenz- oder Freihandbibliothek mit Lesesaal ist im Übrigen auch der geeignete Ort, um die **gefundene Literatur zu bearbeiten** und letztlich die eigenen Ergebnisse niederzuschreiben. Fast überall darf man mittlerweile einen Computer mitbringen (manchmal gibt es eigens dafür eingerichtete Arbeitsräume), und es ist ein unschätzbarer Vorteil einer wissenschaftlichen Bibliothek, dass man im Zweifelsfall kurzfristig auf einen sehr großen Bestand zugreifen kann, zum Beispiel auch auf fachspezifische Nachschlagewerke und umfangreiche Enzyklopädien. Wer gerne zuhause arbeitet, wird dagegen mit einer überschaubaren Anzahl entliehener Bücher und kopierter Auszüge hantieren, und es kann dabei immer wieder der Fall eintreten, dass man unversehens ein bestimmtes, dringend benötigtes Buch nicht zur Hand hat. Um hier Arbeitsunterbrechungen oder gar zeitaufwändiges Pendeln zu vermeiden, sollte man strategisch planen und – vor allem zu Beginn einer Arbeit – mehrere ‚Bibliothekstage' einkalkulieren, an denen man sich das einschlägige Material möglichst lückenlos beschafft (→ S. 160 ff.).

Computer und Internet im Studium   5.1.7

Die Anfänge des Computereinsatzes im Studium durch die Studierenden liegen mittlerweile etwa zwei Jahrzehnte zurück. Damals kamen die ersten erschwinglichen Rechner auf den Markt, die zunächst hauptsächlich als bessere Schreibmaschinen eingesetzt wurden. Seit dieser Zeit hat sich vieles verändert; ein Studium ohne eigenen Computer samt Internetanschluss und eMail-Adresse scheint kaum mehr vorstellbar, und wer kann, sollte sich ein transportables Gerät anschaffen. Zumindest über einen entsprechenden Computerzugang sollte heutzutage jeder verfügen. An vielen Universitäten gibt es für die Studierenden glücklicherweise kostenlose oder jedenfalls günstige Angebote des jeweiligen Rechenzentrums oder der einzelnen Fächer.

Die Einsatzmöglichkeiten des Computers im Studium sind teilweise bereits zur Sprache gekommen, sie lassen sich in vier große Bereiche gliedern:

- die **Recherche**: Zur EDV-gestützten Quellen- und Literatursuche sowie den neuen elektronischen Publikationen Kap. 3.4.
- die **Bearbeitung**: Textverarbeitungs- und Datenbankprogramme ermöglichen heutzutage eine hochprofessionelle Erfassung, Aufbereitung und Archivierung des jeweils recherchierten Materials. Dies reicht vom in den Computer getippten Exzerpt, das man gegebenenfalls später bequem einer Volltextsuche unterziehen kann, bis hin zu einer persönlichen Literatur-, Quellen- oder Bilddatenbank. Man sollte freilich darauf achten, dass der diesbezügliche Aufwand bei der Anlage der Dateien und der Dateneingabe nicht mehr an Zeit verschlingt, als hinterher durch die Nutzung eingespart wird.
- die **Präsentation**: Zur Textverarbeitung sind mittlerweile Bild- und Grafikprogramme hinzugetreten, immer wichtiger werden ferner die multimedialen Präsentationsprogramme, die man zum Beispiel für Vorträge und Referate einsetzen kann.
- die **Kommunikation**: Elektronische Kommunikation ist auch an der Universität nicht mehr wegzudenken. Man sollte sich daher spätestens zu Beginn des Studiums eine E-Mail-Adresse einrichten, was über das Rechenzentrum einer Universität in der Regel problemlos und kostenfrei möglich ist. Ein Internetzugang ist hilfreich, da die Webseiten und Download-Angebote mehr und mehr das gute alte Schwarze Brett und die so genannte Info-Broschüre (neudeutsch: Reader) ersetzen.

Noch in den Kinderschuhen steckt das so genannte ‚e-Learning‘. Für die Alte Geschichte gibt es eine CD-Rom von Beat Näf, die sich als Ergänzung des oben in Kapitel 5.1.5 erwähnten Studienbuches von H.-J. Gehrke und H. Schneider versteht. Das diesbezügliche Entwicklungspotential ist momentan noch kaum abzuschätzen.

– B. Näf (Hg.), Geschichte der Antike. Ein multimedialer Grundkurs, Stuttgart 2004.
– E. Baltrusch, Rezension zu Näf [http://hsozkult.geschichte.hu-berlin.de/rezensionen/2004-3-070[Stand 2005-08-22].

Prüfungen | 5.1.8

An der Universität gibt es jede Menge Prüfungen, schriftliche und mündliche, Orientierungs-, Zwischen- und Abschlussprüfungen, Hauptfach-, Nebenfach-, Ergänzungsprüfungen usw. Einigermaßen irritierend ist der Umstand, dass nicht alles, was als Prüfung bezeichnet wird, auch tatsächlich dem entspricht, was man sich darunter vorstellen würde. So manche Prüfung ist eigentlich lediglich ein administrativer Akt, das heißt, man zeigt zum Beispiel vier Scheine bei der zuständigen Stelle vor und erhält dafür einen fünften Schein als Prüfungszeugnis. Vielerorts sind etwa die so genannte **Orientierungsprüfung** nach dem zweiten Semester oder auch die Zwischenprüfung nach dem Grundstudium derartige Verwaltungshandlungen, bei denen es im Grunde genommen nur darum geht, den ordnungsgemäßen Verlauf des Studiums und besonders die Einhaltung der Regelstudienzeit zu kontrollieren. Es gibt aber auch genügend ‚echte' Studienprüfungen, zu denen man sich anmelden muss, für die man dann auf der Grundlage der eingereichten Leistungsvoraussetzungen zugelassen wird und schließlich einen Termin erhält, an dem man über eines oder mehrere Themen schriftlich oder mündlich abgeprüft wird. An manchen Universitäten ist schon die Zwischenprüfung eine solche tatsächliche Prüfung, bei den Abschlussprüfungen handelt es sich natürlich überall um echte Examina.

Das herkömmliche Magister- oder Staatsexamen und auch die neuen B. A. und M. A.-Abschlüsse bestehen aus zwei Teilen: einer wissenschaftlichen Abschlussarbeit (Bachelor-, Master- oder Zulassungsarbeit) und den eigentlichen Prüfungsleistungen, bei denen es sich zumeist um eine Reihe schriftlicher und mündlicher Prüfungen handelt. Bis vor kurzem wurden diese Prüfungen für gewöhnlich erst nach der Abgabe der schriftlichen Abschlussarbeit abgelegt, und zwar in einer Prüfungsphase, die im Staatsexamen bis zu drei Semester dauern konnte, beim Magisterstudiengang dagegen auf sechs Monate beschränkt war. Um die Studienzeit zu verkürzen, hat man in den letzten Jahren in immer mehr Studiengän-

gen damit begonnen, die abschließenden Prüfungsleistungen vorzuziehen und mit Lehrveranstaltungen im Hauptstudium zu verknüpfen. Dies ist das Konzept der **studienbegleitenden Prüfung**, dem
wohl die Zukunft gehört. Konkret heißt das, dass man entweder im
Rahmen von Hauptseminaren, oder im Zusammenhang mit Vorlesungen, die im Hauptstudium besucht werden, die zuvor auf die
Prüfungsphase konzentrierten Leistungen erbringt (zumeist eine
vierstündige Klausur und zwei oder drei zwanzig- bis dreißigminü-
tige mündliche Prüfungen). Nach dem Scheinstudium schreibt man
die Examensarbeit und hat damit das gesamte Studium erfolgreich
absolviert.

Doch auch studienbegleitende Teilprüfungen sind echte Prüfungen, denn im Kern bestehen auch sie aus der Prüfungssituation, in
der man zu einem Thema Fragen beantworten muss. Im Unterschied zur Schule hat man dabei erheblich größere Gestaltungs-
spielräume, die allerdings von Abschluss zu Abschluss verschieden
sind. Im Staatsexamen ist beispielsweise in Bezug auf die **Prüfungsthemen** viel mehr festgelegt als im B. A.- oder M. A.-Studium. Grundsätzlich gilt aber (und dies nicht nur für Abschlussprüfungen), dass
die Prüfungsthemen zwischen Prüfer und Kandidat individuell und
recht genau im Voraus abgesprochen werden. Das bedeutet nun
allerdings nicht, dass schon im Vorhinein bekannt ist, was tatsächlich gefragt wird. Die Themenabsprache läuft vielmehr dergestalt
ab, dass man gemeinsam eine Literaturliste erstellt, welche die einschlägigen Titel zum Thema umfasst. Diese Literatur muss der Prüfling also parat haben, aber man sollte keinesfalls den Fehler begehen und sich darauf beschränken. Im Prinzip wird bei jeder Stu-
dienprüfung darüber hinaus erwartet, dass man das gewählte Prü-
fungsthema in den Gesamtkontext des Fachgebietes einbetten
kann. Dies bedeutet, dass man zusätzlich die grundlegenden Handbücher kennen sollte, mit denen man auch in ein Selbststudium
einsteigen würde (→ Kap. 5.1.5).

Die eigentliche Vorbereitung verläuft natürlich von Person zu
Person verschieden, und doch ist sie stets gleich: Man muss den
Prüfungsstoff durchlesen, ihn gedanklich durchdringen und für
sich selbst strukturieren (herausfinden, worum es überhaupt geht
usw.). Vor allen Dingen aber sollte man sich genügend Zeit lassen,
den Stoff abrufbar zu machen. Das heißt, dass man nicht bis zur
letzten Minute für die Prüfung lesen sollte, sondern vielmehr rechtzeitig vor dem Prüfungstermin die Lesephase abschließt. Danach

sollte man die wichtigsten Punkte aufschreiben und sich diese Teil-
blöcke des Themas im Gedächtnis einprägen. Mit anderen Worten:
Eine Prüfung wird ähnlich vorbereitet wie ein Referat (→ Kap. 3.6.1).
Wichtig ist, dass man bei der Vorbereitung keinesfalls in Hektik
oder gar Panik verfällt. Das eigene **Zeitmanagement** muss so beschaffen sein, dass man spätestens kurz vor der Prüfung einen klaren
Überblick über das Thema gewonnen hat, und nicht etwa das Gefühl von Verwirrung und Überforderung aufkommt. Dazu sind Pausen zum richtigen Zeitpunkt unerlässlich.

Klausuren sind im Studium fast immer längere Erörterungen zu
einer einzigen – und daher weit gefassten – Leitfrage. Nur in Ausnahmefällen ähneln sie einer Klassenarbeit, wie man sie aus dem
Schulfach Geschichte kennt, eher schon einem Deutschaufsatz aus
der gymnasialen Oberstufe. Abschlussklausuren dauern in der
Regel vier Zeitstunden, Seminarklausuren meistens zwei. Eine solche Klausur kann schlechterdings nicht so verlaufen, dass man gar
nichts zu schreiben weiß; wie beim Deutschaufsatz ist es allerdings
möglich, am Thema ‚vorbeizuschreiben‘. Das Geheimnis einer erfolgreichen Klausur besteht letztlich darin, die Themenblöcke, die
man sich bei der Klausurvorbereitung angeeignet hat, so anzuord-
nen und zu verbinden, dass sie der gestellten Leitfrage entsprechen.
Dazu sollte man sich zu Beginn der Klausur etwas Bedenkzeit nehmen und eine **Gliederung** erstellen, wenn möglich sogar mit Einleitung, Hauptteil und Schluss. Natürlich kann man nie ausschließen,
etwas vergessen oder ausgelassen zu haben; wer sich jedoch angemessen und in Abstimmung mit dem Prüfer vorbereitet hat, wird
gut abschneiden. Wichtig ist freilich, dass man alles zu Papier bringen kann, was man zum Thema zu sagen hat, und deshalb ist es
kein Fehler, die eigene Formulier- und Schreibgeschwindigkeit
schon einmal in der Vorbereitungsphase ermittelt zu haben (Test-
oder Probeklausur). Zur Not muss man die Klausur stichwortartig
beenden.

Eine **mündliche Prüfung** dagegen ist immer unwägbar, es kann
stets der Fall eintreten, dass man auf eine Frage keine Antwort hat.
Hier heißt es Nerven bewahren. Normalerweise sind auch die Prüfer an einem guten Prüfungsverlauf interessiert. Deshalb gibt man
den Prüflingen im mündlichen Examen meistens die Chance, mit
einer längeren Einleitung zu beginnen, und auch sonst sind ausführliche Stellungnahmen erwünscht, denn dadurch zeigt der Prüfling, was er gelernt hat, er darf also nicht zu einsilbig werden. Man

sollte andererseits aber niemals den Fehler begehen, den Prüfer nicht mehr zu Wort kommen zu lassen. Die mündliche Prüfung ist als eine Art **Dialog** zu sehen, in dem der Prüfer ab und zu gezielte Nachfragen stellen möchte, um Einzelpunkte zu überprüfen. An solchen Stellen kann es durchaus vorkommen, dass man als Prüfling passen muss, doch ein wohlwollender Prüfer wird immer versuchen, die Situation zu retten. Nicht immer haben Wissenslücken eine negative Auswirkung auf das Ergebnis der Prüfung. Ein guter Trick, Krisensituationen zu meistern, sind inhaltlich bestimmte Rückfragen, mit denen man eine Frage, die man vielleicht nicht ganz verstanden hat, in eine – ähnlich klingende – Frage umformuliert, auf die man antworten kann ("Sie fragen mich jetzt also, ob ...").

Echte Prüfungen erfordern Nervenstärke, und auch das ist eine Fähigkeit, die man im Verlauf eines Studiums erlernen und unter Beweis stellen muss, auch wenn sie in keiner Prüfungsordnung als Studienziel auftaucht. Man muss es letztendlich schaffen, die Furcht vor dem Versagen niederzukämpfen und ihr ein Gefühl der Erfolgszuversicht entgegenzusetzen. Das gelingt leider nicht allen.

Dabei erlauben es die akademische Freiheit und auch die Anonymität an vielen großen Standorten bei aller Verschulung noch immer, dass man eine Prüfung aus Nervosität und Unsicherheit immer weiter hinauszögert. Bei manchen Studierenden baut sich auf diese Weise eine Prüfungsangst auf, die nur noch durch therapeutische Maßnahmen behoben werden kann. So weit darf man es auf keinen Fall kommen lassen! Man sollte in diesem Zusammenhang die Bedeutung des Studiums auf das ihm zukommende Maß reduzieren: Es ist wichtig, aber es gibt Dinge, die wichtiger sind. Vor allem aber sollte man sich immer eines vor Augen halten: Wer sich zu einer Prüfung anmeldet, hat die erste Hürde schon übersprungen, denn der Mut, überhaupt anzutreten, ist genauso ein Teil dessen, was getestet wird, wie der eigentliche Prüfungsinhalt.

5.2 | Berufsperspektiven

Es ist kein Zufall, dass in den älteren Studieneinführungen die Berufsperspektiven für Absolventen eines Geschichtsstudiums nie zur Sprache kamen, es gab eben nur wenige Probleme damit. Die diesbezügliche Lage hat sich in den letzten zwanzig Jahren bekanntlich dramatisch verändert, und deswegen ist es heutzutage geboten, auf das Thema einzugehen. Allerdings ist hier über sehr allgemeine Bemerkungen kaum hinauszukommen, denn genauere Prognosen hätten einfach eine zu kurze Halbwertszeit. Die Aussichten verändern sich momentan in etwa fünfjährigen Zyklen, als Faustregel gilt: Bei guter Konjunktur steigen die Einstellungschancen auch für Geisteswissenschaftler.

Die Wissenschaft   5.2.1

Die Wissenschaft ist der eigentliche Inhalt einer Universitätsausbildung in Alter Geschichte, und deshalb liegt es nahe, die Frage nach dem Berufsziel **Wissenschaftsbetrieb** aufzuwerfen. Die Rahmenbedingungen hierbei sind klar und werden sich auch nicht verändern: Nur wenige werden es schaffen, die Wissenschaft zum Beruf zu machen, die Voraussetzungen dafür sind herausragende Befähigung, aber auch, dass man Förderung erfährt und ein Quäntchen Glück hat. Wer sich auf diesen Weg begibt, muss wissen, dass ein jahrelanger Qualifikationsdruck und die verschiedensten Auslesemechanismen bevorstehen.

Das sollte freilich niemanden davon abhalten, den Versuch zu unternehmen; schließlich sind die Möglichkeiten für eine wissenschaftliche Karriere immer noch vielfältig: Für jede Qualifikationsstufe gibt es Stipendien und befristete Stellen an Universitäten, Forschungsinstitutionen oder bei Projekten, und je weiter man vordringt auf der Leiter der Qualifikationsstufen, desto öfter bieten sich auch Dauerstellen.

Allerdings lassen sich die einzelnen Stationen der **Universitätslaufbahn** zumindest in der Bundesrepublik Deutschland zur Zeit nicht mehr deutlich überblicken, was zusammenhängt mit einem neuen Hochschulrahmengesetz, entsprechenden Nachbesserungen und Fristenregelungen sowie einer allgemeinen Unsicherheit darüber, was die Politik mit den Geisteswissenschaften in Zukunft vorhat. Klar ist, dass jeder, der den Einstieg in die Wissenschaft plant, dem ersten Studienabschluss (Staatsexamen oder M. A.) eine Promotion folgen lassen muss; ein solcher Doktorabschluss ist im Übrigen auch für andere Berufe von Vorteil (→ Kap. 5.2.3). Das bedeutet, dass man eine **DISSERTATION** verfasst, die im Unterschied zu allen vorherigen wissenschaftlichen Arbeiten einen tatsächlichen wissenschaftlichen Fortschritt zu erbringen hat. Das nächste Stadium

DISSERTATION, von lateinisch. *dissertatio* = Erörterung; Doktorarbeit.

war bis vor kurzem die **Habilitation**, also eine weitere wissenschaftliche Untersuchung. Mit der Habilitation ist (noch) die so genannte *„venia legendi"* verbunden, die ‚Erlaubnis zu lesen'; nur wer habilitiert ist, darf Vorlesungen halten, und normalerweise ist die Berufung auf eine Professorenstelle nur mit Habilitation möglich. All dies soll jedoch bis in wenigen Jahren der Vergangenheit angehören, der neue Weg zur Professur heißt ‚Juniorprofessur', wobei die Berufungsvoraussetzung für Professuren in den Geisteswissenschaften nach offiziellen Angaben weiterhin das ‚zweite Buch' bleiben soll. Wie sich dies konkret entwickeln wird, und wie viele Dauerstellen in der Wissenschaft es in Zukunft für Forscherinnen und Forscher mit Promotion, Habilitation oder ‚zweitem Buch' geben wird, kann heute niemand sagen. Es ist jedenfalls schon seit längerem so, dass die in den 70er und 80er Jahren erheblich ausgeweiteten Kapazitäten (→ Kap. 1.4.3) nach dem Willen der Politik immer weiter konzentriert und reduziert werden.

5.2.2 | Das Lehramt

Nach der Wissenschaft selbst ist sicherlich das Lehramt derjenige Beruf, der noch am meisten Verbindungen zu den Inhalten eines Geschichtsstudiums aufweist. Wer das Lehramt als Berufsziel anstrebt, muss den Studienabschluss Staatsexamen oder Master of Education wählen. Es ist schon darauf hingewiesen worden, dass das Lehramtsstudium in Bezug auf die möglichen Fächerkombinationen, Pflichtveranstaltungen und Prüfungsthemen in der Regel stärker reglementiert ist als andere Studiengänge; zudem ist im Fach Geschichte üblicherweise keine Epochenspezialisierung möglich. Hinzugekommen ist in vielen Bundesländern die Anforderung, dass man bereits während des Studiums ein **Schulpraktikum** zu absolvieren hat. Dies ist zweifellos eine positive Neuerung, da den Studierenden dadurch frühzeitig ein Einblick in den Schul- und damit ihren künftigen Berufsalltag gewährt wird. So hat jeder noch rechtzeitig die Chance, eventuelle Korrekturen im Hinblick auf das Berufsziel **Lehramt** vorzunehmen.

Auf das wissenschaftliche Staatsexamen folgt der zweijährige Vorbereitungsdienst, das so genannte Referendariat, das sich mit der Theorie und Praxis des Unterrichtens, der **DIDAKTIK**, befasst und das mit dem zweiten Staatsexamen abgeschlossen wird. Danach kann man sich für das höhere Lehramt an Gymnasien bewerben,

DIDAKTIK, von griech. *didaskein* = lehren; Unterrichtslehre.

und wenn die Umstände günstig sind, wird man eine Stelle als Geschichtslehrer finden.

Wer Lehrer werden will, sollte Freude daran haben, andere zu unterrichten, und er sollte dafür auch etwas Talent besitzen. Viele jedoch entscheiden sich zu Beginn ihres Studiums nur deswegen für einen Lehramtsstudiengang, weil ihnen die Schule noch aus eigener Erfahrung vertraut ist und sie sich unter möglichen anderen Berufsperspektiven nicht viel vorstellen können. Mangel an Phantasie darf aber auf keinen Fall der einzige Grund dafür sein, schließlich als Lehrer in die Schule zurückzukehren; es könnte sich herausstellen, dass man den Beruf verfehlt hat, und darunter leiden nicht nur die Schüler.

Andere Berufsfelder 5.2.3

Wer jenseits von Wissenschaft und Lehramt ein festes Berufsbild erwartet, das mit seinem Studium im Zusammenhang steht, darf nicht Geschichte studieren. Derartiges gibt es für Jura, Medizin oder die Ingenieursfächer, nicht jedoch für die meisten Geisteswissenschaften. Trotzdem studiert man Geschichte natürlich nicht ‚auf arbeitslos'. Es ist lediglich so, dass der Bezug zwischen Universität und späterem Beruf bei den meisten Bereichen, in denen Historiker und Historikerinnen nach ihrem Studium tätig sind, nicht so sehr durch die eigentlichen **Inhalte des Geschichtsstudiums** hergestellt wird. Die Verbindung existiert vielmehr durch eine Reihe informeller Fähigkeiten und Fertigkeiten, die man im Studium an historischen Themen ausbildet oder perfektioniert, und dann im Beruf auf ganz andere Sachverhalte übertragen und anwenden kann. Dies sind die viel zitierten **Schlüsselqualifikationen** (neudeutsch: *soft skills*):
- kritische Distanz gegenüber noch nicht überprüften fremden Aussagen;
- selbstständiges Arbeiten bei Recherche, Materialbewältigung und Darstellung;
- sprachliche Fähigkeiten im mündlichen und schriftlichen Ausdruck, sowohl in der deutschen als auch in anderen Sprachen;
- ‚Problemlösungskompetenz', das heißt, die Fähigkeit, kompliziertere Themen schnell zu erfassen und auf das Wesentliche zu reduzieren.

Es ist wichtig, dass man sich diese eigenen Stärken immer wieder klarmacht; am Ende eines Studiums oder unmittelbar danach kann sich manchmal das Gefühl einschleichen, ‚eigentlich überhaupt nichts gelernt zu haben'. Häufiger kommt es vor, dass man meint, für eine bestimmte Tätigkeit nicht qualifiziert zu sein, weil man keine inhaltlichen Verbindungen zum Studium sieht. Wer den Einstieg in einen Beruf (egal welchen) bewerkstelligen will, muss aber selbst davon überzeugt sein, dafür infrage zu kommen, denn er muss letztlich auch andere – zum Beispiel eine Personalabteilung – davon überzeugen. Eine Standardfrage in Vorstellungsgesprächen lautet: „Warum glauben Sie, der/die Richtige zu sein?" Wenn man mit einer solchen Frage konfrontiert wird, ist es gut, eine Antwort geben zu können, und es ist noch besser, wenn man an diese Antwort auch glaubt. – Dabei geht es natürlich nicht darum, sich bloß ‚einzureden', etwas zu können; die oben genannten Schlüsselqualifikationen sind reale Pfunde, mit denen man wuchern kann, und es kommt eben darauf an, diese Fähigkeiten – und damit auch sich selbst – ins rechte Licht zu rücken.

Der Erwerb und Besitz der ‚soft skills' ist nicht an einen bestimmten Studienabschluss gebunden. In vielen Bereichen wird nicht danach gefragt, ob jemand ein B. A.-, M. A.- oder Staatsexamen abgelegt hat (oder gar eine Promotion), entscheidend ist eher, dass man überhaupt ein Hochschulstudium erfolgreich abgeschlossen hat; man hat dadurch nämlich unter Beweis gestellt, dass man ‚sich durchkämpfen' kann. Anderswo wiederum haben sich potentielle Arbeitgeber auf einen bestimmten Abschluss festgelegt, doch solche Präferenzen können sich mitunter rasch ändern. Für manche Laufbahnen schließlich, wie etwa den höheren **Archiv- oder Bibliotheksdienst**, ist die Promotion fast schon Pflicht; ein Doktortitel kann aber auch hinderlich sein, man gilt schnell als ‚zu alt' oder als ‚überqualifiziert'. Es gibt also keinen Königsweg in der Frage, welcher Studienabschluss die besten Berufschancen eröffnet. Erst wenn man klare Vorstellungen von seiner eigenen beruflichen Zukunft hat, kann man sich strategisch und passgenau darauf vorbereiten und den Abschluss wählen, der am ehesten geeignet erscheint. Wer noch nicht soweit ist, sollte in diesem Zusammenhang an das Studium selbst denken und sich zum Beispiel zunächst für einen Masterabschluss entscheiden, weil man im Anschluss daran weitere Spezialisierungsmöglichkeiten hat. Im Übrigen sind an vielen Universitäten die verschiedenen Studiengänge wenigstens im Grundstudium so aufgebaut, dass man den Abschluss bis zur Zwischenprüfung ohne größere Probleme wechseln kann.

Von einigen Berufsfeldern, in denen Historiker und Historikerinnen nach dem Studium eine Beschäftigung gefunden haben, war bereits andeutungsweise die Rede: Der Archivdienst, eigentlich ein ‚Klassiker‘, kommt freilich eher für Mittelalter- und Neuzeithistoriker in Betracht, der Bibliotheksdienst hingegen steht allen Fächern offen. Dieser Umstand jedoch verschärft die Konkurrenz, und man verbessert als (Alt-)Historiker seine diesbezüglichen Chancen ganz wesentlich, wenn man mit einer besonderen Fächerkombination aufwarten kann, also beispielsweise die Alte Geschichte mit Sinologie oder Koreanistik studiert hat. Auf die Studienfächer kommt es auch bei der **Museumslaufbahn** an: Hier muss man eigentlich Kunstgeschichte oder Klassische Archäologie studiert haben; bei historischen Museen im engeren Sinne ist häufig ein Studium der Ur- und Frühgeschichte erforderlich.

Die vorgenannten **Berufsfelder** haben zweierlei gemeinsam: Erstens existiert bei ihnen noch ein gewisser inhaltlicher Bezug zwischen Tätigkeit und (Geschichts-)Studium, und zweitens sind die Stellen dort vergleichsweise dünn gesät. Die meisten ehemaligen Geschichtsstudierenden arbeiten heutzutage in vielen anderen Sparten, von denen im Folgenden einige Bereiche vorgestellt werden sollen, ohne dass Anspruch auf Vollständigkeit erhoben würde:

Erwachsenenbildung: Man kann auch außerhalb der Schule im Bildungswesen tätig sein, zum Beispiel in Volkshochschulen, bei freien Bildungs- und Ausbildungsträgern, oder im Rahmen der Bildungseinrichtungen von Großbetrieben, Verbänden, Kirchen, Parteien usw. Dabei unterrichtet man meistens nicht selbst, sondern ist gerade bei Festanstellungen eher für Organisation und Programm von Bildungsmaßnahmen zuständig.

Verlag/Lektorat/Buchproduktion: In vielen Verlagen gibt es Mitarbeiter, die Publikationen aller Art betreuen, vom Sachbuch über den Roman bis zum wissenschaftlichen Lexikon. Dieses so genannte **LEKTORAT** kann ein Buch von der ersten vagen Idee bis zum fertigen Endprodukt begleiten. Es gibt auch freiberufliche Lektoren.

LEKTORAT, von latein. *lector* = Leser, Vorleser.

Medien/Öffentlichkeitsarbeit/Textbearbeitung: Ein Großteil der Journalisten in Funk, Fernsehen und bei der Presse kommt aus geisteswissenschaftlichen Studiengängen, desgleichen viele der zahlreichen Mitarbeiterinnen und Mitarbeiter in betrieblichen Pressestellen von Unternehmen und freien Werbe- und Textagenturen. Die Aufgabe dieser so genannten PR-Profis besteht oft darin, ihre Kollegen aus den Medien mit Informationen und Themen zu ‚füttern‘.

Texte verfassen und bearbeiten kann freilich auch bedeuten, Internetseiten für andere zu erstellen, verständliche EDV-Programmhandbücher zu schreiben, oder selbst Bücher vorzulegen (**PUBLIZISTIK**). An den Rand dieser Kategorie gehören Übersetzungstätigkeiten, die beileibe nicht nur von Fremdsprachenexperten ausgeübt werden, denn fast noch wichtiger als die Beherrschung der betreffenden Fremdsprache ist dabei gutes und sicheres Deutsch.

Kultur/Veranstaltungen/Reisen: Kulturarbeit im weitesten Sinne umfasst ein breites Spektrum hochinteressanter Berufe. In diese Rubrik gehört zum Beispiel eine Tätigkeit im Ausland für das Goetheinstitut oder vergleichbare Einrichtungen, aber natürlich auch die Kulturarbeit im Inland, etwa die Planung und Durchführung von Veranstaltungen oder eine Anstellung bei Kulturorganisationen, Stiftungen, Kommunen und Vereinen. Ein weiterer wichtiger Sektor ist die Reise-Touristik-Branche.

Selbstverständlich gibt es daneben ,Exoten' wie den Historiker, der Bundeskanzler wurde, die Bankdirektorin mit Geschichtsstudium oder den Kommilitonen, der die Aufnahmeprüfung zum diplomatischen Dienst bestanden hat. Dies sind freilich eher Ausnahmen, und deshalb können sie hier vernachlässigt werden, ebenso wie die vollkommen studienfernen Berufe, die häufig aufgrund einer Umschulung, einer vor oder nach dem Studium abgeschlossenen Ausbildung oder eines Hobbys ausgeübt werden.

Die schwierigste Frage im Zusammenhang mit dem Thema ,Arbeitsmarkt' lautet ohne Zweifel, wie man den **Berufseinstieg** am besten bewerkstelligt. Für einen erfolgreichen Einstieg ins Arbeitsleben gibt es indes zum gegenwärtigen Zeitpunkt keine Garantien und auch keine Patentrezepte. Manche haben auf Anhieb Glück, andere müssen frustrierende Phasen der Wartezeit und der Umorientierung durchleben. Nur ein schwacher Trost ist der Umstand, dass die diesbezüglichen Probleme definitiv nichts mit dem Studium der Geschichte zu tun haben, da ja Absolventen anderer Fächer ebenfalls von Arbeitslosigkeit betroffen sind, auch Juristen und Betriebswirte.

Wie also anfangen? Es hilft auf jeden Fall, sich rechtzeitig darüber klar zu werden, in **welche berufliche Richtung** man gehen möchte. Das bedeutet natürlich, sich zu informieren und sich beraten zu lassen, sowohl über die Berufsmöglichkeiten insgesamt, als auch gezielt über einzelne Bereiche und darüber, wo man Adressen findet, bei denen man sich bewerben kann. Berufsberatung speziell

für Akademiker wird in jeder Universitätsstadt von der örtlichen
Agentur für Arbeit angeboten, außerdem gibt es dort und in den
zugehörigen Berufsinformationszentren (BIZ) oder im Internet jede
Menge Informationsmaterial. Hinzu kommen natürlich Bücher, die
in bestimmte Branchen einführen (z. B. in den Journalismus), und
immer häufiger finden in den Fachbereichen und Instituten entsprechende Informationsveranstaltungen statt. Tatsächlich bewerben sollte man sich nicht nur auf Positionen, die ausgeschrieben
wurden; Kurzbewerbungen, in denen man unverbindlich anfragt,
lohnen sich immer. Wie oben erwähnt, muss man dabei stets ‚für
sich selbst Werbung machen', man muss glaubhaft darlegen, die
geeignete Person zu sein. Dies ist erfahrungsgemäß dann am besten möglich, wenn man von der eigenen Bewerbung selbst überzeugt ist, und dazu gehört letztlich, dass man sich nur für Tätig-
keiten bewirbt, die man auch ausüben will oder kann.

Ein großer Pluspunkt, der bei einer Bewerbung den Ausschlag
geben kann, sind **praktische Erfahrungen,** Arbeitsproben oder andere
Referenzen. Im Moment herrscht in vielen Bereichen die beinahe
absurde Situation, dass man, um in einen Beruf überhaupt einsteigen zu können, eigentlich bereits eine entsprechende Berufserfah-
rung vorweisen können muss. Dies ist nur über vorgeschaltete
Praktika möglich.

Das Praktikum | 5.2.4

Ein Praktikum erlaubt einem im besten Falle fundierte Einblicke in
ein bestimmtes Arbeitsfeld, um sich selbst darüber klar zu werden,
ob man in diesem Bereich selbst tätig werden möchte. Oft ist es
allerdings nichts anderes als die kaum oder gar nicht bezahlte Tätigkeit in einem Unternehmen, das zu einer Branche gehört, in der
man nach einer Anstellung sucht.

Anders als andere Fächer kennen die Geisteswissenschaften in
der Regel kein **Pflichtpraktikum** (ausgenommen das Schulpraktikum,
→ Kap. 5.2.2), man muss sich daher in der Regel auf eigene Faust einen
Platz suchen. Welche Einrichtungen und Betriebe Praktikumsplät-
ze anbieten, ist im Einzelnen nicht immer leicht herauszufinden;
die Vorgehensweise ähnelt hier derjenigen bei der Arbeitssuche:
Anzeigen müssen durchforstet werden, man darf aber auch durchaus Blindbewerbungen abschicken. So mancher Praktikumsplatz ist
erst dadurch entstanden, dass eine diesbezügliche Anfrage gestellt

wurde. Besonders bei großen Firmen gibt es interne Regelungen, wen man überhaupt für Praktika einstellen darf – zum Beispiel nur Studierende bestimmter Fächer oder aus dem Grund-/Hauptstudium. Wenn man erst nach dem Studium ein Praktikum sucht, kann es daher manchmal schwierig werden, einen Platz zu finden. Deswegen empfiehlt es sich, bereits während des Studiums Praktika zu arrangieren. Dies ist besonders ratsam, wenn man sich noch nicht im Klaren über die spätere Berufstätigkeit ist.

Praktika bieten bei der Arbeitssuche und beim Berufseinstieg für Geisteswissenschaftler im Moment noch einen Wettbewerbsvorteil, vor allem deswegen, weil sie vielerorts noch nicht verpflichtend sind. Wie angedeutet, ermöglichen sie es, die fast überall geforderten Erfahrungen zu sammeln, Arbeitsproben anzufertigen und vielleicht die entscheidenden Kontakte zu knüpfen. Auf jeden Fall sollte man sich darum ein **Zeugnis** über die ausgeübte Tätigkeit ausstellen lassen. Durch all dies heben sich diejenigen, die Praktika absolviert haben, von vielen Mitbewerbern deutlich ab. Der Wettbewerbsvorteil ist freilich in dem Maße im Schwinden begriffen, in dem Praktika in den geisteswissenschaftlichen Fächern zur Regel werden. Es gibt bereits erste Anzeichen dafür, dass Praktika von potenziellen Arbeitgebern mehr und mehr für selbstverständlich genommen werden, ohne dass sich noch ein Nutzen bei der Arbeitssuche daraus ergeben würde. Die weitere Entwicklung bleibt abzuwarten. Es sei jedoch an dieser Stelle ausdrücklich betont, dass sich ein berufsorientierendes Praktikum immer lohnt, denn es vermittelt wichtige Einblicke und Erfahrungen und trägt – manchmal auf erfrischende Weise – dazu bei, den eigenen Horizont zu erweitern.

Literatur

H. Esselborn-Krumbiegel, **Leichter lernen. Strategien für Prüfung und Examen**, Paderborn u. a. 2006.
N. Freytag/W. Piereth, **Kursbuch Geschichte**, Paderborn u. a. 2004.
R. Günther, **Einführung in das Studium der Alten Geschichte**, Paderborn u. a. 2001.
W. Wagner, **Uni-Angst und Uni-Bluff. Wie studieren und sich nicht verlieren**, 6. Aufl., Hamburg 2002.

Literaturverzeichnis

1.) Allgemeine und politische Geschichte

a) Gesamtdarstellungen
– J. B. Bury u. a. (Hgg.), **The Cambridge Ancient History I – XII (CAH)**, Cambridge 1923 ff. (2./3. Auflage hgg. von I. E. S. Edwards u. a., Cambridge 1970 ff.; bis Bd. XIV).
– W. Dahlheim, **Die Antike: Griechenland und Rom von den Anfängen bis zur Expansion des Islam**, 6. Aufl., Paderborn 2002.
– H.-J. Gehrke, **Kleine Geschichte der Antike**, München 1999.
– H.-J. Gehrke/H. Schneider (Hgg.), **Geschichte der Antike. Ein Studienbuch**, Stuttgart/Weimar 2000.

b) Griechische Geschichte
– H. Bengtson, **Griechische Geschichte**, HdA III 4, 5. Aufl., München 1977.
– D. Lotze, **Griechische Geschichte**, 6. Aufl. München 2004.
– K.-W. Welwei, **Die griechische Frühzeit 2000 bis 500 v. Chr.**, München 2002.
– W. Schuller, **Griechische Geschichte**, OGG 1, 5. Aufl. München 2002.
– H.-J. Gehrke, **Geschichte des Hellenismus**, OGG 1a, 3. Aufl., München 2003.

c) Römische Geschichte: Republik und Kaiserzeit
Gesamtdarstellungen zur römischen Geschichte
– H. Bellen, **Grundzüge der römischen Geschichte**, 3 Bde., Darmstadt I (2. Aufl.) 1995, II 1998, III 2003.
– H. Bengtson, **Grundriß der römischen Geschichte mit Quellenkunde I: Republik und Kaiserzeit bis 284 n. Chr.**, HdA III 5.1, 3. Aufl., München 1982.
– K. Bringmann, **Römische Geschichte**, 9. Aufl., München 2006.

– A. Heuss, **Römische Geschichte**, 6. Aufl., eingeleitet und mit einem neuen Forschungsteil versehen von J. Bleicken u.a., Paderborn 1998.
Römische Republik
– J. Bleicken, **Geschichte der römischen Republik**, OGG 2, 6. Aufl., München 2004.
– K. Bringmann, **Geschichte der römischen Republik**, München 2002.
– K. Christ, **Krise und Untergang der römischen Republik**, 4. Aufl., Darmstadt 2000.
Römische Kaiserzeit
– K. Christ, **Geschichte der römischen Kaiserzeit von Augustus bis zu Konstantin**, 3. Aufl., München 1995.
– W. Dahlheim, **Geschichte der römischen Kaiserzeit**, OGG 3, 3. Aufl., München 2003.
– F. Jacques/J. Scheid, **Rom und das Reich in der Hohen Kaiserzeit 44 v. – 260 n. Chr.**, I: Die Struktur des Reiches, Stuttgart 1998.
– C. Lepelley u. a., **Rom und das Reich in der Hohen Kaiserzeit 44 v. – 260 n. Chr.**, II: Die Regionen des Reiches, München 2001.

d) Geschichte der Spätantike
– A. Demandt, **Die Spätantike. Römische Geschichte von Diocletian bis Justinian 284 – 565 n. Chr.**, HdA III 6, München 1989.
– J. Martin, **Spätantike und Völkerwanderung**, OGG 4, 4. Aufl., München 2001.

e) Geschichte des Alten Orients und der Rand- und Nachbarkulturen der Antiken Welt
Alter Orient und Altes Ägypten
– E. Hornung, **Grundzüge der ägyptischen Geschichte**, Darmstadt 1978.
– H.A. Schlögel, **Das Alte Ägypten**, 2. Aufl., München 2005.
– H. J. Nissen, **Grundzüge einer Geschichte der Frühzeit des Vorderen Orients**, Darmstadt 1983.
– B. Hrouda, **Mesopotamien**, 4. Aufl., München 2005.
– H. Klengel, **Geschichte des hethitischen Reiches**, HdO I 34, Leiden/Boston/Köln 1999.
Phönizier, Karthager, Etrusker
– M. Sommer, **Die Phönizier**, Stuttgart 2005.
– W. Huss, **Geschichte der Karthager**, HdA III 8, München 1985.
– F. Prayon, **Die Etrusker: Geschichte, Religion, Kunst**, 4. Aufl., München 2004.
– L. Aigner-Foresti, **Die Etrusker und das frühe Rom**, Darmstadt 2003.
Perser, Parther und Sasaniden
– K. Schippmann, **Grundzüge der parthischen Geschichte**, Darmstadt 1980.
– Ders., **Grundzüge der Geschichte des sassanidischen Reiches**, Darmstadt 1990.
– J. Wiesehöfer, **Das antike Persien**, 2. Aufl., Düsseldorf/Zürich 1998.
Kelten und Germanen
– H. Birkhan, **Kelten. Versuch einer Gesamtdarstellung ihrer Kultur**, Wien 1997.
– B. Maier, **Die Kelten. Ihre Geschichte von den Anfängen bis zur Gegenwart**, München 2000.
– H. Beck/H. Steuer (Hgg.), **Germanen, Germania, Germanische Altertumskunde**, Berlin/New York 1998.
– W. Pohl, **Die Germanen**, München 2000.

2.) Wirtschafts- und Sozialgeschichte

a) Allgemein
– M. M. Austin/P. Vidal-Naquet, **Gesellschaft und Wirtschaft im alten Griechenland**, München 1984.
– M. Rostovtzeff, **Die Hellenistische Welt. Gesellschaft und Wirtschaft**, 3 Bde., Stuttgart 1954 ff.

Literaturverzeichnis

- Ders., **Gesellschaft und Wirtschaft im römischen Kaiserreich**, 2 Bde., 2. Aufl., Leipzig 1953.
- F. Vittinghoff (Hg.), **Europäische Wirtschafts- und Sozialgeschichte in der Römischen Kaiserzeit** (= Handbuch der Europäischen Wirtschafts- und Sozialgeschichte Bd. 1), Stuttgart 1990.

b) Wirtschaft

- F. De Martino, **Wirtschaftsgeschichte des alten Rom**, München 1985.
- H.-J. Drexhage/H. Konen/K. Ruffing, **Die Wirtschaft des Römischen Reiches (1. – 3. Jahrhundert)**. Eine Einführung, Berlin 2002.
- R. Duncan-Jones, **The Economy of the Roman Empire. Quantitative Studies**, Cambridge 1974.
- M. I. Finley, **Die antike Wirtschaft**, München 1977.
- D. Flach, **Römische Agrargeschichte**, HdA III 9, München 1990.
- T. Frank (Hg.), **An Economic Survey of Ancient Rome (ESAR)**, 6 Bde., Baltimore 1933 – 1959.
- H. Kloft, **Die Wirtschaft der griechisch-römischen Welt**, Darmstadt 1992.
- L. Neesen, **Untersuchungen zu den direkten Staatsabgaben in der Römischen Kaiserzeit (27 v. Chr. – 284 n. Chr.)**, Bonn 1980.

c) Gesellschaft

- F. Gschnitzer, **Griechische Sozialgeschichte**, Wiesbaden 1981.
- G. Alföldy, **Römische Sozialgeschichte**, 3. Aufl., Wiesbaden 1984.
- F. Tinnefeld, **Die frühbyzantinische Gesellschaft**, München 1977.

d) Geschlechtergeschichte

- S. B. Pomeroy, **Frauenleben im klassischen Altertum**, Stuttgart 1985.

- P. Schmitt-Pantel (Hg.), **Geschichte der Frauen** Bd. 1: Antike, Frankfurt/New York 1993.
- W. Schuller, **Frauen in der griechischen Geschichte**, Konstanz 1985.
- Ders., **Frauen in der römischen Geschichte**, Konstanz 1987.
- T. Späth/B. Wagner-Hasel (Hgg.), **Frauenwelten in der Antike**, Stuttgart 2000.

3.) Staat, Verfassung und Recht

a) Allgemein

- A. Demandt, **Antike Staatsformen. Eine vergleichende Verfassungsgeschichte der Alten Welt**, Berlin 1995.
- Ders., **Der Idealstaat: Die politischen Theorien der Antike**, Köln 1993.
- Ernst Meyer, **Einführung in die antike Staatskunde**, 6. Aufl., Darmstadt 1992.
- P. Weber-Schäfer, **Einführung in die antike politische Theorie**, 2 Bde., Darmstadt 1976.

b) Griechenland

- E. Berneker (Hg.), **Zur griechischen Rechtsgeschichte,** WdF 45, Darmstadt 1968.
- G. Busolt/H. Swoboda, **Griechische Staatskunde**, HdA IV 1, ND München 1960.
- V. Ehrenberg, **Der Staat der Griechen**, 2. Aufl., Zürich 1965.
- K.-W. Welwei, **Die griechische Polis**, 2. Aufl., Stuttgart 1998.

c) Rom

- J. Bleicken, **Die Verfassung der römischen Republik**, 7. Aufl., Paderborn 1995.
- Ders., **Verfassungs- und Sozialgeschichte der römischen Kaiserzeit**, 2 Bde., Paderborn I (4. Aufl.) 1995, II (3. Aufl.) 1994.
- G. Dulckeit/F. Schwarz/W. Waldstein,

Römische Rechtsgeschichte, 8. Aufl., München 1989.
- M. Kaser, **Das römische Privatrecht**, HdA X 3.3, 2 Bde., München I (2. Aufl.) 1971, II 1975.
- Ders., **Das römische Zivilprozeßrecht**, HdA X 3.4, 2. Aufl., München 1996.
- W. Kunkel, **Römische Rechtsgeschichte. Eine Einführung**, 8. Aufl., Köln/Wien 1978.
- D. Liebs, **Römisches Recht**, 5. Aufl., Göttingen 1999.
- Ernst Meyer, **Römischer Staat und Staatsgedanke**, 4. Aufl., Zürich/Stuttgart 1975.
- Th. Mommsen, **Römisches Staatsrecht**, Bde. I – III.2, ND Basel 1963.
- J. M. Rainer, **Einführung in das römische Staatsrecht**, Darmstadt 1997.
- A. Söllner, **Einführung in die römische Rechtsgeschichte**, 2. Aufl., München 1980.
- F. Wieacker, **Römische Rechtsgeschichte**, HdA X 3.3.1, München 1988.

4.) Religions- und Kirchengeschichte

a) Allgemein

- R. Muth, **Einführung in die griechische und römische Religion**, 2. Aufl., Darmstadt 1998.

b) Griechische Religion

- W. Burkert, **Griechische Religion der archaischen und klassischen Zeit**, Stuttgart 1977.
- M. P. Nilsson, **Geschichte der griechischen Religion**, 2 Bde., HdA V 2, München I (3. Aufl.) 1967, II (2. Aufl.) 1961.

c) Römische Religion

- K. Latte, **Römische Religionsgeschichte**, HdA V 4, 2. Aufl., München 1967.
- G. Wissowa, **Religion und Kultus der Römer**, HdA V 4, 2. Aufl., München 1912, ND 1971.

Literaturverzeichnis

d) Kirchengeschichte
- K.S. Frank, **Lehrbuch der Geschichte der Alten Kirche**, 3. Aufl., Paderborn u. a. 2002.
- H. Jedin (Hg.), **Handbuch der Kirchengeschichte**, Bde. I, II 1 u. II 2, Freiburg 1962 ff.

5.) Wissenschaft und Philosophie

a) Philosophie
- W. Ries, **Die Philosophie der Antike**, Darmstadt 2005.
- M. Erler/A. Graeser (Hgg.), **Philosophen des Altertums**, 2 Bde., Darmstadt 2000.
- G. Maurach, **Geschichte der römischen Philosophie**, 2. Aufl., Darmstadt 1997.

b) Naturwissenschaft
- O. Becker, **Zur Geschichte der griechischen Mathematik**, Darmstadt 1985.
- A. Stückelberger, **Einführung in die antiken Naturwissenschaften**, Darmstadt 1988.
- L. van der Waerden, **Die Astronomie der Griechen**, Darmstadt 1988.

c) Technik
- R. J. Forbes, **Studies in ancient technology**, 9 Bde., Leiden 1955 – 1964.
- H. Schneider, **Einführung in die antike Technikgeschichte**, Darmstadt 1992.
- D. White, **Greek and Roman Technology**, 2. Aufl., London 1986.

6.) Kultur und Alltag

- H. Blanck, **Einführung in das Privatleben der Griechen und Römer**, 2. Aufl., Darmstadt 1996.
- E. Brödner, **Wohnen in der Antike**, Darmstadt 1989.
- A. Giardina (Hg.), **Der Mensch der römischen Antike**, Frankfurt 1991.

- M. Giebel, **Reisen in der Antike**, Düsseldorf/Zürich 1999.
- O. Höckmann, **Antike Seefahrt**, München 1985.
- W. Hoepfner (Hg.), **Geschichte des Wohnens** Bd. 1: 5000 v. Chr. – 500 n. Chr., Stuttgart 1999.
- J. Neubecker, **Altgriechische Musik**, 2. Aufl., Darmstadt 1994.
- A. Pekridou-Gorecki, **Mode im antiken Griechenland**, München 1989.
- P. Veyne (Hg.), **Geschichte des privaten Lebens** Bd. I, Frankfurt 1989.
- I. Weiler, **Der Sport bei den Völkern der alten Welt. Eine Einführung**, Darmstadt 1981.

7.) Militär und Heerwesen

- P. Conolly, **Die römische Armee**, Hamburg 1976.
- J. Krohmayer/G. Veith, **Heerwesen und Kriegführung der Griechen und Römer**, HdA IV 3, München 1928, ND 1963.
- Y. Le Bohec, **Die römische Armee: Von Augustus zu Konstantin d. Gr.**, Stuttgart 1993.

8.) Hilfsmittel

a) Nachschlagewerke und Bibliographien
- C. Andresen u.a. (Hgg.), **Lexikon der Alten Welt (LAW)**, Zürich 1965 mit ND.
- H. Beck/D. Geuenich/H. Steuer (Hgg.), **Reallexikon für Germanische Altertumskunde (RGA)**, 2. Aufl., Berlin 1968 ff.
- W. Buchwald/A. Hohlweg/O. Prinz (Hgg.), **Tusculum-Lexikon griechischer und lateinischer Autoren des Altertums und des Mittelalters**, 3. Aufl., Zürich/München 1982.
- H. Cancik/H. Schneider (Hgg.), **Der Neue Pauly (DNP)**, Stuttgart/Weimar 1996 ff.

- E. Curtius u.a. (Hgg.), **Gnomon. Bibliographische Beilage**, Berlin 1925 ff.
- S. Hornblower u.a. (Hgg.), **The Oxford Classical Dictionary (OCD)**, 3. Aufl., Oxford 1996.
- H. Hunger, **Lexikon der griechischen und römischen Mythologie**, Wien 1959.
- Th. Klauser (Hg.), **Reallexikon für Antike und Christentum (RAC)**, Stuttgart 1950 ff.
- P. Kroh, **Lexikon der Antiken Autoren**, Stuttgart 1972.
- J. Marouzeau/J. Ernst (Hgg.), **L'Année philologique (APh)**, Paris 1928 ff.
- R. Nickel (Hg.), **Lexikon der antiken Literatur**, Düsseldorf/Zürich 1999.
- A. Pauly/G. Wissowa, **Realencyclopädie der klassischen Altertumswissenschaft (RE oder PW)**, Stuttgart 1893 ff.
- W.H. Roscher, **Ausführliches Lexikon der griechischen und römischen Mythologie**, 6 Bde., ND Hildesheim 1965.
- R. Stillwell u.a. (Hgg.), **The Princeton Encyclopaedia of Classical Sites**, Princeton 1976.
- J.S. Wellington, **Dictionary of Bibliographic Abbreviations Found in the Scholarship of Classical Studies and Related Disciplines**, Westport 1983.
- K. Ziegler u.a. (Hgg.), **Der Kleine Pauly (KlP)**, 5 Bde., Stuttgart 1962 ff.

b) Atlanten
- H. Bengtson/V. Milojčić (Hgg.), **Grosser Historischer Weltatlas des Bayerischen Schulbuchverlages**, Bd. I: Vorgeschichte und Altertum, 2 Bde., 6. Aufl., München 1978.
- H. Jedin u.a. (Hg.), **Atlas zur Kirchengeschichte**, Freiburg 1970.
- H. Kinder/W. Hilgemann, **dtv-Atlas zur Weltgeschichte. Karten und chronologischer Abriß**, Bd. I, München 1964 mit ND.

Literaturverzeichnis

c) Fachzeitschriften

– **JDAI** = Jahrbuch des Deutschen Archäologischen Instituts, 1886 ff. (auch „JdI"; mit Beilage „Archäologischer Anzeiger" [AA])
– **MDAI (A)** = Mitteilungen des Deutschen Archäologischen Instituts, Athenische Abteilung, 1876 ff. (auch „Athenische Mitteilungen" [AthMitt])
– **MDAI (I)** = Mitteilungen des Deutschen Archäologischen Instituts, Abteilung Istanbul, 1933 ff. (auch „Istanbuler Mitteilungen" [IstMitt])
– **MDAI (R)** = Mitteilungen des Deutschen Archäologischen Instituts, Römische Abteilung, 1886 ff. (auch „Römische Mitteilungen" [RömMitt])

– **GWU** = Geschichte in Wissenschaft und Unterricht, 1950 ff.
– **HZ** = Historische Zeitschrift, 1859 ff.
– **Saeculum** = Saeculum, Jahrbuch für Universalgeschichte, 1950 ff.
– **ZRG** = Zeitschrift der Savigny-Stiftung für Rechtsgeschichte. Romanistische Abteilung, 1880 ff.

– **AncSoc** = Ancient Society, 1970 ff.
– **Chiron** = Chiron, Mitteilungen der Kommission für Alte Geschichte und Epigraphik des Deutschen Archäologischen Instituts, 1971 ff.
– **Historia** = Historia, Zeitschrift für Alte Geschichte, 1950 ff.
– **JHS** = Journal of Hellenic Studies, 1880 ff.

– **JRS** = Journal of Roman Studies, 1911 ff.
– **Klio** = Klio, Beiträge zur Alten Geschichte, 1901 ff.

– **Gymnasium** = Gymnasium. Zeitschrift für Kultur der Antike und humanistische Bildung
– **Hermes** = Hermes, Zeitschrift für Klassische Philologie, 1866 ff.
– **MH** = Museum Helveticum, 1944 ff.
– **RhM** = Rheinisches Museum für Philologie, 1872 ff.

– **Gnomon** = Gnomon, Kritische Zeitschrift für die gesamte klassische Altertumswissenschaft

Glossar

ANNALISTISCH, ANNALISTIK, von latein. *annus* = Jahr; Geschichtsschreibung, die den Stoff jahrweise gliedert. Sehr verbreitet in der römischen Historiographie.

ANTHROPOLOGIE, von griech. *anthropos* = der Mensch und *logos* = Wort; Lehre; die Lehre vom Menschen.

APPARAT, von latein. *apparare* = rüsten, anlegen; hier: Anmerkungsteil einer kritischen Edition oder wissenschaftlichen Untersuchung.

ARCHAIK, von griech. *arche* = Ursprung; aus der kunsthistorischen Einordnung entlehnte Bezeichnung für die frühgriechische Geschichte ca. vom 8.– 6. Jh. v. Chr.

ARCHÄOLOGIE, von griech. *archaios* = alt und *logos* = Wort, Kunde; Altertumskunde.

ARCHETYPUS, von griech. *arche* = Anfang und *typos* = Vorbild, Beispiel; hier: ursprüngliche Version eines Textes, von der die Handschriftenüberlieferung abhängt.

AUTOPSIE, von griech. *autos* = selbst, *opsis* = das Sehen; Überprüfung und Augenscheinnahme am Objekt.

BIBLIOGRAPHIE, von griech. *biblos* = Buch und *graphein* = schreiben; Bücherliste, Bücherkunde.

BIOGRAPHIE, von griech. *bios* = Leben und *graphein* = schreiben; Lebensbeschreibung.

BOUSTROPHEDON, von griech. *bous* = Rind und *strephein* = drehen, wenden; Art und Weise, wie die Rinder beim Pflügen wenden; Inschrift, bei der die Zeilen abwechselnd in verschiedene Richtungen geschrieben sind (frühgriechisch).

CHRONOLOGIE, von griech. *chronos* = Zeit und *logos* = Wort, Lehre; Lehre von der Zeitrechnung.

CODEX, latein. = Baumstamm; ursprünglich für die mit Wachs überzogenen und beschrifteten Holztafeln; in Buchform gebundenes Werk.

CURRICULUM, von latein. *curriculum* = Ablauf; Lehrplan.

DEMOGRAPHIE, von griech. *demos* = Volk und *graphein* = schreiben; Bevölkerungslehre.

DENDROCHRONOLOGIE, von griech. *dendron* = Baum; naturwissenschaftliche Datierungsmethode, die Holzobjekte nach dem Profil der Jahresringe datiert.

DIAKRITISCH, griech. *diakrisis* = Unterscheidung; hier: Bezeichnung für Editionszeichen in der Epigraphik und Papyrologie.

DIDAKTIK, von griech. *didaskein* = lehren; Unterrichtslehre.

DISKONTINUITÄT, Bezeichnung für die Unterbrechung eines zeitlichen Zusammenhangs.

DISSERTATION, von latein. *dissertatio* = Erörterung; Doktorarbeit.

DUNKLE JAHRHUNDERTE („Dark Ages"), die insbesondere schriftlosen Jahrhunderte der griechischen Geschichte zwischen dem Seevölkersturm und Beginn der Archaik (ca. 12.– 8. Jh. v. Chr.).

EDITION, von latein. *edere* = herausgeben; Ausgabe eines Textes.

EMENDATION, von latein. *emendare* = verbessern; hier: Korrektur eines antiken Textes durch den Herausgeber.

EMISSION, von latein. *emissio* = herausschicken; eine prägeorganisatorisch gemeinsam herausgebrachte Münzgruppe.

EPIGRAPHIK ,von griech. *epi* = auf ... hinauf und *graphein* = schreiben; Inschriftenkunde.

EPOS, von griech. *eipein* = sagen; Heldengedicht.

ETHNOGRAPHIE, von griech. *ethnos* = Volk, *graphein* = schreiben; Völkerkunde.

EXKURSION, von latein. *excurrere* = hinauslaufen; Studienfahrt.

EXZERPT, von latein. *excerpere* = herausklauben; Kurzfassung oder Notizen zum Inhalt einer Quelle oder eines Sekundärwerkes.

FASTI, von latein. *fastus*, dies *fasti* = Gerichtstage; übertragen: (1) römischer Kalender; (2) Jahresliste der römischen Beamten; weiterhin mod. Bezeichnung für die listenartige Erfassung von Magistraten.

FASZIKEL, von latein. *fasciculus* = Bündelchen, Strauß; hier: Teillieferung eines Editionswerks.

FELLACHE, arab. = Bauer.

HANDBUCH, Gesamtdarstellung, die zumeist in monographischer Form den Stand der Forschung zusammenfasst.

Glossar

HELLENISMUS, von J.G. Droysen eingeführte Epochenbezeichnung für die
Jahrhunderte zwischen dem Herrschaftsantritt Alexanders d.Gr. (336 v.Chr.)
bis zum Ende des Ptolemäerreiches (30
v.Chr.), in denen sich die griechische
Kultur bis in den Orient ausbreitete.

HEURISTIK, von griech. *heuriskein* =
finden; hier: erster Arbeitsschritt bei
der Edition eines antiken Textes, Besor-
gung aller wesentlichen Handschriften.

HIEROGLYPHEN, von griech. *hieros* =
heilig und *glyphein* = eingravieren; ‚hei-
lige Schrift‘. Eine schon in der grie-
chisch-römischen Antike nur noch
wenigen verständliche altertümliche
Bilderschrift Ägyptens. Vereinfachte
Varianten waren die ‚priesterliche‘
(HIERATISCH) und die ‚volkstümliche
Schrift‘ (DEMOTISCH, von griech. *demos*
= Volk).

HISTORIOGRAPHIE, von griech. *historia*
= Forschung und *graphein* = schreiben;
Geschichtsschreibung.

HUMANISMUS, von latein. *humanus* =
menschlich, dem Menschen angemessen; frühneuzeitliche Phase der Wiederentdeckung der antiken Kultur (14. –
16. Jh.).

IKONOGRAPHIE, von griech. *eikon* =
bildliche Darstellung und *graphein* =
schreiben; hier: die wissenschaftliche
Bestimmung von Bildnissen.

IMPERATORISCHE AKKLAMATION, von
latein. *Imperator* = Befehlshaber; *acclamare* = durch Zuruf bezeichnen; Ausru-
fung zum Sieger, später zum Kaiser.

INTERPOLATION, von latein. *interpolare*
= auffrischen, umgestalten; Einfügung
eines Kopisten in das Werk eines Autors.

ITERATION, von latein. *iterum* = wiede-
rum; Wiederholung; hier: wiederholte
Inbesitznahme eines Amtes oder einer
Amtsgewalt.

ITINERAR, von latein. *iter* = Weg; Weg-
beschreibung.

KLASSIK, von latein. *classis* = Gruppe,
Klasse, mittellat. *classicus* = mustergültig, vorbildlich; aus der kunstgeschicht-
lichen Einordnung entlehnte Bezeichnung für die griechische Geschichte
zwischen ca. 500 und 350 v.Chr.

KOLLATION, von latein. *conferre, collatus*
= vergleichen; hier: Vergleich und Synthese verschiedener Handschriften
eines antiken Textes.

KOLLOQUIUM, von latein. *colloquium* =
Unterredung; zumeist Bezeichnung
einer Lehrveranstaltung für Doktoranden und Examenskandidaten.

KOMMILITONE, von latein. *cum* = mit
und *miles* = Soldat, Mitstreiter; hier:
Mitstudent.

KONJEKTUR, von latein. *conicere* = zusammenwerfen, vermuten; hier: Texter-
gänzung eines modernen Herausgebers.

KORRUPTEL, von latein. *corrumpere* =
verderben; hier: verderbte Stelle in der
Handschriftenüberlieferung.

LEGENDE, von latein. *legere* = lesen; das
zu Lesende, hier: die Beischrift auf einer
Münze.

LEKTORAT, von latein. *lector* = Leser, Vorleser; hier: Berufsfeld im Verlagswesen.

LEKYTHOS, im archäologischen Sprach-
gebrauch einhenkeliges Gefäß mit
meist zylindrischem Körper auf abge-

setztem Fuß, dazu enger Hals und
trichterförmige Mündung; Behältnis
für Salböl.

LIGATUR, von latein. *ligare* = verbinden;
i.d.R. zwei zusammengeschriebene
Buchstaben.

LINEAR-SCHRIFTEN, von latein. *linea* =
Linie, Strich. Schrift aus abstrakten
linienförmigen Zeichen. Die im 18. Jh.
v.Chr. auf Kreta einsetzende so genannte Linear A-Schrift ist noch nicht
entschlüsselt, die ab dem 15. (– 12 Jh.
v.Chr.) folgende Linear B-Schrift verweist
bereits auf einen griechischen Dialekt.

MAJUSKEL, von latein. *maius* = größer;
Großbuchstaben, im Gegensatz zu
Minuskeln, den Kleinbuchstaben.

MANUSKRIPT, von latein. *manus* =
Hand und *scribere* = schreiben; Handschrift.

MARGINALIE, von latein. *margo* = Rand;
Randbemerkung.

MEDAILLON, Schaumünze; nicht für
den Umlauf vorgesehene Prägung in
Münzform.

METHODE, von griech. *meta* = zwischen, inmitten und *hodos* = Weg; die
systematische Herangehensweise.

MODUL, von latein. *modulus* = Maß,
Maßstab; hier: Studiengangelement.

MONETARISIERUNG, von latein. *moneta*
= Münze; die breite Einführung von
Münzen als Zahlungsmittel in be-
stimmten Regionen.

MONOGRAPHIE, von griech. *monos* =
allein und *graphein* = schreiben; Einzelschrift, Buch zu einem Thema.

Glossar

NARRATIV, von latein. *narrare* = erzählen.

NUMISMATIK, von griech. *nomisma* = Brauch, Sitte, Gesetz; latein. *nummus* = Geld, Münze; Münzkunde.

OKZIDENT, von latein. *occidens* = Sonnenuntergang, Westen; Abendland.

ONOMASTIK, von griech. *onoma* = Name; Namenskunde.

OPAC, Abkürzung für: Online Public Access Catalogue.

OPTIMATEN, von latein. *optimus* = der Beste; Anhänger der ‚Senatspartei‘ in den römischen Bürgerkriegen der späten Republik.

ORIENT, von latein. *oriens* = Sonnenaufgang, Osten; Morgenland.

OSTRAKON, pl. Ostraka: griech. = Tonscherbe; hier: beschriftete Scherbe.

PALIMPSEST, von griech. *palin* = wieder, neuerdings und *psaein* = reiben; wiederbeschriebener Papyrus.

PARADIGMA, von griech. *paradeigma* = Muster, Beispiel; hier: Denkströmung, v. a. Forschungsrichtung.

PARAPHRASE, von griech. *para* = neben, *phrazein* = sagen; Inhaltsangabe.

PERIPLUS, von griech. *peri* = um, herum und *pleein* = segeln, schiffen; Küstenbeschreibung.

POPULAREN, von latein. *populus* = Volk; ‚Volksfreunde‘; spezifische Form der Politikgestaltung in den Bürgerkriegen der späteren römischen Republik.

PROSOPOGRAPHIE, von griech. *prosopon* = Gesicht, Maske, Person und *graphein* = schreiben; Personenkunde.

PROSPEKTION, von latein. *prospicere* = vorausschauen; hier: verschiedene archäologische Methoden, um ein potenzielles Grabungsareal vorab zu erkunden.

PUBLIZISTIK, von latein. *publicus* = öffentlich; Lehre von den Medien und der öffentlichkeitswirksamen Vermittlung.

QUMRAN-ROLLEN, nach dem Fundort am Toten Meer benannte Schriftrollen, unter denen sich insbesondere die Texte einer frühen christlichen Gemeinde befinden.

RECENSIO, vgl. Rezension.

RENAISSANCE, franz. = Wiedergeburt; frühneuzeitliche ‚Wiedergeburt‘ der antiken Kultur (14./15. Jh.).

REPETITORIUM, von latein. *repetere* = wieder in Angriff nehmen; Überblickskurs.

REZENSION, von latein. *recensere* = aufzählen, erzählen; hier: entweder Herstellung eines antiken Textes (Recensio) oder wissenschaftliche Buchbesprechung (Rezension).

REZEPTION, von latein. *recipere* = wiederaufnehmen; hier: Art und Weise, wie die Antike, insbesondere antike Autoren, in späterer Zeit verstanden und verarbeitet wurden.

RHETORIK, von griech. *rhetor* = Redner; Redekunst.

SEEVÖLKER, ägyptischen Inschriften entnommene Bezeichnung für die über See kommenden Invasoren in den östlichen Mittelmeerraum vom Ende des 14. bis ins 12. Jh. v. Chr.

SEMINAR, von latein. *seminarium* = Pflanzschule; zentrale universitäre Lehrveranstaltung.

SIGNATUR, von latein. *signare* = bezeichnen, kenntlich machen; Bücherkennung in Bibliotheken.

STEMMA, griech. für Binde; bei den Römern Kranz um die Ahnenbilder, daher übertragen: Stammbaum.

STOICHEDON, von griech. *stoichein* = in einer Reihe stehen; hier: Inschrift mit gleichen Abständen aller Buchstaben (klassische griechische Zeit).

STRATIGRAPHIE, von latein. *stratum* = das Hingebreitete, die Grundlinie und griech. *graphein* = schreiben, beschreiben; Schichtenkunde.

SURVEY, Oberflächenbegehung eines – häufig zur Ausgrabung vorgesehenen – Territoriums und Kartierung der an der Oberfläche erkennbaren Spuren menschlicher Tätigkeit.

TESTIMONIUM, von latein. *testari* = bezeugen; hier: Zitate antiker Texte in einer anderen antiken Schrift.

TEXTKRITIK, von griech. *krinein* = scheiden, entscheiden; hier: Methode zur Erarbeitung einer wissenschaftlichen Edition.

THESAURUS, von griech. *thesauros* = Schatz, Vorrat; Bezeichnung für umfangreiche Materialzusammenstellungen, insbesondere für Wörterbücher.

TOPOS, griech.: Ort, Platz; daher Gemeinplatz.

TRADITION, von latein. *traditio* = Schenkung; hier Handschriftenüberlieferung.

TRANSKRIPTION, von latein. *transcribere* = umschreiben; Umschrift, z. B. in Groß- und Kleinschreibung mit getrennten Wörtern.

TUTORIUM, von latein. *tueri* = schützen, sicherstellen; hier: Begleitkurs zu einer Lehrveranstaltung.

UNIVERSALGESCHICHTE, von latein. *universum* = Weltall; Geschichtsschreibung mit umfassendem Anspruch, besonders verbreitet ab der hellenistischen Zeit.

Sachregister

Sachregister

Sachregister

Bildnachweis

Abb. 2: F. A. Wolf, Darstellung der Altertumswissenschaft nach Begriff, Umfang, Zweck und Wert, Berlin: Akademie-Verlag 1985, [Nachdr. d. Ausg. Berlin, Realschulbuchh., 1807]
Abb. 3: akg-images
Abb. 4: akg-images/Erich Lessing
Abb. 5: Aus: F. Steffens, Lateinische Paläographie, Trier 1909, Tafel 13; Ex. der ULB Darmstadt
Abb. 6: Nach: H. Hunger/O. Stegmüller u.a., Geschichte der Textüberlieferung der antiken und mittelalterlichen Literatur, Bd. 1, Zürich 1961, S. 386
Abb. 7: Cicero, Marcus Tullius, Scripta quae manserunt omnia, Fasc. 17., Orationes in L. Catilinam quattuor /hrsg. von T. Maslowski, München/ Leipzig: K.G. Saur 2003, S. 31

Abb. 8: Cicero, Marcus Tullius, Scripta quae manserunt omnia, Fasc. 17., Orationes in L. Catilinam quattuor /hrsg. von T. Maslowski, München/ Leipzig: K. G. Saur 2003, S. 1
Abb. 9: akg-images/Nimatallah
Abb. 10: akg-images/Rabatti Domingie
Abb. 11: Aus: PUTZGER Atlas und Chronik zur Weltgeschichte, S.45 © Cornelsen Verlag, Berlin 2002.
Abb. 12: Nach: M.G. Schmidt, Einführung in die lateinische Epigraphik, Darmstadt 2004, S. 24.
Abb. 13: Dr. Helmut Schareika, Gau-Algesheim
Abb. 14: Dr. Helmut Schareika, Gau-Algesheim
Abb. 25: Uni Tübingen, SNG Tü 584
Abb. 26: Uni Tübingen, SNG Tü 586
Abb. 27: Uni Tübingen, SNG Tü 556

Abb. 28: Aus: R. Göbl, Antike Numismatik, München 1978, Abb. 3139
Abb. 29: Uni Tübingen, SNG Tü 556
Abb. 30: Nach: D. R. Walker, The Metrology of Roman Soilver Coinage, Part III, Oxford 1978, 141
Abb. 31: Nach: H. Krefeld, Hellenika, 4. Aufl., Frankfurt am Main 1968
Abb. 32: akg-images/Nimatallah
Abb. 33: akg-images/Gérard Degeorge
Abb. 34: akg-images/Nimatallah
Abb. 42: Aus: Pomponius Mela, Geographie des Erdkreises, hrsg. von H. Philipp, Leipzig 1911
Abb. 43: Staatsbibliothek zu Berlin
Abb. 44: Römisches Museum Augsburg
Abb. 45: akg-images/Elekta
Abb. 46: Slg. des Archäologischen Instituts der Univ. Tübingen
Abb. 47: SV Bilderdienst/M. Vollmer
Abb. 48: akg-images/Niklaus Stauss